CSSCI来源集刊

现代中国文化与文学

25

MODERN CHINESE
CULTURE AND LITERATURE

李怡 毛迅 主编

四川大学文学与新闻学院 主办
西南交通大学人文学院 协办

巴蜀书社

图书在版编目(CIP)数据

现代中国文化与文学.25/李怡,毛迅主编.—成都:
巴蜀书社,2018.8
ISBN 978-7-5531-1060-8

Ⅰ.①现… Ⅱ.①李…②毛… Ⅲ.①中华文化-文化研究-现代-丛刊②中国文学-现代文学-文学研究-丛刊 Ⅳ.①G122-55 ②I206.6-55

中国版本图书馆CIP数据核字(2018)第215473号

现代中国文化与文学(25)

李怡 毛迅 主编

责任编辑	李 蓓
出 版	巴蜀书社
	成都市槐树街2号 邮编610031
	总编室电话:(028)86259397
网 址	www.Bsbook.com
发 行	巴蜀书社
	发行科电话:(028)86259422 86259423
经 销	新华书店
印 刷	成都蜀通印务有限责任公司(028)64715762
照 排	成都完美科技有限责任公司
版 次	2018年8月第1版
印 次	2018年8月第1次印刷
成品尺寸	185mm×260mm
印 张	17
字 数	410千
书 号	ISBN 978-7-5531-1060-8
定 价	45.00元

本书如有印装质量问题,请与工厂调换

编委会名单

编委会主任

曹顺庆

编委

(以汉语拼音为序)

柏桦	蔡震	陈国恩	程光炜	陈方竞	崔民选
丁帆	范智红	高远东	高旭东	郜元宝	何锡章
黄美娥	金龙云(韩)	孔范今	孔庆东	李今	李继凯
刘福春	刘勇	刘秀美	栾梅健	罗振亚	逄增玉
朴宰雨(韩)	宋如珊	谭桂林	王兆胜	王中忱	魏建
解志熙	岩佐昌暲(日)	袁国兴	杨剑龙	张福贵	张健
张堂锜	张中良	赵学勇	郑家建	朱栋霖	朱晓进
朱寿桐	邹红	周晓明			

目录

特稿

诗是独立而鲜活的生命
——巴黎第七大学宇乐文教授访谈 ……………………………… 彭冠龙 1

新视界

夏衍作为知识人的纯粹与不纯粹
——关于知识人问题的一个知识人的自我对话 …………………… 吴迎君 7
沈从文的神性思想与庄子的精神联系 …………………………… 张　森 15
叶君健《山村》的革命历史叙述与海外传播 …………………… 布小继 27
华语电影中的东南亚移工形象与全球资本权力再现
——以《台北星期天》、《爸妈不在家》为例 …………………… 黄诗娴 37

"大文学"视野

从民族国家的现代性成长史来看《菊英的出嫁》的主题批评史 ……… 吕保田 47
泰东图书局与早期新文学的空间拓展 …………………………… 罗先海 67
"战时经济生活"视野中的"未完成"文本

——再论李劼人长篇小说《天魔舞》·· 廖海杰 77

民国文学研究

海派报刊中张爱玲的三重形象建构 ···································· 侯宏虹 王笑菁 88

"新眼光"与"新方法":胡适的《诗经》研究 ································· 李长银 96

从白话文学的整体视角重审诗之防御战

——以《诗之防御战》、《谭诗》、《再谭诗》为考察中心 ··············· 徐文泰 109

《文学季刊》和20世纪30年代的"学院"与"文坛" ·························· 徐旭敏 124

现代文学家的词体变革之争及其文学史意义

——以"词的解放运动"为中心 ·· 孙启洲 132

抗战文学研究

稀世珍品:杜运燮所佚组诗《机场通讯》初读札记 ······················· 李光荣 146

田园·抗战·爱欲:综论常任侠的新诗创作 ···································· 马正锋 166

边地风景体验与李霖灿游记散文创作 ··· 董晓霞 182

共和国文学研究

略论夏志清的"革命观"

——以《中国现代小说史》为考察中心 ·· 王学东 195

文学的政治性书写及其评价

——以张志民"十七年诗歌"为例 ·· 龙扬志 205

"技巧"与形式的意识形态

——重读20世纪80年代"现代派"的一个角度 ·················· 张 帆 杨 旸 214

学人·著述

"蜗牛"还是"图钉"？
——从世俗生活的角度看朱安的"不幸" ············· 惠雁冰 232

意义与方法：中国现代通俗文学的学术史意义再呈现
——评《民国文化与文学研究文丛（第九编）·苏州大学特辑》 ········· 张学谦 238

现代性与经典化
——评谭桂林《现代中国佛教文学史稿》 ············· 王丛阳 246

现代小说研究的新收获
——读颜同林《多元视角下的中国现代小说》 ············· 杨 洁 254

― Contents ―

Feature Articles

Poetry is an Independent and Fresh Life
——Interview with Prof. Victor Vuilleumier, Paris Diderot University
.... Peng Guanlong 1

New Vision

Xia Yan as the Pure and Impure Intellectual
——Self-talk of an Intellectual about the Problem of Intellectuals .... Wu Yingjun 7

On the Spiritual Connection between Shen Congwen's Divinity Thoughts and Zhuangzi
.... Zhang Sen 15

The Revolutionary Historical Narration and Overseas Dissemination of Chun-Chan Yeh's *Mountain Village* .... Bu Xiaoji 27

The Image of Southeast Asian Migrants Workers and the Representation of Global Capital Power in Chinese Films
——Taking *Pinoy Sunday*、*Ilo Ilo* as an example .... Huang Shixian 37

The View of Great Literature

The History of Thematic Criticism of *Ju Ying's Wedding* from the Perspective of the Development of Modernity of the Nation-State ································· Lü Baotian 47

Taidong Publishing House and the Space Expansion of Early New Literature ·· Luo Xianhai 67

The Unfinished Text in the Vision of Wartime Economic Life
——On Li Jieren's Novel *Tian Mo Wu* ································· Liao Haijie 77

Literary Study of the Republic of China

The Construction of Zhang Ailing's Triple Image in Shanghai Style Pictorials
··· Hou Honghong Wang Xiaojing 88

New Viewpoint and Approach: Hu Shi's Study on *the Book of Songs* ········ Li Changyin 96

A Review of Poetry's Defensive Warfare From the Overall Perspective of Vernacular Literature
——the Study of *The Defensive War of Poetry*, *Talks on Poetry* and *Re-discussion on Poetry*
·· Xu Wentai 109

The Connection between *Literature Quarterly* and the Academy and the Literary World in 1930s
··· Xu Xumin 124

The Controversy for Transformation of Ci in Modern Litterateurs and its Significance in Literature History
——Centering on the Liberation Movement of Ci ··························· Sun Qizhou 132

Literary Study of the Anti-Japanese War

The Lost Series of Poems of Du Yunxie: *Newsletters from the Airport* ······ Li Guangrong 146

Study on the New Poetry of Renxia Chang ····························· Ma Zhengfeng 166

The Experience of Frontier Scenery of Li Lincan and the Creation of Traveling Prose
·· Dong Xiaoxia 182

Literary Study of the People's Republic of China

A Brief Discussion on Xia Zhiqing's Viewpoint of Revolution

——Take *The History of Modern Chinese Novels* as the Center of Investigation
.... Wang Xuedong 195

The Political Writing of Literature and its Evaluation

——Illustrated by the Case of Zhang Zhimin's "Seventeen-year Poetry" (1949–1966)
.... Long Yangzhi 205

Ideology of Technique and Form

——A Perspective of Rereading Chinese Modernist School in 1980s
.... Zhang Fan Yang Yang 214

Scholars · Works

Snail or Pin?

——Zhu An's Unfortunateness from the Perspective of Secular Life .... Hui Yanbing 232

Significances and Methods: the Meaning of Modern Chinese Popular Literature in the Academic History

—— Comment on *The Study of Culture and Literature of the Republic of China (Part 9)* · *Special Edition of Suzhou University* .... Zhang Xueqian 238

Modernity and Canonization

——Book Review of Tan Guilin's *The Draft of Modern Chinese Buddhist Literature*
.... Wang Congyang 246

New Achievements in the Research of Modern Novels

——Yan Tonglin's *Viewing Chinese Modern Novels with Multiple Perspectives*
.... Yang Jie 254

| 特稿 |

诗是独立而鲜活的生命
——巴黎第七大学宇乐文教授访谈

彭冠龙

彭冠龙（下文简称"彭"）：宇乐文教授，您好！

宇乐文（Victor Vuilleumier，下文简称"宇"）：您好！

彭：您在汉学研究领域造诣颇深，此次访谈希望能聆听您的真知灼见，望不吝赐教。

宇：不敢当，我们相互交流。

彭：首先，我很想知道您是如何走上汉学研究道路的？

宇：这个可能跟中国现代文学不一定有直接关系吧。我读高中的时候，读过一些中国文学的法语译作，比如法语版《庄子》、《老子》、《论语》等等，还有一些关于中国古典诗歌的书籍，我觉得非常有趣，于是我就对中国语言文学产生了浓厚的兴趣，准备学习汉语来读这些书以及更多的书。随着我阅读范围的不断扩大，逐渐开始对中国现代文学感兴趣，甚至超过了对古典文学的兴趣，于是开始了中国现代文学研究。在我攻读硕士学位期间，主要研究了鲁迅的小说和散文，并以此为选题完成了硕士学位论文。在这篇论文中，我主要研究了鲁迅在个人主义与集体主义两种观念之间的困难抉择与自我突破，这种抉择与突破在他的作品中多有体现，从而形成了其文学创作的张力。这可以算是我的汉学研究道路的开端吧。

彭：我看到您最近几年的研究成果主要集中在中国现代诗歌方面，您是如何从研究鲁迅逐渐转向了研究诗歌呢？

宇：不能说转向吧，其实我是对两个研究领域都很感兴趣的。最近几年我读了大量中国现代诗歌，其中很多作品让我又找到了高中时期读中国古典文学的感觉，所以发生了浓厚的兴趣，于是就决定深入研究中国现代新诗。

彭：在中国现代诗歌发展史上，您有没有特别关注的诗人、流派或作品？

宇：当然有。比如郭沫若，这是中国现代新诗史上非常重要的一位诗人，他的创作充满了浪漫激情，而且存在多种阐释的可能性，这在中国新诗作家中是非常难得的。我撰写了一些相关论文，还参加过关于郭沫若的学术研讨会。这些学术活动，使我对这位诗人越来越感兴趣。还有鲁迅的《野草》，好像让我看到了一个处于灵魂挣扎中的鲁迅，其中有坚韧，同时也有恐惧，也有迷茫，也有困惑，也有孤独。另外，我最近有两篇文章即将发表，可以算是我最新的关注点吧。一篇是关于艾青的诗歌，主要研究了他的《大堰河我的母亲》；还有一篇是关于冯至的，主要研究了他的诗集《十四行诗》。

彭：根据最近的研究兴趣，您目前给巴黎第七大学的学生开设了中国现代诗歌研究课程，授课内容、方式和思路是怎样的呢？

宇：我开设的这门课程，主要面向巴黎第七大学的研究生。在法国的高等学校里，汉学系的大部分研究生的汉语水平都是比较好的，但也有一些学生的汉语水平并不是很好，更重要的是，他们在本科阶段并没有对中国现代文学史有一个全面的了解，这与中国高等学校里的情况很不一样，所以我们无法按照时间、流派等思路进行授课。最好的办法是专题性讲解，一节课只针对一位诗人展开，主要围绕诗人的代表作进行解读。目前来看，每次课都进行得很顺利，不需要进行太多翻译，学生就可以理解。在授课过程中，我更侧重于从中国现代诗歌与中国古典文学、外国文学的内在关联性的角度来讲，具体地说，就是以中国现代诗歌为中心，考察他们如何继承了古典文学的元素、如何借鉴了外国文学的元素，同时又做了哪些改变与突破。当我们读一首中国现代诗歌的时候，常常会发现其中有某一种来自古代文学的典故，却又运用了西方化的形式予以展现，这种现象往往反映了诗人的知识背景和瞬间的心理感受，是一个很重要的研究契机，我们可以从中阐释出独特的人生体验，这是走入诗人精神世界的有效方式。我也会结合中国某一时期的社会历史背景来讲解作品，但是总体来说，我更侧重于文本分析，除非某一首诗离开了社会历史背景就不能被阐释。

彭：对于中国现代新诗研究，您觉得分析一个作品最应该注意哪些方面呢？

宇：我在上课过程中注意到，很多学生在读一首诗的时候，往往预先想到一些现成的概念，比如这首诗是什么时候写的，会表现当时社会的什么现象之类的，但是我觉得不应该先想这些，而要从文本开始。分析诗歌，最重要的是形式，比如韵脚、格律、意象、意境等等。我觉得有一个很容易被忽略的形式问题，那就是闻一多在《诗的格律》中提出的"音尺"。我们可以用《死水》作为一个例子，"这是一沟绝望的死水"，有四个音尺；还可以看另一个例子，卞之琳的《断章》里的句子，"你站在桥上看风景"，有五个音尺。可以看到，这些诗句中，每个音尺往往会有一个字是重音，由此形成了诗歌最重要的方面，那就是朗诵时的韵律。分析一个作品就是要从表面的音节，逐渐深入到韵律，进而看到在韵律中跳动的意象、包含丰富意象的意境，最终剖析出诗人的情绪、感受等等精神世界的内容。诗不是用来看的，而是用来朗诵的，在朗诵中通过韵律的起伏传达诗人的感受，所以我觉得，文本分析并不能简单地把作品视为一个像机器一样的东西，拆分开零件，仔细观察，得出结论，而应该重视诗歌表情达意、诗言志的功能，从这一出发点对作品的形式展开讨论，不然的话，诗歌本身的美就会遭到破坏，成为毫无生命力的苍白字句。在这一过程中，朗诵也是一种重要的研究方法，而朗诵的准备工作就是搞清楚音尺。如果不这样做，可能就会觉得我一看就知道作品是什么意思了，这往往是一种错觉，得出的结论经常是有问题的。

彭：您刚才提到了闻一多的《诗的格律》，这是一篇很重要的诗论作品，您所提到的"音尺"就来自这篇文章。那么，当分析一首诗的时候，您会不会着重考虑诗人的诗论呢？

宇：这方面当然应该考虑，但应该注意的是，我们不能完全相信诗人的创作主张，因为我经常察觉到诗人的创作与他的诗论没关系，甚至相违背。我们应该了解诗人的创作主张，但在分析作品的时候，还是需要把作品视为一个相对独立的个体。当然，一个作品不可能完全独立，不可能与作家思想、社会环境等因素完全脱离，可是它毕竟像一个有生命的东西一样，沿着自己的逻辑展开，不会任凭诗人摆布。另一方面，优秀的文学作品是诗人感情的迸发，这是一个主观性很强的过程，往往伴随了很多临时性的因素，而不会是诗人创作思想的机械实验。因此，我们应该尊重作品的这种相对独立性，作家的诗论对于作品分析来说，往往是一种辅助性的东西。闻一多《诗的格律》是如此，其他诗论作品也都是如此。

彭：您觉得中国文学，尤其是中国现代诗歌，最具吸引力的是什么？

宇：我觉得最吸引我的是现代中国作家可以运用融合的美学方式，将中国古典文学、哲学和外国文学的元素结合起来，做出一种新的东西，使中国文学从古代的样子一下变成了现代的样子，这在文学语言方面体现得尤为明显。比如郭沫若的作品，他的诗集《女神》中，语言有时候是文言，有时候是白话，有时候夹杂一些方言，有时候出现一些外语，但是读起来感觉并不别扭，并不生硬，反而非常好地传达了诗人的感受，我觉得这一点很独特。这可以说是语言方面的现象，创造了一种新的文学语言方式。其中最有趣的一点是被许多学者称为"欧化"或"西方化"的现象。用"欧化"来概括这一现象自然有道理，不过在我看来并不十分妥当，因为诗人们使用的仍然是中文，而外来词语是一种被引入的东西。中文还是中文，只是通过这些被引入的东西发生了一些变化，变得不同于19世纪、18世纪乃至更早以前的文学语言。其实如果我们放眼几千年来的中国文学史,就能发现,由于外来语言的引入而使中文发生变化的现象经常发生,中文本身并非是一成不变的,只是由于我们过于强调"五四"白话文运动的历史意义,导致我们看不到历史上并未间断的语言演变历程。我的一篇即将发表的论文是谈冯至的《十四行诗》,其中研究了一个很重要的形象,那就是蝉。在很多中国文学作品中都出现过这一形象,我觉得中国现代文学语言就像蝉一样,通过蜕壳,获得了新的模样。这是一个变化,摆脱了束缚,生出了双翅,能够飞得更高更远,然而,它依然是那只蝉,作为蝉的生命并未中断。还有另外一个非常有趣的语言现象,那就是诗人常常临时造出一些新词,作为中国人,可能对这一现象并不在意,而我作为法国人,却对此十分敏感,因为我在汉学研究中遇到的最大困难是语言。我觉得汉语很难学。我从1991年开始学习汉语,一直到现在,每天都会遇到新字和新词,需要借助字典和询问朋友来理解。当然我觉得这不是一个不愉快的事情,反而能让我发现很多被中国人忽略的诗歌语言现象,诗人临时造词就是其中之一。每当遇到这种词语,我只能根据每个字的意思来推测组合起来之后的意思,通过询问朋友获得确认,而这种异常陌生化的语言方式成为了我的研究契机,我可以通过这一现象,深入挖掘诗人的瞬间心理活动,尤其是多重心理活动交织后剪不断、理还乱的复杂心境,这可以说是一种基于特殊语言现象的感悟式研究。

彭:您刚才提到了"欧化"的语言现象,这往往与作家的海外经历有关。海外体验与中国现代文学的发生是目前中国学界比较热门的一个话题。作为海外汉学家,从您的角度是如何看待的呢?

宇:谈中国作家在海外的经历,我会从他们读过什么作品、接受过哪类文学思想的影响等等角度来考虑,具体的生活状况如何,只是一些外围的方面,而核心是作家在这里读了什么。这可能与中国学界的角度不太一样。我看过许多中国学者的文章,基本上是考虑作家身处异地他乡,海外的发达强盛与祖国的贫弱之间的对比造成作家的心理压力,以及由此产生的一系列心理活动。这些研究都是有价值的,而我作为法国人很难充分感受到中国20世纪摆脱民族压迫、争取独立自由的迫切心态,所以自然会有思考角度的差别。比如艾青,他的法国留学经历对他的文学实践最有意义的方面可能是他在这里读了很多法文版的海外诗歌作品。我研究他的作品,就会考虑他在海外读过什么、接触过什么,回国后又如何在他的作品中呈现出来。《大堰河我的母亲》很明显就与马雅可夫斯基的作品很相似,比如诗中的未来主义的维度,那是因为艾青在巴黎时经常接触这些作品。再比如冯至,他在德国完成的博士论文是关于诺瓦里斯文学创作的。从中可以看到,他感兴趣的是诺瓦里斯作品中关于大自然的描写,此时再看冯至的作品,能发现很多相似之处,这可能并不算是借鉴或者模仿,而是创作兴趣的相遇,在相遇中进一步激发了冯至的创作灵感。我们在读作品的时候,会很容易感觉到其中某些意象、意境、创作手法或者文学思想好像是受了外国作家的影响,但是没有直接的证据,因此不能下定论。这是中国现代文学研究中的一个难点。但是,当我们了解了这些作家在国外生活时接触过哪些作品、喜欢哪些外国文学家,或许就可以找到一些依据来克服这一难点。另外,还有一个很重要的方面,就是对于海外作家的作品,中国现代文学家们也会在中国阅读,但是在中国读到的往往是译作,在国外读到的往往是原汁原味的作品,这两种版本的外国文学作品对中国作家的影响是不同的。译作是已经变成汉语的作品,已经加入了翻译者的理解,而在国外沉浸在原版作品中,更能充分感到外国文学中可资借鉴的方面。

彭:刚才说了中国作家的海外经历对其创作的影响,我想到了一个相关的问题,就是中国现当代文学在法国的传播情况如何呢?

宇:这首先要谈到一所学校,那是民国时期在法国里昂创办的中法大学。这相当于一所留法预备学校的海外分校,校本部在北京,100 年前留学法国的中国知识分子,大多是通过这所学校来到法国的。敬隐渔是其中一位学生,他是第一个把中国现代文学作品翻译成法语的人,那本作品集于 1929 年出版,其中包含了鲁迅的《孔乙己》、《阿Q正传》、《故乡》等等,还有冰心、郁达夫等重要作家的作品。后来又陆续出现了许多译文集,比如这本《Anthologie de la Litterature Chinoise》,就是较早的一本。截止目前,已有大量中国现当代文学作品被翻译成法语,而且翻译得都比较好。不过重点在中国当代文学方面,比如莫言、阎连科、邓友梅、迟子建、蒋子龙、贾平凹等等,中国现代文学方面主要是鲁迅、茅盾、巴金等重要作家。现在在法国,任何一个书店都会有专门的中国现当代文学作品书架,并且基本上都会有莫言的书。法国人对中国现当代文学作品是很感兴趣的。很多欧洲国家不会这样,但法国是这样。

彭:在您上课过程中,学生对于中国现当代文学的接受情况怎样呢?

宇:我觉得学生们将来不一定做汉学研究,但是依然会比较喜欢这些作品。然而他们喜欢的是那种艺术水平很高的作品,对于那种与中国社会历史关系紧密的作品则不太容易接受,因为很多学生并不太了解中国的历史,尤其是 20 世纪的历史,我需要给他们稍微讲解一下。比如最近上课讲过胡适的《终身大事》,这个话剧从艺术水平上来说,不一定是很好的,如果不谈那时候的"易卜生主义",不谈"五四运动",学生可能不感兴趣,但是简单说一下当时中国的情况之后,学生就会感到这个作品还是非常有意思的。

彭:您能否介绍一下目前法国汉学界的热点问题?当然,这就不一定局限于中国现当代文学了。

宇:我觉得首先是文学作品经典化问题。比如法国汉学界非常关注莫言,虽然他还在不断推出新作品,但是已经开始研究其创作的代表性意义。在这里需要注意一个方面,那就是在中国大陆被视为经典的作品,在法国可能并不被视为经典。比如浩然的作品,在法国并不太受欢迎;再比如通俗文学,有些汉学家并不将他们视为现当代文学,而是视作古代文学的延续。其次是海外华文文学研究。最近几年法国汉学界开始越来越关注港台作家、东南亚华裔作家、欧美华裔作家的创作,并开始争论他们的创作是否可以视为中国文学作品。第三是中国古代文学作品中的白话问题,以及与现当代文学中的白话语言的关系。这一热点拉通了古代文学与现当代文学,主要考察文学语言的演变历程。第四是哲学与文学的关系问题。这一点主要集中在中国古代文学领域,比如苏轼研究。

彭:非常感谢!您的高论让我们对您的研究以及法国汉学界的情况有了更加清晰的认识和理解。最后,您能否谈一下对未来法国汉学界与中国学术界交流合作的期望?

宇:我希望双方能够进一步加强交流,在多个研究领域展开合作。我很欢迎中国学者来法国进行学术访问,同时也很希望自己以及法国汉学界的各位同仁能够多去中国进行学术访问。学术需要对话,需要在对话过程中交换观点和意见,共同探索有价值的问题。

(作者单位:山东师范大学文学院)

| 新视界 |

夏衍作为知识人的纯粹与不纯粹
——关于知识人问题的一个知识人的自我对话

吴迎君

作者按：本文是一篇对话体文艺批评，对话者"余"和"予"都指作者本人。作者在探究"夏衍是不是真正的知识人"这一问题上，出现立场观念的自我内在分裂，持续而明确。或许，坦白并交代一个知识人的思想分裂，有助于启发对"夏衍是不是真正的知识人"这个问题的理解。

余：夏衍先生作为一位知识人，或者说一位知识分子，这应该是毫无疑问的吧？他自己对于作为知识人的自觉也是信而有征的：比如，他在《作为一个知识人的责任》中——这篇在1941年发表在《华商报》的文章署名是"夏衍"——呼吁"是我们知识人认识自己责任的时候了"；他在《法西斯病菌》"代跋"中自表"凭着一个知识人的良心，我相信所喜所感的还不会离开自己所该担负的责任太远"……在他94岁发表《〈武训传〉事件始末》时，尚且"不免有一点感慨"，感慨自己这样的中国知识分子"真心拥护和支持"革命道路，"而四十多年来，中国知识分子的遭遇又如何呢"，"这个问题，我想了很久，但找不到顺理成章的回答"……

予：夏衍的确有着作为知识人的一面，但他更是、首先是一个革命人、革命者、革命战士沈乃熙——24岁加入中国国民党、27岁加入中国共产党的职业政治家沈乃熙，他年仅30岁时在"左联"成立大会上当选为七委员之一，靠的不是文艺成绩，而是政治才干。——他在1930年的《我的文艺生活》中交代得很清楚："我的文艺生活？——我只好说全等于零。"——他算不上是一个完整意义上的知识人。用他自己的话说，他"首先是革命者，先是为了革命的利益，用文艺作为革命的武器，进行创作活动，然后，在创作实践中，才逐渐掌握了文艺创作的规律"；用《人民日报》的话说，他的根本身份是"忠诚的共产主义战士、中国新文化运动的先驱者之一、文化战线的卓越领导人、杰出的革命文艺家"……

余：你所说的当然并非毫无道理，但思路上有一个明显的问题：把革命信仰与知识人对立，变成只承认非革命的知识人是"完整意义上的"。照这样的思路，知识人的信仰必须跟"革命"无关、甚至"悖逆"，是否过于不切实际和"主题先行"了？难道获得耶拿大学哲学博士学位的卡尔·马克思，因为是无产阶级革命家，所以就不是知识人？难道20世纪30年代就担任沪江大学等高校兼职教授的顾准，因为是职业革命家，所以就不是知识人？难道所有当代西方马克思主义者都不是知识人吗？

余英时先生指出过，一个知识人必须具有超越一己利害得失的精神，他在自己所学所思的专门基础上发展出一种对国家、社会、文化的时代关切感。用中国的标准来说，具备"以天下为己任"一般精神的才是知识人。夏公正是出于"以天下为己任"的担当，才投身于革命。

而你对革命的排斥恐怕造成了一种明显的盲点，很容易回避或忽略一个重要现实：革命基本上是整个20世纪中国历史的主题。李泽厚和刘再复说得好，"影响20世纪中国命运和决定其整体面貌的最重要的事件就是革命"。刘小枫谈过，"共产党文人"是一个中国思想史的"引人入胜的理论问题"，夏公正是一个代表性人物。换句话说，革命文人、"共产党文人"不是是否成立的问题——因为在历史事实上已经成立（包括夏公在内的中国革命知识人的存在是一个事实），而是如何理解这种成立的问题。

我们是否可以这样理解：夏公自始至终是抱着知识人的理想抱负追求信仰，他的革命行为正是由于他是一个有着救国救民理想热忱的知识人，而又由于革命需要发挥他的文艺才干，更具体紧密地形成他的革命知识人身份？

予：你批评我把革命和知识人对立，但自己却又把革命与知识对立，并把知识与知识人混淆。一个人具有较高知识水准，或者说达到较高知识程度（包括获得博士学位），既不能说明他（她）是知识人（尽管国内有关部门把受过高等教育的都算作"知识分子"，但至多只算是"知识从业者"），也不能说明他（她）不是革命者。你提到的刘小枫的文章，清清楚楚地写着："夏衍虽然是20世纪中国现代史上的著名文人，但他首先是一个职业革命家，一个共产党人。"你有没有觉得自己在断章取义？

我肯定你说的革命是20世纪中国的历史主题，但我不能因此就认为"革命知识人"完全成立，尤其是20世纪的"中国革命知识人"完全成立。

我要强调的是，革命与知识是两码事，彼此间是各自独立的，革命（尤其中国革命）砸碎旧知识体系、重塑新知识体系无疑是一种重要的革命行为，但革命常常实行的"肉体消灭"、"歼灭有生力量"可谓与知识无关，而这种暴力性剥夺正是革命不同于

"改良"的一大特点。另一方面,知识完全可以是"非革命"的——这种非革命往往被革命指认为"反革命",也可以是基于知识立场肯定革命的。

知识与知识人是两码事,就更容易理解了。我想这点无须赘言了。

那么,"夏衍作为一位知识人"这一问题的关键便在于:夏衍(沈乃熙)作为知识人与作为革命人(革命者)孰主孰次?

余:20世纪中国历史中的革命的影响是全方位的,遍及各个社会文化层面。一种不受革命影响与制约、具有自足与独立品质的知识,只是理想而虚妄的空中楼阁,根本不存在。你所言的知识与革命彼此独立,从抽象逻辑上看完全正确,但从实际历史上看则完全错误。

我有保留地赞同:夏衍先生作为知识人与作为革命人孰主孰次,是弄清夏衍先生作为一位知识人这一问题的关键。——实际上还有"一个"的问题,不过先可暂搁,留待后议。——照夏公自己的说法,他出生在"洪杨之劫"前"相当富裕的书香门第",家道中落后曾"始终放不下'书香子弟'的架子","五四"后"以'过激党'自居",信奉的第一本革命著作是无政府主义著作——克鲁泡特金的《告青年》,负笈东瀛后,在1924年当着孙中山先生的面加入国民党,担任国民党左派驻日总支部的组织部长,1927年"四·一二"事变后在上海加入共产党。从中可见,夏公是相当自觉地选择革命道路的。从青少年时期开始,从认同无政府主义革命转变到认同三民主义革命,再转变到共产主义革命,一直是积极主动的个人选择,作为知识人的个人选择。

夏公在《懒寻旧梦录》日译本序言中说道:"我终于下决心走上了革命的道路。"——这是"一个理性相当发达"并且始终不为热情冲昏头脑的知识人的抉择。作为知识人的夏衍先生选择了作为革命人的人生道路。

予:戏台上的提线木偶、皮影人物,表面上是自说自话,实际上一言一行都是受人操纵。正如你所说,革命在20世纪的中国是影响全社会上上下下的。还可补充一句,这些革命都是标榜个人完全服从集体的正当性和合理性。一方面,夏衍选择革命的同时,也被革命、革命组织所选择。另一方面,选择革命也意味着夏衍越来越被集体主义规训和愚化,愈来愈徒具知识人的"壳",基本上成为革命组织的一颗螺丝钉、一件血肉器件、一个"忘我"的功能元。夏衍的子女不是说嘛,"在我们的心目中,他永远是一个忘我工作的革命干部"。

声称夏衍是"相当自觉"地自我选择革命道路,多少有些理想化和简单化了。夏衍加入国民党,带有孙中山当面亲口鼓动他"入党吧"的"有点兴奋"的"不自然"情绪;夏衍加入共产党,也有着被开除出国民党后受到老同学郑汉先鼓动的半推半就姿态。我强调这些情况,并不是要批评夏衍,而是要提醒:革命,尤其20世纪的中国革命,是存在种种复杂情况的大潮，有着狂热的吸引力，而在狂热刺激下拥抱革命，无疑带有盲目和"忘我"。哪怕夏衍"理性相当发达"，仍然避免不了总体上的狂热与盲从。"作为知识人选择了作为革命人"，夏衍做不到，他的许许多多同龄人都做不到，就连当过中国共产党最高领导人的瞿秋白也是"形格势禁"的不得已"扮演一定的（革命）角色"，试问有谁能够做得到？

余：我想有必要强调：现实社会不存在一种先在的、纯粹的"中国知识人"。正如杨奎松先生所警觉的：这样的讨论在一个最基本的问题上始终没有取得共识，那就是：中国有我们想象中的那种理想"知识人"吗？所谓"中国知识人"都是在特定的具体情境条件下被塑造出来的。

传统中国的"士"，在清末废除科举的大变局下向现代中国的"知识人"转变，夏衍先生恰恰出生、成长在这一转变的过渡时空，并伴随着中国知识人在社会结构中愈来愈边缘化的"权势转移"。余英时先生认识到，中国共产党在"革命"过程中逐渐形成了一个最彻底的边缘人集团，与之相伴的是知识人不断从中心撤退。且如罗志田先生所补充的，同时还有为新兴的边缘化青年知识人提供中心化契机的民族主义政治运动。我们可以把当年的夏衍先生看成将个人出路和国家兴亡融成一体的青年知识人吧？

何况，1949年后逐步确立的国家计划经济体制，把包括知识人在内的人民全部纳入以单位为中心、以户口为纽带的制度性网络，规划分配所有知识人的一切生活资料和精神资源，现实中的中国知识人置身于社会原子化（social atomization）的现代性语境。而在这样的语境中，夏公在社会愈来愈消极化知识人的情势下，仍坚守自身的知识人身份认同，在"自己长期摸索之后"坚持自我的"一个小资产阶级出身的知识分子"身份定位，哪怕身居高阁还自感"书生作吏"（夏衍语）。——美国学者格德曼（Merle Goldman）不也把夏公界定为新中国的自由派知识人的代表人物吗？

或许还有一点值得强调：夏衍先生没有经历延安的"革命洗礼"。这意味着，"五四洗礼"对他的影响更大，晚年的《懒寻旧梦录》证实了这一点。——夏公回忆周扬经历"革命洗礼"变化时遗憾地说："去延安之后，也就是延安文艺座谈会之后，周扬显然变了许多。……后来完全变了嘛……没有生活了。不像我这样，兴趣多。"——夏公临终前几日，听到秘书说"我去叫医生"，轻声纠正："不是'叫'，是'请'！"这无疑正是知识人的风范。

予：我同意你所说的知识人是被塑造出来的，不过是如何被塑造出来的，则见仁见智。而所谓"革命知识人"同样是被塑造出来的，是否认同这种塑造，认为"中国革命知识人"是真是假，也是见仁见智。刚刚提到的自表"我其实是一个很平凡的文人"的瞿秋白，就对"文人"有自己的定位。他痛心疾首地说，所谓"文人"正是无用的人物,是中国中世纪的残余和很坏的"遗产",基本是读书的高等游民,往往把自身变成一大堆抽象名词的化身,对现实生活却模糊看不清。这是一个中国革命漩涡中的核心人物的临终反思,实际上已否定"革命文人"的存在空间——尽管是瞿秋白个人理解意义上的"革命文人"的存在空间。你觉得夏衍也是这样的"革命文人"吗?

余:瞿秋白先生无疑是一个经得起质疑的革命知识人,他对"文人"、"书生"、知识人的独到见解,正凸显出其个体意识、独立人格的充沛。这也正是我想提醒的:群体性、集体性知识人的界定自然是有必要的,如许纪霖先生对20世纪中国六代知识人的梳理。但是,面对"夏衍作为知识人"这样的个体知识人问题,最关键的是界定"这一个"。我们可以按许先生的归类,把夏衍先生归为"后五四"一代知识人(也就是20世纪中国第三代知识人);也可以按张远新等的归类,把夏衍先生归为"延安知识人";还可以把夏衍先生归为"留日作家群"知识人;还可以把夏衍先生归为左翼知识人。不过,最切实的还是认识夏衍先生"这一个"作为知识人与作为革命人的孰主孰次。

予:准确地说,是认识沈乃熙"这一个"作为知识人与作为革命人的孰主孰次。"夏衍"是沈乃熙的其中一面(正如"鲁迅"是周树人的其中一面),沈乃熙可以涵盖"夏衍","夏衍"无法涵盖沈乃熙。不过鉴于"夏衍"是沈乃熙最突出、最重要的一面,我现在可把这一问题搁置。

余:好的,那我继续。夏衍先生对自己身份的基本把握是,受过"五四"洗礼的、"真心拥护和支持中国共产党"的"一个小资产阶级出身的知识分子"。夏公文艺创作的总主题,是知识人出路问题。夏公在《追念与告慰》中说得很清楚,他自己选择的是"知识分子的革命者"道路,认同的是"革命知识分子的气概与庄严"。夏公中年时,在《〈芳草天涯〉前记》中自我警醒:"我谴责自己,我谴责同时代的知识分子";夏公晚年时,在《懒寻旧梦录》中自我反省中华人民共和国成立后"竟随波逐流,逐渐成了'驯服的工具',而丧失了独立思考的勇气"。他的知识人自我反思是一以贯之的。

夏公作为革命人,是作为一位知识人找出路而选择了革命道路,作为知识人是作为革命人的前提与基础。在中国共产党的革命知识人中,夏衍具有某种特殊性:1949年前长期在尊重知识人的周恩来领导下工作,没经过延安"革命洗礼",——夏公说过:"说实话,要是没有恩来和陈毅同志,我是逃不过1957、1959、1964年这些关卡的。"——得到曹禺、李健吾、傅雷、林年同、聂华苓等许多"非革命知识人"的知识人身份认同。聂华苓的《中国知识分子的形象——夏衍》,称夏公"已经成为中国知识分子庄严的形象了——由爱心(爱民族的心,爱国家的心)和苦难升华而成的庄严形象"。

予:"中国知识分子庄严的形象"?这恐怕太过美化了吧!你不会不知道夏衍在1955年揭露"胡风及其反动集团的阴谋活动"的所作所为吧?不会不知道他在1957年作协党

组扩大会上的著名"爆炸性发言"了吧？他当时指责冯雪峰20世纪30年代有勾结胡风、蒙蔽鲁迅，打击周扬、夏衍，分裂左翼文艺界的"反党罪行"，是"极其虚伪、极其狡诈、又是极其阴狠的两面派"。此时的夏衍完完全全是一个"革命人"，哪有丝毫"知识人"的影子？

爱德华·萨义德强调，知识人要"能对权势说真话"，不应是有权势的"宫廷知识人"（court intellectuals），而应是作为不受奖赏的良心。毋庸置疑，担任过文化部副部长的夏衍，完全称不上萨义德所定义的知识人。（萨义德直接地说：我根本不相信一个人可以成为我所定义的知识人并且拥有一官半职。）夏衍自己承认成了"驯服的工具"，这已经不是"知识人"的自觉问题了，而是"革命人"的清醒问题了。一个清醒的"革命人"是不会成为"驯服的工具"的，顾准不就是活生生的例子吗？而夏衍因其"作为一个虔诚党员"而自觉自愿地丧失个人独立人格的清醒，他不是承认"'五八年大跃进'，我也是一度头脑发热，文化部大炼钢铁的总指挥就是我"吗？

余：在讨论夏衍先生作为知识人的问题时，用萨义德的标准是否过于苛求？尽管批评得快意，但却不免隔靴搔痒。我们是否有必要再次发问：现实中有那种理想的、完美的、纯粹的知识人吗？马丁·海德格尔的纳粹"丑闻"已广为人知，米歇尔·福柯也在1978年"伊朗革命"发生时赶赴伊朗沉醉并颂扬"集体意志"的暴力表达，雅克·德里达也对20世纪40年代的反犹太言论抱着"大事化小"的态度。

看来现在要回到我前面强调的历史现实，以及历史现实中的"革命"、"中国革命"问题了。我们有必要承认杨奎松先生总结的历史现实："共产党所领导的中国革命是一次成功的革命，这是历史已经证明了的。"

予：我要打断一下！杨奎松还指出，"中共革命的成功与必然"并不简单意味着中共革命道路的伟大、光荣、正确，抗战后国共两种革命力量胜负较量的关键，在于中间派人士的人心向背。

余：历史已经证明中间势力大多数都选择了中共革命道路，李泽厚和刘再复都承认中共革命的历史正义性，夏衍先生选择革命道路正体现出他作为进步知识人的积极担当。

予：李泽厚和刘再复发出响亮的"告别革命"主张，告别"通过大规模的群众性的暴力手段推翻现政权"的"革命"，你不会不知道吧？李泽厚还提醒，中国共产党是在战争中成长的，它形成了和其他国家政党完全不同的特点，就是"既管政治又管人的公私生活，包揽一切，包括个人的婚姻恋爱、个人思想情感，什么都管"。夏衍在中华人民共和国成立后不正是积极主动地"革"掉自己"意识思想里'私'字"、"革"掉自己的知识人独立人格吗？

余：我们有必要带着陈寅恪、余英时先生强调的"了解之同情"（"同情的理解"），

"将你心，换我心，方知相忆深"，认识夏衍先生的"自我思想革命"。许纪霖先生发现，中国知识人在中华人民共和国成立后接受思想改造是"自觉而不自愿"的，理性上自觉认识、体会马列主义，反思自由主义，意志上不情愿地被迫接受新的意识形态、自我检讨与否定，理性上的自觉有其1949年前已经盛行的民主主义、平民主义、社会主义三种思潮的渊源。这些都不同于苏联和东欧的情况，中国现代知识人有自身的语境、传统与现实。

夏公1949年后"书生作吏"，在主持20世纪50年代上海文艺整风中特别强调"和风细雨，与人为善"，在主管电影事业时提出"题材广阔"论、"离经叛道"说，事实上有力推动了电影创作上的"思想解放"，这些言行都和当时"革命形势"并不合辙，甚至有些背道而驰。这不正是夏公的独立人格的体现吗？而夏公的"自我思想革命"，正是具有独立人格的革命知识人的自觉行为。

正因如此，夏公在"文化大革命"结束后仍继续"自我思想革命"，写出回顾反思个人史的《懒寻旧梦录》，追问"为什么在新中国成立后十七年，还会遭遇到比法西斯更野蛮、更残暴的浩劫"，痛言"十七年中没有认真地批判过封建主义，我们也认为封建这座大山早已被推倒了，其结果呢，封建宗法势力，却'我自岿然不动'"，痛斥"戴高帽游行，罚站罚跪，私设公堂，搞逼供信，都成了'革命行动'"的曲解"革命"。

予：鲁迅在《而已集·小杂感》中感慨道："革命的被杀于反革命的。反革命的被杀于革命的。不革命的或当作革命的而被杀于反革命的，或当作反革命的而被杀于革命的，或并不当作什么而被杀于革命的或反革命的。革命，革革命，革革革命，革革……"20世纪中国历史的主题是"革命"，"革命"的鲜血流得太多了，其中不仅有"革命者"、"反革命者"的，而且有许许多多"不革命者"的。夏衍始终没有走出"革命"的沼泽，始终没有跳出"革命思维"的思想宰制，他的个体知识人反思，是建立在更内在、更基础的"灵魂深处闹革命"的革命自觉的。我的意见是：他是一个"不纯粹"的知识人。

余：照你的说法，瞿秋白先生是不是纯粹的知识人呢？

予：瞿秋白……他的本色无疑是一个书生，但"被拧在了最核心的革命发动机上"（杨奎松语），现实生活中做不了纯粹的知识人，尽管临终前的《多余的话》证实了他"毕竟是书生"。

余：相信你也知道杨奎松先生在《忍不住的"关怀"》中所说的，"对于20世纪中国的知识分子来说，一个最大的历史悲剧就是，他们是最早投身于救国救民，自认为最了解政治大势的一群；最后，他们却成了政治场中最不知所措、动辄得咎、受人轻视的一群。……（知识分子）未必人人都适合于从事政治。但是，他们却毫无选择的权利"。

余英时先生说，中国知识人"明道救世"的传统一直延续了两千多年，至今仍在。夏公身上正继承着"明道救世"的传统，明确声明："中国知识分子从古以来都是忧国忧民的，都是'先天下之忧而忧，后天下之乐而乐'，都是以'天下兴亡，匹夫有责'来要求自己的，看来这是好传统而不是坏传统。"这个意义上，本想"工业救国"的夏衍先生，有着身处时代大潮中的不得已处，我愿意承认他是一个瞿秋白式的"不纯粹的知识人"。

予：余英时谈到中国知识人"明道救世"的优秀传统的同时，也指出中国知识人在性格上的最大缺点，是由传统的政治权威造成的。并且，杨奎松也意识到，"把国家民族的利益和需要放在第一位，而将其他种种——个人权利也好，理想主张也好，道德伦理也好——放在次要的地位，可以说是中国知识分子政治上常常会表现出所谓软弱性的一个最主要的原因"。这个意义上，我也愿意承认夏衍是一个"革命知识人"，一个瞿秋白式的"不纯粹的知识人"。

余：《忍不住的"关怀"》有句话问得好，应该想想，在那个时代，如果换了是我，我们会比他做得好吗？

予：的确问得好，还应该想想，在这个时代，如果换了是他，他会比我们做得好吗？

（作者单位：西北大学文学院）

新视界

沈从文的神性思想与庄子的精神联系①

张 森

沈从文与道家的关系，早为学界所关注，但集中在沈从文的湘西题材创作与道家思想的关联，主要表现为湘西世界中的自然人性与道家崇尚自然的精神的相通。不过，两者的契合，与其说是沈从文受到道家文化的影响，不如说是未受"现代"侵扰的湘西世界本身即保留有近原始的自然存在方式，承传着楚巫文化浪漫奇诡、自然尚神等重要特征。事实上，沈从文在表现柏子、萧萧、翠翠这类乡下人自然素朴的生命形式时，很少直接显现道家文化的影响。而在早年直接涉及老庄的几部小说中，沈从文对道家的态度也显得较为复杂。如《知识》推崇道家"死生如一"生死观，但小说中人物内心的转变极为生硬，特别是缺乏沈从文在书写水手、妓女这类乡下人生死无常时的强烈悲悯感。文本的生涩，暗示的或是沈从文此时对老庄的理解，尚未真正进入他独特的生命世界。《猎人故事》则描写了一只崇尚老庄的乌龟，当它生活的芦苇荡缺水，乌龟不愿离开，直至芦苇丛起火，它才让大雁带着它飞走，而在空中，它忍不住与人论争，结果掉下来。小说没有一味肯定乌龟的生活态度，而是将乌龟和大雁人生观的矛盾客观呈现出来，显示出沈从文对道家态度的模糊。乌龟的结局，又暗示着他对道家尚空谈而乏行动力的微讽。

可以说，早年沈从文并非是在老庄的直接影响下创作，他的湘西小说之所以呈现出强烈的道家意蕴，实是源于湘西巫楚文化背景与道家的相通。冯友兰在谈庄子时，曾认为"庄子之思想，实与楚人为近"，又指出《天运》篇"形式内容，皆与《天问》一致。

---

① 本文系湖南省社科基金项目"沈从文生命诗学研究"（11YBB270）的阶段性成果。

……可见庄学与楚人之关系也"①。沈从文也清晰意识到,他笔下的湘西世界,正与楚巫文化同源。《湘行散记》、《湘西》中多次提到,《楚辞·九歌》由湘西这片土地生发②,乃至屈原笔下的山精地灵、臭草香花、酬神仪式等,至今留存在湘西这片土地,随处可以发现③。更重要的是,湘西民族具楚人气质,保有了"楚人的禀赋","多含楚气"④。这一得楚地遗风的湘西世界,由此与老庄有可沟通处。这种天然的亲近感,也使得沈从文一生都对老庄思想抱有兴趣。他多次谈到自己受老庄影响,如在谈到自己生命和文学风格的形成的渊源时说"有老庄和论孟,有韩柳和温李,有传统驳而不纯的叛逆思想,也有传统华而不典的文辞"⑤,又或"我从佛道诸经中,得到一种新的启示"⑥。不过,沈从文并非是在道家影响基础上去理解湘西,恰恰相反,他是在自身承传的湘西巫楚文化,及以此为基础建构起来的生命思想中去理解和吸纳道家文化的。

如果说早期沈从文与道家还是一种天然契合,那么至20世纪40年代,他则开始有意识地批判地吸纳道家因子,并将之与其他众多文化因子相对接、扬弃和融合,其重构之"神性"与庄子的"道"有着极大的共通性,在思考理路、途径、过程、巅峰状态上与庄子思想中的"丧己于物"、"至美至乐"、"道通为一"、"至人无己"、"与天合一"等,有着重要的精神联系。沈从文甚至称自己的思想为"新道家思想"⑦。但这方面,或因沈从文20世纪40年代的创作多呈现出"抽象"、"晦涩"特征,又与早年湘西题材有别,反不为人所注意,学界尚未提及,更缺乏深入探讨。因此,本文力图对两者之精神联系予以阐释,也是借此窥视现代语境下对传统资源的创造性转化,同时预示不同的文化、哲学、宗教在进入高层次生命境界时,或存在着某些必经之路,殊途又同向。

一、"心役于物"与现代性反思

沈从文20世纪40年代对神性的思考,是在"生命—生活"的构图中进行的。他严厉批判了大多数人以"生活"为目的的生存方式,其背景是当时昆明大后方人性沉沦的现实。在《七色魇》、《烛虚》中,沈从文对知识分子打牌、跑银行、"到处是钞票在膨

---

① 冯友兰:《三松堂全集》(第二卷),河南人民出版社2001年版,第449—450页。
② 沈从文:《沈从文全集》(第十一卷),北岳文艺出版社2002年版,第277—278页。以下所引《沈从文全集》中的文字,均出于此版,不再一一列出。
③ 《沈从文全集》(第十一卷),第327页。
④ 《沈从文全集》(第十四卷),第287—292页。
⑤ 《沈从文全集》(第二十七卷),第12页。
⑥ 《沈从文全集》(第二十七卷),第25、73页。
⑦ 《沈从文全集》(第十二卷),第97—98页。

胀，在活动"等社会现象进行强烈指责①。沈从文对现实的批判，主要是从个体生命存在角度展开，其核心是人为物役、导致本真人性的丧失。正是在这里，沈从文对庄子有一种认同式吸取。在对"人为物役"的揭示和对知识分子的批判上，沈从文与庄子既相兼容，同时庄子思想又深化了他的理解。

在沈从文看来，"生命"与"生活"的差异即是"为己"生存还是"为物"生存的区别。多数人是"为物"的生存，"俨然为一切名分而生存，为一切名词的迎拒取舍而生存。禁律益多，社会益复杂，禁律益严，人性即因之丧失净尽"。多数人专注生活而非生命，为各种外物所蔽，看似得到一切，实际上却丧失了对最本己存在的领受。沈从文将此总结为："人生百年是勤，所得于物虽不少，所得于己实不多。"② 这即庄子提出的"丧己于物"。《庄子》多次描述了人被外物所役、沉沦在世的可悲状态。《逍遥游》中称，人"与物相刃相靡，其行进如驰，而莫之能止，不亦悲乎！终身役役而不见其成功，苶然疲役而不知其所归，可不哀邪"。在庄子看来，"轩冕在身，非性命也，物之傥来，寄者也"，不论是名利，还是仁义道德，都不过是生命的外来物，沉沦于此，即丧失了最本己的生存领受，"丧己于物，失性于俗者，谓之倒置之民"。沈从文多次借庄子学说表明他对人性沉沦于外物的不满。《长庚》中写到"闻'知识阶级'玩牌争吵声，生悲悯心"，由此想到"巢许让天下，商贾争一钱"，并称屈原与庄子"对于他们所熟习的中层分子，是同样感到完全绝望的"③。

此期沈从文对知识分子的批判，除上述所指的"人为物役"，他还看到了庄子所言的知识分子"仁义道德"的虚伪性。这期间自然有作为"乡下人"的沈从文，与现代教育体制培育出的知识分子的格格不入，同时也与他对庄子的理解有密切关系。庄子反对儒家倡导仁义，因为"自然"即大道，而一旦有意识地倡"仁义"，则多是伪仁义，且扭曲自然人性，所谓"圣人不死，大盗不止"，天下大乱就在于"黄帝始以仁义撄人心"，圣知仁义不过是"桁杨接槢"、"桎梏凿枘"（《在宥》）。沈从文正是从这一角度观照现代知识分子生存状态。《黑魇》中借想象讽刺"十来个衣冠人物""用儒家名分""去寻矿产熔铸九鼎"④。《白魇》则直接说是"阿谀情趣若与热中打算相会和，即不免有类乎现代群儒铸九鼎行为发生"⑤。沈从文说的"群儒铸九鼎"，正是以当时部分知识分子向蒋介石献媚为背景。他将这类知识分子称作"乡愿陋儒"、"伪思想家"。这不仅

---

① 《沈从文全集》（第十二卷），第39页。
② 《沈从文全集》（第十二卷），第104页。
③ 《沈从文全集》（第十二卷），第37—38页。
④ 《沈从文全集》（第十二卷），第172页。
⑤ 《沈从文全集》（第十二卷），第161页。

是由于他们人格虚伪势利，更在于他们本身即无思想。"乡愿陋儒"往往摆出"假道学"面孔。对"自然"倾心的本性趋避惶恐，对生命中"美"的漠视，正是出于他们虚伪扭曲的人性。在与传统的关系中，沈从文对道家和佛家都有一种亲和性，唯独对儒家主要持批判态度。尽管"五四"新文化运动对"孔孟"的批判，以及沈从文本身的楚文化背景与儒家文化的显著差异，都影响了沈从文的儒家观，但庄子的影响显然也是极重要的。

不过，尽管庄子和沈从文都反对人为物役，但两者在对"物"的具体定义上却是有差别的。《骈拇》中言："自三代以下者，天下莫不以物易其性矣。小人则以身殉利，士则以身殉名，大夫则以身殉家，圣人则以身殉天下。故此数子者，事业不同，名声异号，其于伤性以身为殉，一也。……伯夷死名于首阳之下，盗跖死利于东陵之上，二人者，所死不同，其于残生伤性均也。"对庄子来说，不论是殉仁义、殉天下还是殉货财，只要是不出于身心本性的，都是对自然本性的伤害，从"残生伤性"角度言，君子与小人无异。相比较而言，沈从文所否定的，是以伪道德、名义违反自然人性，以及沉迷于物欲名利中丧失自然本性。他始终将个体生命与民族、国家命运相联系，既是从个体生命存在角度反对物化，同时又认为目前人性的沉沦是阻碍民族进步的绊脚石，而他致力重构之神性，不仅指向生命的最高层次，也是民族精神重造的根本。这显然与沈从文身处现代语境中的启蒙立场息息相关。也许是有感于此，沈从文对庄子的现实态度又有所保留，在认可庄子对中层分子的绝望的同时，又感到"屈原的愤世，庄周的玩世，现在是不成了"①。在这一角度上，他明确反对庄子的"无为"，而希望能积极有为地介入、关怀现实。

二、美在自然：体道之重要途径

神性、"道"分别是沈从文和庄子意旨的最高生命境界。两者内涵不尽相同，但均包含"自然"这一重要观念。沈从文认为"神即自然"，且"美"在"自然"，这不仅与他早期自然观念一脉相承，也与他对庄子的理解有密切关系。"美在自然"，由体悟"美"而达至生命最高境界，是两者共通处。

从具象上说，20世纪40年代沈从文获取神性的主要途径有二：一是从"身体"及相关爱欲中显现，一是从人与自然的关系中显现。而不管是从爱欲还是从自然中体悟到神性，其根本一点就在于两者皆以"自然"方式存在：其在爱欲中显现的生命实是不为道德、禁律、名分等所拘囿，是任生命自身本然呈现的一种自然人性；而作为神性媒介

---

① 《沈从文全集》（第十二卷），第41页。

的"自然",由于弃除主体性"我"的观照,同样以本然方式存在,如沈从文言"充满了生命自得的快乐",其间生物"各尽其性命之理"①。就此,沈从文提出"神即自然"②:"神的意义在我们这里只是'自然',一切生成的现象,不是人为的,由他来处置。他常常是合理的,宽容的,美的。"③"神"即"自然",即指生命和自然宇宙的本真本然状态。

沈从文"神即自然"的观念,与道家对"自然"的言说有很大的一致。这不仅仅是指上述在与自然相对时进入冥想之境,与自然合一,体悟到神性,即自然是作为"神性"显现的媒介;更包含着道家"道法自然"的深刻内蕴,这即生命万物的一种本然状态。《天道》中云:"赍万物而不为戾,泽及万世而不为仁,长于上古而不为寿,覆载天地,刻雕众形而不为巧。"道在于自然万物自为地呈现,由此超越个体局限,顺应自然,达到"天地与我并生,而万物与我为一"的大境界。

沈从文又将"自然的"与"人为的"做区分,"自然似乎永远是'无为而无不为',人却只是像'无不为而无为'"④。尽管"无为而无不为"为老子提出,但沈从文所言更与庄子亲近。老子讲"无为而无不为",偏重政治哲学,落点在"无不为"上,而沈从文与庄子一样,重在"自然"。庄子倡自然而反人为,多次将"人为"与"自然"比较,"牛马四足,是谓天;落马首,穿牛鼻,是谓人"(《秋水》)。这里的"天",即自然,"天之德,无为自然而已,故日月自照,四时自行,昼夜自其有常,云自行,雨自施,无心于物而万物自宁也"(《天道》)。

40年代的沈从文将上述从爱欲和自然中体悟到的神性抽象化,提出了"美"这一重要概念。在沈从文看来,身体即美的极致。他继而将身体之美扩大到一切"有生中","美固无所不在","它或者是一个人,一件物,一种抽象符号的结集排比",甚或是"由上帝造物之手所产生,一片铜,一块石头,一把线,一组声音"⑤。美存在于一切物中,显然它不取决于物的具体物理属性,而在于主体"用泛神情感去接近"⑥,意识到万物皆含生命,不仅从"有生的"人、动植物中"见出自然的巧慧,和生命形式的多方"⑦,

---

① 《沈从文全集》(第十二卷),第121页。
② "神即自然"是沈从文在《凤子》中提出的,但此期从身体和自然二途中体悟到神性,显然承接了早年湘西创作中对"自然"的理解,与乡下人的自然生命形态、生命与自然相融的状态都是一致的。
③ 《沈从文全集》(第七卷),第123页。
④ 《沈从文全集》(第十六卷),第343页。
⑤ 《沈从文全集》(第十二卷),第23—24页。
⑥ 《沈从文全集》(第十七卷),第360页。
⑦ 《沈从文全集》(第十二卷),第108—109页。

且在无生的器物上也能体会到"生命彼此的相关性"①。因此,"神"之显现途径,又可理解为主体对"美"的领受,这包含两方面含义:一,美出自生命的本然,即美在自然;二,无物不含生命,由此无物不美,美亦无所不在。换言之,美的根本在"自然",由体验"美"达至生命的神性,故又言"神即自然"。

沈从文有关"美"的观念,融合了他对庄子的理解。庄子同样强调"美"对于"道"的重要意义。《田子方》中言"得至美而游乎至乐",由对"美"的领受进入生命最高层次,也即一种得道体验。庄子所言的"美",是天地之"大美",它同样与自然紧密相关。《知北游》中称:"天地有大美而不言,四时有明法而不议,万物有成理而不说。"天地之所以为大美,乃由于其"道法自然",又"无为而才自然矣","无为也而尊,朴素而天下莫能与之争美"(《天道》)。可见,只有虚静恬淡、寂寞无为、淡然无极,万物处于自然本真状态,才可达至"至美",并由此进入至乐境界。

更重要的是,沈从文"美无所不在"的思想,如他所说的受到了"自然主义及道家万物皆同"观念的影响②,并进而与其巫楚文化背景中的泛神情感相融合。庄子言"得至美而游乎至乐",而如何由体悟至美达到至乐境界,则须悟天下"万物之所一也。得其所一而同焉"(《知北游》)。这实是《齐物论》中所言"道通为一",也即沈从文说的"道家万物皆同":"故为是举莛与楹,厉与西施,恢恑憰怪,道通为一。其分也,成也;其成也,毁也。凡物无成与毁,复通为一。"大小美丑乃至稀奇古怪之物,从道的角度看都是可通为一的。因此,道也是无处不在的,道在蝼蚁、在屎溺,道在万物之中。沈从文曾言,最纯粹的生命形式,是"从得失哀乐中拉开上升。上升到一个超越利害,是非,爱怨境界中,惟与某种造形所赋'意象'同在并存"③。可见,他所说的神性显现,即源于类似庄子的泯是非、等贵贱、齐生死的"一同"境界。而沈从文笔下的湘西是人神交织的世界,这里的"神"是自然万物的灵化或神化④,是一种"万物有灵的泛神观念"⑤。它认为万物皆具灵性,神就存在于自然界。沈从文言的"美无所不在",即源于"用泛神情感去接近",他对"美"的理解,也是巫楚文化中的泛神情感与庄子"齐物"观念互通融合的结果。

"美在自然",最终导致沈从文与庄子一样,持审美的、无功利性的人生态度。庄子

---

① 《沈从文全集》(第十九卷),第74页。
② 《沈从文全集》(第二十七卷),第72页。
③ 《沈从文全集》(第十二卷),第88页。
④ 参见《从文自传》、《凤子》、《阿丽思中国游记》、《长河》等中对湘西人神和悦场面和自然拜物的描写。
⑤ 参见刘一友:《凤凰厅城的崛起和楚巫文化的张扬》,吉首大学沈从文研究所编《永远的从文:沈从文百年诞辰国际学术论坛文集》,吉首大学沈从文研究所2002年版。

对人生取审美观照态度,将美视为最高精神境界。《逍遥游》中言,无用之树,"树之于无何有之乡,广莫之野,彷徨乎无为其侧,逍遥乎寝卧其下"。现实中无用,恰可得精神上之大逍遥。庄子深刻地揭示了艺术生成之规律。沈从文对待人生时同样如此:"我不大能领会伦理的美。接近人生时我永远是个艺术家感情,却绝不是所谓道德君子的感情。"① 对宇宙万物和人生皆以艺术家情感待之,关注的是对象是否"美",而不是伦理道德上的"善"或功利主义的实用与否。《水云》中又说:"文学艺术只有美和不美,不能说真和不真,道德的成见,更无从羼杂其间。"② 而他对"美"的强调,又"与多数人兴趣利害观念相冲突"③。庄子理想中的得道之人,如南郭子綦、伯昏无人、子桑户等,也无不是"游乎尘垢之外"(《齐物论》),"异乎俗者也"(《让王》)。在这点上,他们都有着与世人迥异的价值标准。

三、至人无己:体道之存在状态

在体道与获取神性的过程中,沈从文与庄子都呈现出相似的存在状态,那就是主体性自我的消泯。庄子言"至人无己"、"吾丧我",沈从文则称"失去了'我'"。然而,两者关系不完全表现为影响和接受关系,沈从文更多是在自身生命体验基础上,对庄子提出的"无己"状态进行反思乃至转化、变形。

在体验神性过程中,沈从文多次称"失去了'我'"。在由身体体悟到神性一途中,"我""彻底皈依"于对象的美,被"美"击中,如触电、如中毒,"失其所信所守"④,两者合二为一;在与自然面对时,"我"则与自然相融,"化成自然的一部分"。《绿魇》中写道:"一片绿色早把我征服了","我的心""毫无用处,没有取予,缺少爱憎",与其他绿色生物化同⑤。《水云》中详细描写了"我"面对自然时,"失去了'我'","体会到'神'"的过程:"一种由生物的美与爱有所启示,在沉静中生长的宗教情绪,无可归纳,因之一部分生命,就完全消失在对于一些自然的皈依中。"⑥

沈从文的这一"失我"状态,即是对主体性自我的弃除,最终达至与万物的相融。这与庄子的"无己"状态极为相似。《庄子》中很多地方以不同方式谈到了"无己"。《逍遥游》中讲"至人无己",《齐物论》中讲"吾丧我",《人间世》中讲"虚而待物"、

---

① 《沈从文全集》(第十三卷),第 323 页。
② 《沈从文全集》(第十二卷),第 107 页。
③ 《沈从文全集》(第十二卷),第 32 页。
④ 《沈从文全集》(第十二卷),第 24 页。
⑤ 《沈从文全集》(第十二卷),第 137—138 页。
⑥ 《沈从文全集》(第十二卷),第 120 页。

"虚者，心斋也"。庄子言"无己"，主要是指从形和知（心、神）两方面去除自我，如《齐物论》中的"吾丧我"的状态是"形如枯槁，心如死灰"；《大宗师》中讲"坐忘"，是"堕肢体，黜聪明，离形去知"。外在的形，是指人对外物的欲望，包括名利以至仁义道德等；内在的知，则指主观"成心"，是非好恶之心，也即主体性自我。庄子认为人应"无情"，"不以好恶心内伤其身，常因自然而不益生也"。可见，庄子的体道状态，是从形到知，弃除了主体欲望乃至主体性存在的生存状态。因为只有处于"丧我"、"心斋"、"去知"状态，才能"同于大通"，"同则无好，化则无常"，才能达到庄子所言的大道状态：这即是"与天为徒"、天人合一的状态。由于"无己"，自我与对象（主体与客体）皆以本然方式呈示自身：自然万物由于"无己"，不受主体主观思维拘囿，故呈现出其本然面貌，"万物芸芸，各复其根"；自身由于"无己"，则去除成心，故也以本然方式存在，"忘乎物，忘乎天，其名为忘己，忘己之人，是之谓入于天"（《天地》）。心灵与天合一，获得最大解放和自由。

沈从文显然深谙庄子所言的"无己"，他在讲述自身存在状态时，曾借用庄子"吾丧我"之语（《烛虚》），在思考人类生存时，又引用庄子的"其生若浮，其死若休"（《水云》）。不过，沈从文在引用《庄子》时，却不完全是对庄子的认同，相反，他借庄子所言，对自我生命状态和"无己"存在都进行一种批判性反思。如前所述，庄子"丧我"状态是指得道时的存在状态，"'丧我'的'我'，指偏执的'我'。'吾'，指真我"①。而沈从文在引用"吾丧我"时，所指的是进入都市后的生命状态。他称："'吾丧我'，我恰如在找寻中。生命或灵魂，都已破破碎碎。"② 这里的"丧我"，恰恰是原初本真自我的丧失，即他失去早期作为一个乡下人的单纯生存形态。

沈从文对"丧我"的理解不同于《庄子》中的含义，与他对生命"无己"状态的思考有一定关系，从中也可看到他对庄子思想的反思。庄子的"无己"，体现在行动上就是"无为"。道家强调"无为"，"虚静恬淡，寂漠无为"是"天地之本"、"万物之本"（《天道》），而"有为"则扰乱人心，以致"天下大骇"。正是如此，庄子反对倡仁义法度，再次提出"绝圣弃知"（《在宥》），并由此认同人类原初的自然存在，"同与禽兽居，族与万物并，恶乎知君子小人哉"，"民居不知所为，行不知所之，含哺而熙，鼓腹而游，民能以此矣"（《马蹄》）。在庄子看来，原始时期的人类处于混沌的自然状态，也即一种"无己"状态，由此与自然宇宙和谐一体。而沈从文经由现代理性、启蒙的熏陶，拒绝了人类原初存在。尽管他从乡下人原始素朴的自然存在中也看到"神之存在，依然如

---

① 陈鼓应：《庄子今注今译》，商务印书馆2016年版，第45页。
② 《沈从文全集》（第十二卷），第27页。

故"，但同时又认为，这一合乎神性的生命，处于乏理性的蒙昧状态，与现代社会不相适应。在庄子那里，"其生若浮，其死若休"是生命得道之体现，而沈从文却看到这一状态"虽近生命本来，单调又终若不可忍受"①。

因此，40年代的沈从文尽管强调"失我"，却是在历经对乡下人自然存在的现代反思后，重新回归上述无主体性存在。显然，这一主体性自我的失去，不是如乡下人缺乏主体意志造成的，而是出于对自我的规定，即对万物作有情观照："一个人过于爱有生一切时，必因为在一切有生中发现了'美'，亦即发现了'神'。必觉得那点光与色，形与线，即足代表一种最高的德性，使人乐于受它的统制，受它的处治。"② 就此言，沈从文的"无我"状态，其实也是一种含主体意识的存在，是主体强调去除主体性自我，最终将自我融于万物之中。而庄子尽管提出重返人类原初的自然状态，但他笔下的"至人"、"真人"显然也不是原始的自然人，同样是具有强烈自我意识的生命个体。王攸欣在讲庄子时就指出，"至人无己"是庄子体道体验的特殊表达，"能够产生体道巅峰体验，从个体根源来说，又与他强烈的主体意识或自我意识有关"③。当然，在达至"无己"状态时，沈从文"爱"和"有情"的行为都极具主动性，而庄子则是由无为而至，其"心斋"、"坐忘"更内敛。从这个角度言，沈从文与庄子的"无己"，就其个体生命来说，在鲜明的差异中又具有潜在的一致，但沈从文显然忽略了这一点。

四、沈从文、庄子之体道境界比较

在对"神性"、"道"的境界的描述上，沈从文与庄子也存在一定的相通性。沉浸在爱欲中的悦乐疯狂虽不为庄子所述，但沈从文描述的与自然一体的神性体验，与庄子所言的"至乐"、"天乐"有很大相似。《天道》中言："与人和者，谓之人乐；与天和者，谓之天乐。"《大宗师》在描述"真人"悟道后的种种面貌时，同样指出："其一与天为徒，其不一与人为徒。天与人不相胜也，是之谓真人。"可见，庄子说的"天乐"是指与天相合，即天人合一。而要达至天人合一的"天乐"境界，需主体进入"无己"、"无为"状态，故《至乐》中又曰："无为诚乐矣，又俗之所大苦也。故曰：至乐无乐。"因此，庄子的"天人合一"，是人在弃绝主体性后与宇宙自然规律相合，与物相冥，人物合一。

---

① 《沈从文文集》（第十二卷），第150页。
② 《沈从文全集》（第十七卷），第359页。
③ 王攸欣、贝京：《"至人无己"与"敖倪万物"——庄子人格理想与行迹叙事新诠》，《中国文化研究》2016年第2期。

沈从文在面对自然时，也呈现出主体亡失状态，且"化成自然一部分"。如《潜渊》中说："孩心与稚气与沉默自然对面时……不知不觉化成自然一部分。"①《水云》中又道，在太阳下的梧桐树下散步，"忽若有所契，有所悟，只觉得生命和一切都交互溶解在这个绿色迷离光影中，不可分别。……感觉到我只是自然一部分"②。"化为自然一部分"，与自然为一，颇似庄子"天人合一"、"与物相冥"的得道境界。这里的"我"与对象、自然并非主客关系，而是主客融为一体。在"丧己"状态中，"与自然相邻，亦如自然一部分，生命单纯庄严处，有时竟不可仿佛"③。与自然为一，反而得到最本己的自由存在，这与庄子认为在天人合一状态中，人获取的是绝对的精神解放和自由是颇为类似的。

其二，在描述神性时，沈从文主要以非现实的抽象画面来表现，庄子则多通过想象来表现得道的神人、至人的境界。此时沈从文描绘的"神性"场景，多表现为抽离现实的虚幻之境。如《烛虚》描述的"由幻想而来的形式流动不居的美"④，这是存在于主体内心的一幻境，无确切时间、地点及人，万物变动不居，仅仅是"由无数造物空间时间综合而成之一种美的抽象"⑤。这段文字带有浓重的虚幻意味，是"我"完全离开现实进入另一由"美"与"爱"构建的神性境界。庄子则借众多奇诡想象来表现得道后的境界。如姑射山上的神人，"不食五谷，吸风饮露；乘云气，御飞龙，而游乎四海之外"。《齐物论》中的至人"大泽焚而不能热，河汉冱而不能寒，疾雷破山、飘风振海而不能惊。若然者，乘云气，骑日月，而游乎四海之外"。两者之所以皆以非现实情境表现生命最高境界，其原因或在于这一境界本是超现实的，是以"超越世俗爱憎哀乐的方式，探索'人'的灵魂深处或意识边际"⑥。

第三，两者都是通过直觉体悟而不是理性、思辨，进入生命的高层次境界，因此这一境界又具有不可言说的神秘性。沈从文由对"美"的体悟直接进入冥想之境，达至生命的最高层次，其间绝无现代哲学的逻辑思辨。他对神性状态的描述，是他作为文学家而不是哲学家，在个体生命体验基础上的诗性表达。沈从文描述主体进入神性时的状态是"如中毒，如受电，当之者必暗哑萎悴，动弹不得，失其所信所守"。这种体验具有瞬间性、极致性。沈从文曾将此称作是一种"发疯"状态⑦。正是如此，当接近生命至

---

① 《沈从文全集》（第十二卷），第86页。
② 《沈从文全集》（第十二卷），第102页。
③ 《沈从文全集》（第十二卷），第150页。
④ 《沈从文全集》（第十二卷），第25页。
⑤ 《沈从文全集》（第十二卷），第34页。
⑥ 《沈从文全集》（第十二卷），第27页。
⑦ 《沈从文全集》（第十二卷），第43页。

性时,沈从文多次感到文字的无力,如前述在描写类似《法华经》的抽象境界时,就称"文字大不济事,难于捕捉这种境界"。他感到,在表达抽象的"美"时,语言不及数学、音乐等其他形式。不难看到,这一不可言说性,正是由于沈从文所展现的是生命在理性之外的神秘悸动和深度体验。

庄子所言的"道",同样是不经思辨而是以直接体悟方式去获取,其对"道"的述说同具浓重的诗性意味。庄子认为,语言、概念、思辨逻辑不仅无法入道,反而障道。所谓"大道不称,大辩不言",真人"不以心损道,不以人助天"(《大宗师》)。《知北游》中曰"无思无虑始知道","知者不言,言者不知","道不可闻,闻而非也;道不可见,见而非也,道不可言,言而非也","道不当名,……道无问,问无应",都表明道"窅然难言"。《大宗师》中讲闻道,是从"副墨之子"直至"玄冥"、"参寥",最后归"疑始",可见文字如沈从文所言是"生命的残余",文字所表达的"道"实离道甚远。《在宥》中言:"至道之精,窈窈冥冥;至道之极,昏昏默默。"《应帝王》讲浑沌得七窍而死;神人则"天地乐而万事销亡,万物复情,此之谓混冥"(《天地》)。可见,得道的状态应是混混沌沌。显然,庄子的"道"也逾越了人类理知的范畴,是思辨和语言不能通达的,其不可见、不可闻、不可言,极具神秘性。

沈从文与庄子在得道(神性)境界上的相似,其原因并不在于后者对前者的影响,而在于人类在进入较高层次的生命状态时,所具有的共通性。又或者,由于沈从文在上述"自然"、"美"、"无我"等问题上与庄子相通,导致两者在最终境界上有类同趋向。沈从文在描述上述神性体验时,还引述了基督教和佛教经典。《烛虚 五》题词引用《新约·哥林多书》(实为《新约·哥林多后书》十二章)中的一段话:"我认得一个在基督里的人……或在身内,或在身外,我都不知道,只有神知道。他被提到乐园里,听见隐秘的言语,是人不可说的。"按解经文,保罗接近上帝时的奇妙体验与沈从文的神性体验也有类似处①,两者皆具瞬间性、人与神(人与自然)合二为一、不可言说的隐秘性等。沈从文还联想到《法华经》中有对上述抽象神性的类似描述,而上面所述的"神性"、"道"的几个方面,与佛法中讲的无我相、破我执、言语道断等也具一定可比性。詹姆斯在《宗教种种经验》中,通过对不同哲学、宗教的众多神秘经验的分析,认为它们具有一些共同特征,包括不可言说性、可知性、暂时性、被动性②。上述沈从文与庄子的相通,也表明人类在通往高层次的生命境界时的确存在着某些必经之路,殊途又同向。

---

① 参见张森:《沈从文思想研究》,人民文学出版社2015年版,第179页。
② [美]威廉·詹姆斯:《宗教经验种种》,尚新建译,华夏出版社2008年版。

作为沈从文接纳的传统中的极重要一脉，庄学与佛、巫乃至西方基督教、尼采学说等，一道经由沈从文的现实境遇与生命体验，最终内化为他独特的文学和思想。沈从文喜爱引用庄子的语言，多次表明他对庄子的认同，甚至称自己的思想是"新道家思想"。但同时，他与庄子又有着重要的差异。除了上述文中指出的差别外，还有重要一点，即庄子在对"道"的体验中达到精神的绝对自由，获得"无待"的大自在境界。而沈从文在对神性的思考中，始终处于精神的极度紧张和焦虑中，"无一时不在战争中"[1]。其最大原因就在于由神性而来的矛盾性和不确定性，这不仅仅是因为神性与现实的冲突，更是内化为主体内在世界的冲突。他置身在绝望与希望、生与死、抽象与实际等一系列的矛盾冲突中，既体悟着神性的至美，又深刻感受到神性与现世的剧烈冲突："美与'神'近，即与'人'远。生命具神性，生活在人间，两相对峙，纠纷随来。情感可轻翥高飞，翱翔天外，肉体实呆滞沉重，不离泥土。"[2] 这一纠结，与沈从文身处现代语境息息相关。他清晰地意识到神性作为理想生命境界，"在抽象中好好存在，在事实前反而消灭"[3]，他的《看虹录》、《绿魇》等作品都描写了神性回归现实后的"虚幻"、"虚空"。沈从文的这一焦虑，暗合了鲁迅对庄子脱离现实、逃避现实的批判。此外，沈从文在"乡下人"立场外，又始终坚持现代理性、启蒙立场，他的神性重造与民族国家重造的现实使命勾连在一起。由此，他反对庄子对现实的"无为"态度，对乡下人"其生若浮，其死若休"的生存状态深怀隐忧，这显然背离了庄子与自然为一、返朴归真的思想。庄子希企的，是人类完全回复自然存在，从而达至天人合一的自由境界，而沈从文恰恰看到在人类生存中，自然存在与主体性存在、人的自然属性与社会历史属性之间的永恒矛盾。或许可以说，沈从文的困境，是自然神性身处现代境遇的必然结果，从中也可窥见庄子思想与现代遭遇后的复杂命运。

（作者单位：湖南师范大学文学院）

---

[1]《沈从文全集》（第十二卷），第39页。
[2]《沈从文全集》（第十二卷），第34页。
[3]《沈从文全集》（第十二卷），第43页。

◎ 新视界 |

叶君健《山村》的革命历史叙述与海外传播①

布小继

叶君健是著名的中国现代汉英双语（多语）作家，其本人精通英语、世界语、德语、西班牙语、法语、丹麦语、意大利语等多门语言，有包括《安徒生童话全集》、 *Three Seasons and Other Stories*（译自茅盾《农村三部曲》等作品）在内的译著多部，同时还有不少作品如长篇小说"寂静的群山"三部曲、"土地"三部曲，中短篇小说和若干童话。*The Mountain Village*（《山村》）就是"寂静的群山"三部曲之第一部。主要书写了鄂东山村中的农民在外来先进思想的剧烈影响下，从腐败高压的山村地主阶级统治下逐步觉醒过来，组建群众武装，走上革命道路的过程。该书1947年由英国山林女神出版社（Sylvan Press London）出版后，被"英国书会"② 推荐为"1947年7月最佳书"，包销两万册，后被翻译为二十多种文字。其中的世界语版本，被全世界的世界语者公认为唯一东方人写的世界语经典文学著作③，海外反响极为强烈。1950年，上海潮锋出版社出版了作家改写、改译的《山村》中文版本。

一、《山村》的革命历史叙述及其特征

所谓革命历史，就是革命成功者及其代言人书写的历史。在革命者看来，革命既是

---

① 本文系国家社科基金项目"中国现代汉英双语作家研究"（14XZW020）的阶段性成果。
② 关于"英国书会"，叶君健曾在其回忆文章中说："英国出版界有个名为'书会'（Book Society）的组织，由出版社和作家所组成。它由几位知名的老作家所组成的评委会每月选出该月出版的一部新小说，作为该月英国出版的'最佳作品'，额外还选十部新作品，作为该会该月介绍给读者的'推荐书'。"叶君健：《在一个古老的大学城——剑桥》，《新文学史料》1992年第2期。
③ 叶君健：《叶君健全集 第二十卷 散文卷（五）》，清华大学出版社2010年版，第532页。

手段也是目的。革命能够通过手段达到目的，其目的就是自由，或为所想要的那种自由。伽达默尔曾经引述兰克的话来阐述历史联系与自由决定之间的关系："让我们承认历史永不能具有一种哲学系统的统一性；但是历史并不是没有一种内在的联系。在我们面前我们看到一系列彼此相继、互为制约的事件……最重要的事情是：在任何地方都需要人的自由。历史学追求自由的场景，这一点就是它的最大的魅力。但是，自由是与力、甚至与原始的力联系在一起的。如果没有力，自由就既不出现于世界的事件中，又不出现于观念的领域内。在每一瞬间都有某种新的东西能够开始，而这种新东西只能在一切人类活动的最初和共同的源泉找寻其起源。没有任何事物完全是为某种其他事物的缘故存在；也没有任何事物完全是由某种其他事物的实在所产生。但是同时也存在着一种深层的内在联系，这种联系渗透于任何地方，并且没有任何人能完全独立于这种联系。"① 历史由一系列事件构成和人类历史对自由的不懈追求这两大特性决定了历史的基本特征。从这个角度来看，历史是没有终点和尽头的，它必定会伴随人类始终。叙述者都是处在特定时空中的，其所持立场决定了历史叙述尤其是革命历史叙述的方式和程度。也就是说，对历史的叙述要基于叙述者的"此在性"，叙述的限度和对叙述对象的把握程度。

  叶君健在《山村》之前，发表出版过不少作品，比如小说集 The Ignorant and the Forgotten（《无知的和被遗忘的》，1946），其中有九篇小说，多为1944年秋到1945年冬所写。其中的 The Dream（《梦》）、The Wind（《风》）、A Casualty（《一桩意外》）、Eventful Days（《多事的日子》）、My Uncle and his Cow（《我的伯父和他的黄牛》）等中短篇小说主要叙述了东北、湖北等地区的底层民众是如何在日寇的猖狂侵略下一步一步走向反抗的过程。或许只能逞一时之勇、图一时之快，但主人公在忍无可忍、被逼无奈之下的奋起反抗，依然具有极为强烈的现实意义。作家对这样一群小人物的反抗活动的叙述，其倾向性十分鲜明，即在哪怕是极为凶恶、强大无比的敌人面前，中国人尤其是普通民众也绝对没有丧失斗争意志和反抗精神，而是充分利用各种斗争场合与之搏斗，中国人对自由的向往迫使他们会砸烂任何的枷锁。这样，小说叙述就进入了一个特别的场域，即底层民众无序的、自发的又是勇敢的斗争，一方面暗合于"哪里有压迫，哪里就有反抗"的革命真理，一方面或如作者所说，"我写的这些故事，目的就是要让他们在世人的心中活下来，永远地活下来。这也代表我当时的思想。这种思想也多少染上一点悲怆的色彩——这是当时国民党的统治在我的心灵上所留下的阴影的形象化的具体表现……我这部《无知的和被遗忘的》竟然被选为'推荐书'之一。它立刻引起了评论界的注

---

  ① ［德］汉斯-格奥尔格·伽达默尔：《真理与方法》，洪汉鼎译，商务印书馆2016年版，第293页。

意。英国所有的重要报刊都纷纷发表有关它的评论，认为它的题材充满了生活气息，写法表现出中国文化独特的艺术趣味，给英文的创作界吹进了一股新风。就这样，我也就无形地进入了英国作家的行列，因为作品是用英国人的语言所写成的。后来有些人认为这即是我的第一部创作，我的创作生涯也就算是在英国开始的了。事实当然不是如此。我的真正处女作是在中国用世界语写成的，而且1937年就已经在上海出版了——书名为《被遗忘的人们》（Forgesitaj Homoj）"①。如果说作家1944年以前的历史叙述对象主要是人的本能和最低限度的需求不能满足而导致的个体反抗，具有对以前记忆的片断性还原的特征，那么他在《山村》中的叙述就是化零为整，化个别为群体，化短暂的反抗为持久的斗争，化片断性还原为局部性还原。

《山村》通过生活在湖北东部山村的"我"之视角，叙述了在20世纪20年代中后期全国革命风起云涌的背景下，山村发生的一系列变化。先是地主的剥削加剧，使得更多的农民生存艰难，食不果腹，流离失所。在革命的影响波及后，像"我"家的长工潘大叔、童养媳阿兰、村中的老单身汉道士本情、说书人老刘等纷纷被进步势力（共产党）劝说，组成农会，与地主储敏及其走狗王狮子等人进行你死我活的斗争。当然，由于农会干部缺少先进的革命理论指导，经验匮乏，也由于敌我力量悬殊，第一次斗争以我方的失败而告终。但这样的斗争教育了普通百姓，使他们清醒过来，认识到斗争的残酷性、艰巨性和长期性，也认识到对敌人不能够存有任何幻想，必须借助革命的武装来对抗反革命的武装。

仔细研读可以发现，叶君健在小说开篇部分所采用的是一种和山村的地理环境之封闭偏远紧密关联的贴近叙述的方式。比如，通过家中的老长工潘大叔，"我"和母亲可以感知外部世界发生的各种事情；道士本情可以驱邪伏魔、替村里人祛病消灾；通过母亲和阿兰的动作、对话来描述村中祭祀祖先和节日的规矩禁忌；通过"我"的视角来描述村中的人际关系和环境。缓慢的叙述节奏恰好配合了山村日常生活状态的迂缓低回，显得宁静平和、自给自足、自成一体。人们对更为广大辽远的世界是蒙昧懵懂的，直到被陌生客人及其追缉者的先后到来打破：

> 外面的脚步声在我们邻居的门口停下了。我们听到不停的狂暴的敲门声。有声音在喊："开门，开门！开门，开门！我们是县府里来的侦缉队！"
>
> "大叔！"年轻人降低了声音说，"他们来了！他们果然来了！他们想要杀我的头。他们已经杀死了几十名像我这样的年轻人！"

---

① 叶君健：《在一个古老的大学城——剑桥》，《新文学史料》1992年第2期。

"跟我来吧,我的孩子!"潘大叔面色发青,松开了这个年轻人。他穿过灶房,向后院走去。"跟我来吧!我将找个地方给你躲一躲。"①

这一对话中蕴含着北伐之后即将展开的两股主要势力的斗争和可能的结局。年轻人作为进步势力的一员,正遭受地方政府当局的追捕和无情绞杀。他逃跑到山村中求救的行为一方面有着将山村卷入外界复杂险恶斗争的风险,一方面又有为潘大叔等村民指明道路的作用。一定程度上,这体现出了他所代表的共产党对朴实无华、诚实守信的山民的信赖。潘大叔的举动证明了他配得上这种信赖,这也是他后来能够成为村庄农会和更大的武装反抗组织负责人之一的重要因素。以此开始,随着革命势力与反革命势力的斗争加剧,山村平静的表面下涌动着的暗流终于变为明河,进入了革命斗争的舞台中心。"我"的家事与山村命运相连,"我"的父亲、兄弟也成为了革命斗争队伍中光荣的一员,他们或死去或逃亡,与革命的艰难复杂性恰成呼应。在与敌人(蒋介石政府及所辖部队)的局部斗争中取得的胜利及其后所遭受的大规模失败以致长征的叙述,正是充分利用了"山村"这一隐喻。山村的封闭落后决定了它对所处时空中历史进程的参与和关心的有限姿态,山村的这种态度是先在的而非后加的,是内生的而非外源的。当它的自处进程被外力强行打破时,只能努力去适应新的状态,获取新的平衡。地主阶级对农民运动的疯狂镇压成了一个关键节点,农民的山村变得不可靠了,农民回不去了,于是他们必须找到新的生存途径和方式。尖锐的矛盾促使他们改变自己以适应新的形势——斗争、革命。山村成为了各方力量角逐的历史场域,追求自由和进步的农民必须武装自己,做自己的主人。他们在知晓外部世界(县城、大城市)的同时也激起了对它们的向往,此时的山村跃变为一个开放的空间,意味着各种可能性的发生。那些逐一被进步势力收编(赤化)的农民正是在这一个空间中获得了精神上的新生。这样,对历史事件叙述的进步倾向性就在其中表露了出来。

《山村》中集中笔力叙述的国共两党的第一次国内革命斗争有何意义呢?"但我当时写《山村》还有更实际的考虑。我在英国各地巡回演讲中及与英国知识分子的接触中,我发现他们对中国正在进行的革命存在着许多误解。他们当然不太知道中国共产党领导的革命的实际情况,因为当时有关这个革命的正确报道及论述几乎是等于零——蒋介石的宣传机构倒是报道了不少,但全是抹黑。从理智方面他们知道,中国没有现代化的工业,因而也没有现代化的工人——也就是产业工人……因此我也想干脆通过形象,从实际生活和斗争出发,描绘出一个较生动的在中国农村所发展起来的革命图景,使读者能

---

① 叶君健:《叶君健全集 第七卷 长篇小说(四)》,清华大学出版社2010年版,第81页。

从中真正体会出中国式的无产阶级革命的特点及其实际意义。《山村》就是根据这个考虑而开始动笔的。"① 显然，这和作家的政治立场、书写立场相关联。求学时代就深受鲁迅影响而志在"为中国那些不幸的人呐喊——也是向世界其他弱小民族传递他们的声音"②，又基于抗战以来的国内革命斗争形势的变化，越来越清晰地体认到国民党和共产党在政策理念尤其是对底层民众的态度、对敌斗争策略和抗战胜利以后的国家发展方向等诸方面存在着巨大的分野。这也和他1939年起英译毛泽东《论持久战》、《新阶段》（《新民主主义论》）以及翻译了大量的有关八路军、新四军抗日的宣传册等在思想上受到的巨大震动分不开。在抗战胜利的曙光初现之时，国民党当局"积极反共，消极抗日"的态势越发明显。抗战胜利后的一系列事件更是证实了国民党当局"大权独揽"、意图独裁的本质。把历史场域特别安排在第一次国内革命战争的山区，叙述弱小的进步势力在和强大的反动势力对抗中的各种反复，以螺旋式上升和波浪式前进的历史唯物主义哲学观来看待这一历史情势，蕴含着作家对其时革命斗争形势的预判。或者说作者把预判蕴含在历史事实的回溯当中，以历史烛照未来，帮助英国知识分子（英语受众）了解特定时期的中国历史，帮助外界增加对中国共产党的理论及其实践的了解。《山村》力图引导英语受众通过所述及的历史场域来获得对中国抗战胜利后的现实认知：能够从山村走向城市，从困境中艰难崛起、不断壮大的中国共产党及其武装力量，必将会从西北延安走向全国，不断地从胜利走向新的胜利。

小说尤其是长篇小说通常都具有回忆性书写的特征。荣格曾对"记忆"（Gedachtnis）和"回忆"（Erinnerung）进行区分，认为前者等同于"想到的"（Gedachtes），也就是知识；而"回忆"则让人联想到个人的经验……回忆的进行从根本上来说是重构性；它总是从当下出发，这就不可避免地导致了被回忆起的东西在它被召回的那一刻会发生移位、变形、扭曲、重新评价和更新。在潜伏的时段里，回忆并不是安歇在一个安全的保险箱里，而是面临一个变形的过程③。叶君健在《山村》中所表现出来的文化回忆既有自己青少年时代生活过的家乡场景，也有后来四处辗转的见闻，更有他身处英国的文化语境中对底层民众叙述的位移。

这至少从这两个方面表现出来：第一，对话中比较浓烈的西方语言风格。"请不要把我的话放在心上吧，潘大叔。我只是说句笑话，并没有那个意思。潘大叔，请你行行好，切记不要把我讲的话告诉那位总管。他能逃脱了，我真感到高兴。那并不是倒霉，而是

---

① 叶君健：《在一个古老的大学城——剑桥》，《新文学史料》1992年第2期。
② 叶君健：《叶君健全集　第二十卷　散文卷（五）》，清华大学出版社2010年版，第529页。
③ ［德］阿莱达·阿斯曼：《回忆空间——文化记忆的形式和变迁》，潘璐译，北京大学出版社2016年版，第22页。

幸运，非常幸运！"① 这是两个村民——毛毛和潘大叔之间的交流，属于村民之间非常平常的日常对话。在小说中，不少语气词、祈请词和感叹词的使用，显然大大强化了对话者之间的紧张关系，渲染了紧张的氛围。但连续出现的"请"、"幸运"和转折词以及说话口吻、语气却与近乎文盲的村民身份和文化程度不相符，甚至有了拔高的嫌疑。小说中这样的情形不少。

第二，对底层人物一定程度上的美化。比如潘大叔带着母牛企图通过漫长的行走回到东北老家这一情节。作为一个比一般人觉悟要高且担任过村农民协会临时主任的农民，缺少较为周全的计划、甚至都不考虑个人安危就意图到千里之外去，显然是不合情理的。作家尽管想借此表现他被自己人抓住后思想较为彻底地朝革命者的立场转变，而且他也是全书（甚至是"寂静的群山"三部曲）中的一个重要人物，但他如此幼稚且毫无章法的出走显然无法与后期的转变有效对接。再如阿兰，本是"我家"一个烧火做饭的"童养媳"，革命后与老刘结婚，之后其个人性格在变化，革命觉悟和组织能力有了质的飞跃。这也不能不说，或者是作家对转变前的描述铺垫不够，或者就是作家对人物发自内心的喜欢。除了"母乌鸦"等很少的几人外，山村中的农民基本上都没有明显的缺点。

事实上，叶君健的这种在异邦文化语境中表述的位移，在熊式一、蒋彝等作家作品中也有体现。熊式一的 The Bridge of Heaven（《天桥》）中开头部分对封建地主李明吝啬鬼形象的书写以及他为生儿子而想尽办法的行事方式，蒋彝"哑行者系列"之 The Silent Traveler in Lakeland（《湖区画记》）中略为生硬的对中国文化的植入，这些现象既可以解释为作家在异邦语境中书写时必需的对受众、出版机制等商业因素的考虑，也可以理解为他们必须对自身"多元文化人"②角色加以适应并做出改变的结果，还有西方强势语境的约束机制所起的作用。

---

① 叶君健：《叶君健全集　第七卷　长篇小说（四）》，清华大学出版社 2010 年版，第 126 页。
② 彼得·阿德勒（Peter Adler）提出了"多元文化人"的概念，即"一种新人，从社会属性和心理属性上看，他们都是 20 世纪多种文化交织的产物。传播和文化交流是 20 世纪最令人注目的现象"。阿德勒说："这种新人可以被称为国际化、跨文化的人；不过，诸如此类的称谓所界定的都是这样的人物：他们的视野远远超越自己的文化。在思想和情感上，他们都信奉全人类本质上的同一性。与此同时，对不同文化的人之间的基本差异，他们的态度是：承认、认可、接受和欣赏……多元文化人共有的品格是，矢志不移地寻求世界各地人们的基本相似性，同时他们毫不动摇地承认人的千差万别。"同时，他还指出了这类人所具有的三个区别性特征："第一，他们的心理适应性强；第二，他们总是处在过渡中；第三，这些人维持不明朗的自我边界。他们中许多人成了双文化人和双语人。"［美］迈克尔·H·普罗瑟（Michael H. Prosser）：《文化对话　跨文化传播导论》，何道宽译，北京大学出版社 2013 年版，第 59—60 页。

二、《山村》的革命历史叙述与海外传播之关系

"许多西方批评家纷纷就这些故事的内容所暗示的历史进程发表评论。甚至在东欧的捷克斯洛伐克,也出现了捷克文版……这情况不仅在东欧和西欧是如此的……瑞典、挪威和冰岛也相继翻译出版它的译本。这些国家的作家对此书的热情也异乎寻常。当然,他们是从他们的角度和观点来看待这部作品的。他们认为这里面所写的是有关'人'和他们的命运的故事,是一部人道主义的作品。但这无形中引起了他们对中国的革命的兴趣。"① 北欧作家、诺贝尔文学奖获得者霍尔杜尔·拉克斯奈斯(Halldor Laxness)在《山村》的冰岛文本序言中说:"这是在一个古老的国家所进行的一场革命,关于它马克思并没有作出过任何预言……中国在这本书里被浓缩在一个小村里,但这丝毫没有削弱这本书的意义。读者可以集中地在这里看到那最初阶段的一些变化和在这个世界上一个超级庞大的国家里的革命在农村中如何地开展……"②

《山村》在欧美英语世界广受欢迎,首先与其革命历史叙述的方式所形成的风格相关联。叶君健使用清新细腻、形象感性的笔触,在英语中"揉进了些我从传统中国文学运用中所发展出来的一些个人的表现手法……他们倒是欢迎某些外来成份,给文字注入一点新鲜感——当然这种注入必须自然、和谐……我把这部作品的最后定稿拿给剑桥的一位英文文字修养颇深的女研究员看,并请她在文字上提意见。除了为数不多的几个词意不准确的地方外,她认为从风格上讲,再没有什么东西值得推敲的了。这部稿子就算这样成了一部成品了"③。即是说,《山村》的风格从语言上看,是基于英语表述又融入了中国文学元素的、在文法上有所创造的作品;从叙述上看,充分吸收了西方英语文学中以"人"、"人道主义"为表现核心的文学思想,采用以小见大(以山村辐射中国)的叙述手法和第一人称内聚焦叙述视角。与同时期在海外传播中多次出版、获得较高评价的《天桥》类似,革命历史的展开都是从一个看来不起眼的村庄中起步的,最终把革命的熊熊烈火烧向了全国。

"二战"期间及结束之后,叙述战争的文学作品在欧美文学界呈现出上升的势头且形成了西方尤其是美国社会"反法西斯战争"诉说的热潮,"战争文学"方兴未艾。艾略特在《四个四重奏·小吉丁》(1942)中就描述了德国飞机空袭英国的惨景。同时期的以"艺术诗"著称的英国女诗人伊迪斯·席特维尔在战争的刺激下转向了现实主义题

---

① 叶君健:《叶君健全集 第七卷 长篇小说(四)》,清华大学出版社 2010 年版,第 187 页。
② 同上,第 188 页。
③ 叶君健:《在一个古老的大学城——剑桥》,《新文学史料》1992 年第 2 期。

材,作品变得更为硬朗和深刻。伊丽莎白·鲍恩、亨利·格林等知名小说家也创作了战争小说。堪称英国"二战"中怀旧文学经典的伊夫林·沃的《旧地重游》及其在20世纪50年代创作的"荣誉之剑"三部曲,被誉为英国作家对"二战"文学的唯一主要贡献①。有论者认为,"从总体上看,无论是数量上、主题的多样性上,还是在成熟程度上,'二战'战争小说都领先于包括'一战'在内的美国其他时期战争小说。各类战争小说中既有像《细细的红线》这样描写战场上具体士兵的战争经历、战斗场面、心理活动的经典作品,也有像《裸者与死者》(The Naked And The Dead,1948)那样揭露美国军队中官兵矛盾、极权主义,影射、暗中抨击美国社会的寓言性作品;既有后现代主义特征十分明显的'黑色幽默'小说《第二十二条军规》,也有《战争风云》、《战争与回忆》这种描写第二次世界大战的真实的、宏伟的、史诗般的波澜壮阔画卷。可以说,五光十色的'二战'战争小说形成了一个巨大的万花筒,令人目不暇接"②。像诺曼·梅勒的《裸者与死者》这样具有代表性的小说,更是"一部集现实主义写作手法、自然主义、神秘主义和存在主义色彩于一身,以战争为背景,同时又超出了战争小说框架而带有一定寓言性与政治思想的战争小说"③。也有论者提出,"总体上看,欧美战时反法西斯文学侧重在人自身的立场寻找精神的力量和坚持赢得战争胜利的信心。中国、苏联的战时文学侧重于从国家、民族的立场上诠释抗战的意义,从而寻求人生存的价值"④。英国作家对本土受德国法西斯狂轰滥炸的感受在小说或其他文学作品中的反映,美国作家对"二战"战争场面、细节及其"反战意识"的表现,可以视为欧美英语作家"反法西斯战争"诉说与《山村》中革命历史叙述一定程度上的契合:立意在反抗强权侵略、不义之战,主旨在阐扬人和人性对和平自由的追求及其正当性。

另外,叶君健的《山村》出版之后得到"英国书会"的推荐并不是偶然的,还与欧美世界正在流行的"中国热"大有关系。

美国作家赛珍珠(Pearl S. Buck)的《大地》(1931)、英国作家希尔顿的《消失的地平线》、林语堂的《吾国吾民》(1935)和《生活的艺术》(1937)等以中国为题材的作品之出版在西方世界掀起了"中国热"。尤其是《大地》于1932年畅销180万册,于1937年拍成电影,于1938年获得诺贝尔文学奖,在欧美世界影响极大。《吾国吾民》出版后4个月中重印7版,又译成了法、德、意等语言,在西欧各国流传广泛。《生活的艺

---

① 王佐良:《第二次世界大战与英国文学》,《世界文学》1991年第6期。
② 王延彬:《美国战争小说流变研究》,吉林大学2014年博士学位论文,第101页。
③ 同上,第108页。
④ 陈悦:《二战时期西方反法西斯文学的人文思想》,《贵州师范大学学报》(社会科学版)2003年第3期。

术》是 1938 年美国最畅销的书，先后译为法、德、意等多国文字①。这也在很大程度上改变了西方世界对中国的集体想象。在 20 世纪 30 至 40 年代，美国新闻大王卢斯控制的时代公司大力宣扬其时的中国基督徒领袖蒋介石，"从 1927 年 4 月 4 日蒋介石首次出现在《时代》封面上，到 1945 年底，蒋介石已经七次成为《时代》周刊的封面人物，其次数超过任何一个美国人……《财富》杂志称蒋介石以'令人难以置信的个人威信'和'以身作则'唤起了人们'非凡的献身精神'"②。时代公司对宋美龄的报道主要是在 1943 年她访美期间。她不仅借助演说征服了美国国会，还访遍美国各州，获得盛赞。在该公司的大力包装打造下，"蒋介石成为中国'国家的象征'……他们被吹捧为'世界上最伟大的一对夫妻'……一个'乌托邦'般的'中国神话'便形成了"③。"中国热"就是欧美出版业界和欧美受众一起合谋制造的传播语境，它在一定程度上加深了美国民众对中国的理解，也为叶君健《山村》在欧美世界的传播提供了一个良好的、难得的机缘和宽松的环境。到朝鲜战争爆发，美、苏两大阵营意识形态冲突和"冷战"格局形成后，这一机缘和海外传播语境就逐渐消失了。

三、余 论

借助叶君健《山村》革命历史叙述与海外传播之关系分析，不难看到，中国现代汉英双语作家作品要想在海外传播中获得成功，从根本上说，取决于如下几点：

第一，作家对英语受众需求的把握程度及中国文化与西方英美文化"杂交"的熟练表现程度。把握越是准确，越是知晓受众需求并能顺势而为，表现越是熟练，越有可能获得成功。这就涉及题材的选择、主题的表现、语言障碍的克服和表达等问题。

第二，处在文化热潮中的传播机缘对作家作品的传播大有帮助。叶君健 1949 年回国后，其作品的海外影响力急剧下降，直至"文化大革命"结束、新时期复出，尤其是 1988 年英国最大的现代派出版机构费伯出版社（Faber and Faber）出版了"寂静的群山"三部曲（后两部为《旷野》和《远程》，英文本为他译本），并在伦敦举行首发式，西方掀起了一股"叶君健热"。延续"前缘"，其作品的传播力及影响力又重新起来了。

第三，革命历史叙述（"红色叙述"）作品在海外（西方）的传播除了有组织的国家传播行为外，作家的叙述风格对西方语境的适应性也非常重要。1951 年创刊的英文版《中国文学》杂志，起初是年刊，由文化部直管，后归为新成立的外文出版社（后改为

---

① 李勇：《西欧的中国形象》，人民出版社 2010 年版，第 256—257 页。
② 姜智芹：《美国的中国形象》，人民出版社 2010 年版，第 295 页。
③ 同上，第 296 页。

外文出版事业发行局）管理，是一份对外宣传中国革命的文艺刊物。"加拿大的'进步书会'很快把该期（创刊号）刊载的《新儿女英雄传》印成单行本，在北美发行。"①在1951—1976年间，"《中国文学》也有许多作品在国外广受好评，如沙博理翻译的《新儿女英雄传》、《谁是最可爱的人》和《家》，以及杨宪益夫妇翻译的《太阳照在桑乾河上》、《李家庄的变迁》、《离骚》、《屈原》、《阿Q正传》、《鲁迅选集》、《宋明平话选》、《关汉卿杂剧选》和《青春之歌》等。沙博理和杨宪益夫妇的译文质量较高，是符合外国读者的翻译规范的"②。鉴于文学翻译也是再创作，以上所列作品受到欧美等国的受众欢迎也是其叙述风格切合了传播语境之故。

（作者单位：红河学院人文学院）

---

① 骆忠武：《中国外宣书刊翻译及传播史料研究（1949—1976）》，上海外国语大学2013年博士学位论文，第77—78页。

② 同上，第89页。

新视界

华语电影中的东南亚移工形象与全球资本权力再现
——以《台北星期天》、《爸妈不在家》为例

黄诗娴

一、前　言

东南亚移工是华人社会不可忽视的特殊人文景观，东南亚移工由于其劳工阶层地位，一直是都市的边缘群体。自1989年中国台湾劳动力市场自由化起，台北开始涌入菲律宾及其他东南亚移工，由于东南亚等国仍是农业、落后、未工业化国家，本国缺乏工作机会及工资太低等原因，以及资本主义全球化的情境下，菲律宾人涌向中国台湾和东亚其他城市①。20世纪90年代初期起，外籍移工进入台北，外籍移工族群与城市建立起新的互动关系，并在一定程度上改变和影响了城市的节奏和形态。从台湾电影史上来看，21世纪以来，新生代导演不断涌现，台湾电影开始由20世纪80-90年代的艺术电影向商业化转型，新生代导演更多地将电影作品面向市场，出于票房考虑，难以卖座的外籍移工题材电影就较少受到新生代导演关注。2009年李奇导演的《歧路天堂》为外籍劳工题材电影的开端②，2010年马来西亚导演何蔚庭的《台北星期天》以轻松的喜剧形式折射外籍移工在台北的艰辛命运，为台湾外籍移工题材的经典电影。电影中文片名《台北星期

---

① 亚太移驻劳工工作团、夏晓鹃：《菲律宾移驻劳工在台湾的处境》，《台湾社会研究季刊》2002年12月第48期，第225、234页。
② 本文所论之外籍劳工题材电影不包含电视电影。外籍劳工题材电视电影有《我俩没有明天》(2003)、《我的强娜威》(2003)、《娘惹滋味》(2007)、《海边的人》(2007)等，详见严芳芳对上述电影的相关研究论述。可参见严芳芳：《当代台湾电影中的"外籍劳工"形象》，《南京师范大学文学院学报》2015年第2期，第124—129页。

天》突出两位作为台北都市"他者"的菲籍移工在台北的一日遭遇,英文片名 *Pinoy Sunday*(菲律宾人的星期天)则更强调二者的身份及电影所关注的移工议题。电影中的跨国移工通过一路在台北搬运沙发的空间实践,也建构了台北独特的都市文化与人文地景。

新加坡同样有人数众多的外籍移工。自1819年以来,外籍工人在新加坡的经济发展中扮演重要角色。"二战"后新加坡实行移民限制法,但仍有众多外籍工人涌入新加坡寻找就业机会。至1973年,新加坡的外籍劳工人数已突破10万人,相当于全国工人总数的1/8①。该比例在1996年约为25.4%,2006年约为27.5%,而到了2010年则上升至34.7%②。2013年,《爸妈不在家》作为一部小成本制作、具有导演陈哲艺成长自传色彩的新加坡电影,在第50届金马奖获得包含最佳剧情片在内的四项大奖,并在戛纳影展等众多国际电影节中大放异彩,让新加坡电影走上世界舞台。《爸妈不在家》以一个家庭的视角切入,将时代背景设定在1997年全球金融风暴中的新加坡,通过菲佣泰莉在新加坡家庭中的经历来展现菲律宾移工在新加坡的境遇,更重要的是通过男孩家乐与泰莉的关系转变展现打破族裔与阶级的人性与人情。《爸妈不在家》可称为新加坡电影乃至华语电影中讨论外籍劳工议题的代表性作品。

本研究以《台北星期天》、《爸妈不在家》这两部具有代表性的反映华人社会中的菲律宾移工形象的电影作为研究文本,讨论电影如何以不同的电影语言、符号、情节与人物设定,再现在全球资本权力运作下的跨国移工流动,以及其中所蕴含的复杂的阶级、族裔、身份认同问题。

二、《台北星期天》:移工都市流动与台北"族群景观"

(一)移工的工作空间与生活空间

电影中菲律宾移工 Manuel 和 Dado 进入台北的"入口"是桃园机场,桃园机场是台北国际化出入口的标志,也是一个国际化的族群混杂空间。电影呈现机场的方式已为后续二人在台北的遭遇埋下伏笔:Manuel 和 Dado 与一起来到台北的菲律宾人穿着同样的制服,在机场这个流动空间同时也是抵达台北的第一个中转站中,他们想象着将要面对的老板和宿舍安排,Dado 目睹同胞被遣送回国,警察的押解、同胞戴着手铐的手的特写更突显了 Dado 内心的不安与恐惧,桃园机场成为新移工进入台北而旧移工被遣返的多重

---

① 谢青霞:《新加坡边缘劳动力法律与政策评介》,《南洋问题研究》2008年第3期,第50页。
② Chia, Siow Yue. 2011. "Foreign Labor in Singapore: Trends, Policies, Impacts, and Challenges." (http://dirp4.pids.gov.ph/ris/dps/pidsdps1124.pdf) (2012/8/22)

往来空间,更进一步说,从电影开始的画面起,由移工踏进台北的桃园机场开始,已宣告了他们难以在台北找到归属感并且始终要离开的命运。电影随即转入移工在台北的工作空间——捷安特自行车工厂,Dado 在将自行车装箱而 Manuel 驾驶着工具车。电影以二人轻松愉快的对话展现他们的工作场景,而周围众多台湾本地的工人,与他们看起来无异,但这个工作空间却以严格到不近人情的管理制度而使移工感到压抑——若 3 次超过十点回到宿舍就将被遣返。这一条警戒线贯穿全剧,电影中多次以工厂铁门缓缓关上的特写镜头展现这种制度的严苛性。Manuel 和 Dado 在宿舍屋顶的阳台喝酒,那是属于二人的休闲空间,而宿舍空间也是狭小、简陋的,一个宿舍里分布着众多上下铺的床位,每一个工人在宿舍里只分配到一个床位。而他们的工作是枯燥乏味的,他们期待着难得的周末假期。

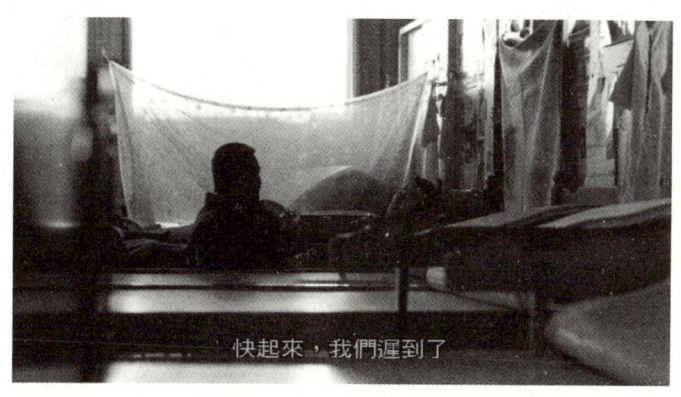

图 1 《台北星期天》中移工的宿舍空间

《台北星期天》同时展现了移工阶级在台北的生活场域——电影中五股的篮球场、三芝的槟榔摊,也正是位于城市边缘的劳工阶级生活的都市边缘区域。这些地方远离都市中心,对于都市中产阶级来说较为陌生,却是劳工阶级的活动空间,而 Manuel 经常光顾槟榔摊也在一定程度上体现了其阶级属性。

值得一提的是,Anna 和 Celia 所代表的菲籍女性移工的工作空间为其作为家庭佣人的家庭空间,但电影呈现的家庭关系都是充满矛盾的。在 Celia 工作的家庭空间中她是一个佣人,同时她又与男主人有男女关系并外出约会,这个家庭空间也成为 Celia 的工作空间与生活空间,但雇佣关系与情感关系使得她在这个家庭空间中一直处于弱势地位。Anna 在菲律宾有家庭,但是老公常喝得烂醉,小孩也不见踪影,而她在台北服务的家庭是一个不幸福、不和谐的家庭,在这个家庭空间中,先生和太太也经常吵架,她照顾着年迈、行动不便的奶奶。电影中另外一组家庭关系是正在搬家的、台北都市里的年轻夫妇,二人关于是否丢弃沙发的激烈争吵也体现了家庭关系中的矛盾。电影的最后,Manuel 和 Dado 二人乘坐沙发在河上漂流,又插入 Anna 和 Celia 在台北工作的家庭空间画面。电影表面上是两位男性移工的搬运沙发之旅,实际上则牵涉到菲律宾女性移工在中国台湾的悲哀、台北都市人的困境及家庭关系中的各种矛盾与不安。

(二) 台北"族群景观"

在电影中,圣多福天主堂和金万万商场是完全由外来族群在台北的实践而形塑的多元城市文化符码的一个面向,成为一种"族群景观"。圣多福天主堂和金万万商场具有多元性,是经由菲律宾移工共同的身份而形成的空间集合。电影记录了菲律宾移工们在金万万商场吃饭、理发、在网咖与菲律宾亲人视讯聊天的场景,这里是移工们的假日消费空间。电影同时用摇晃的手持镜头以写实的手法再现了移工们在金万万商场的日常及其真实环境。中山北路的圣多福天主堂在电影中和现实中都是菲律宾移工集合的公共空间。教堂里的牧师是一位来自刚果的黑人牧师,这位牧师也是真实的黑人牧师的本色出演,更体现了多元种族的宗教空间①。圣多福天主堂也成为黑人牧师、菲律宾移工、中国台湾本土人在内的一个人员混杂的精神空间,而教堂里的每一个个体都有不同的想法和愿望。电影通过仰拍圣母像和神父的特写镜头以及平拍移工们的特写镜头,强化他们在教堂里找到了精神寄托。菲律宾移工们在金万万商场度假休闲,而 Carlos 则在金万万商场被警察抓捕遣返,更让他们失去安全感。电影中的教堂和商场反映出台北是全球化劳动力市场的一端,由于地缘的接近性成为东南亚移工出国打工的重要选择地,台北与东南亚(在电影中以菲律宾为主)的跨地流动,是以移工为主要群体的单向流动。在电影中,对于东南亚移工来说,来到台北意味着财富和改变家庭命运的机会,因此他们愿意背井离乡。而也正是因为有众多东南亚移工来到这些城市,形塑了特殊的东南亚"族群景观",因东南亚移工的聚集也改变了特定地方的城市观感。

图2 《台北星期天》中金万万商场是菲律宾移工周日的聚集地

(三) 以喜剧呈现流动

电影以喜剧的形式表现两个移工在台北的一次搬运沙发之旅,透过幽默逗趣的方式,

---

① 曾芷筠、陈平浩:《两个男人与沙发,一种梦想与现实:专访〈台北星期天〉导演何蔚庭》,《放映周报》第255期。http://www.funscreen.com.tw/headline.asp?H_No=297

以两个菲律宾移工在台北的一趟搬运沙发的过程来展现移工的生存环境问题。沙发的流动也带出移工的流动与台北的流动。电影中二人在台北搬沙发的经历设置为种种都市流动中的奇观场面,包括搬沙发上公交车、遇见嫁给出租车司机的菲律宾人、用超市手推车推沙发并被用以承接欲跳楼的考生、记者疯狂追赶等。这些奇观场面也生成了台北的混杂性。二人最后误坐车来到了离台北越来越远的基隆垃圾场,垃圾场堆满的垃圾也是对现代化都市消费主义的讽喻。两位菲籍移工以混合式的讲英语的方式与台北人、菲律宾人交流,也呈现为一种语言、文化的混杂。

图 3　《台北星期天》中二人以手推车推沙发

图 4　《台北星期天》中二人以台北 101 大楼为对照寻找回宿舍的路

喜剧的背后却是移工在台北生活的悲凉与无奈的讽喻,搬运沙发之旅看似充满笑点,实则体现了二人位于都市底层的边缘地位。二人乘坐九份开往台北的公交车,电影以公交车行驶靠近台北 101 大楼作为二人由城市边缘"进城"的路径,而搬运沙发返回时,二人从城市的中心往边缘走,最开始经过的是都市中高阶级住宅区聚集的丽水街,随后他们以台北 101 大楼为对照,认为他们进城时"101 越来越大",因此要回到宿舍就必须"让 101 越来越小"。这表面上是一个笑点,实际上 101 大楼是电影中出现的唯一一处标志建筑,而其出现的意义则在于二人要使它"越来越小",暗喻越远离城市中心、往边缘走,他们才能找到回宿舍的路,以 101 大楼作为进城与返回宿舍的对照,实则体现了二人工作、生活在台北边缘的劳工阶级地位。而这一路上他们都受到不好的待遇。在与喝醉酒的机车驾驶员相撞后，Dado 最担心的是因惹事而被遣送回菲律宾，在警察局这个权力空间中他害怕、懊悔、担忧。Dado 的人物性格刻画显示出移工时刻面临被遣返风险的恐惧。而在警察局里，警察说"这些外劳怎么会有这么好的沙发"以及记者不断追问沙发是不是他们偷的，显示出台湾社会对位于社会底层的、贫穷的劳工阶级（尤其是外籍劳工阶级）的身份和拥有财富的价值判断。他们想要请工具车载沙发回宿舍却付不起车钱，尝试搭公交车却无法将沙发搬上公交车，终于坐上免费的车却被送到了垃圾场，更体现了他们身份的卑微与无奈。电影最后，二人在河上愉快唱歌的如梦一般的美好场景，背后其实是二人已经来不及在规定时间内回到宿舍，面临被遣返的残酷现实。

三、《爸妈不在家》：家庭变奏与时代缩影

（一）家庭中的权力关系与族裔剥削

《爸妈不在家》以一个家庭的故事，折射1997年金融危机下的社会变迁与时代脉动。电影再现了家庭雇佣制度之下的阶级与族裔关系，亦是开发中国家的劳动力人口向已开发国家转移的反映。与《台北星期天》相似，《爸妈不在家》的英文片名也突显了菲律宾元素，电影英文片名 *Ilo Ilo* 是菲律宾城市，亦是导演陈哲艺儿时菲佣的家乡，是导演个人记忆的投射。

图5　泰莉与家乐

电影在一个家庭中浓缩了复杂的权力阶级关系，佣人的身份使泰莉面临多重危机。首先是男孩家乐拒绝接受她并百般捉弄、欺负她，不愿与她共房，不让她接送上学，在商场购物时捉弄她，从来到这个家庭起泰莉就感到十分委屈。但二人的关系是电影最主要的情感线索，电影通过家乐与泰莉的关系转变，突显二人跨越族裔、阶级的如同母子

般的主仆关系。家乐摔车后泰莉的悉心照料成为二人关系转变的重要转折点，电影的最后泰莉开始不自觉地扮演起"母亲"的角色。当家乐在学校跟别人打架，泰莉在家接到电话后赶到学校，扮演起家乐的"母亲"跟校长谈判，并恳求校长"不要开除我的孩子"。此举引发家乐母亲惠玲的强烈不满与嫉妒，严厉地对泰莉说"我是她的母亲，不是你"，让已经与家乐愈加亲密的泰莉重新意识到自己的阶级身份现实。而泰莉所面临的第二个危机，正是不友善的雇主惠玲。泰莉第一天到家乐家上班时，惠玲因担心泰莉逃跑而没收了她的护照。泰莉在新加坡的身份证件被剥夺，暗喻着对外籍劳工的自由权利的剥削。惠玲看到家乐与泰莉的关系好转，家乐夸泰莉做饭比惠玲强，并在家族晚宴上将自己的燕窝拿给泰莉吃，惠玲又心生妒忌，对泰莉百般训斥与挑剔。在二人的雇佣关系中，泰莉一直得不到平等的对待。第三个危机，是社会对于泰莉的不容。隔壁的菲佣因资历较老而看不起刚来新加坡的泰莉。当泰莉被家乐关在门外时，隔壁的菲佣对她也十分冷漠。当泰莉跟惠玲一家一起去参加家族聚餐时，泰莉被要求单独坐在外面而不能和大家同坐一桌。当泰莉因家乐打架而来到学校见校长，印度裔的校长生气地斥责员工："你为什么叫个女佣过来？"这展现了泰莉作为外籍劳工在社会上的地位。而在一场家乐学校全校的学生宣誓中，学生集体宣读着"我们新加坡公民，宣誓人民团结，不管种族、语言或宗教，建立民主社会，以公理和平等为依归……"这是电影的一种反讽手法，学生从小学习民主与平等，可实际上在泰莉身上就可见多元开放的新加坡社会并非一视同仁地对待外籍劳工。

泰莉所面临的第四个危机，也就是使得她最终返回菲律宾的根本原因，即 1997 年金融风暴使这个家庭受到影响。家乐的爸爸阿德在金融风暴大环境下丢失了玻璃厂销售的工作，被迫当了工厂保全员，而后转做出租车司机。而惠玲天天上班都在打印辞退信，又被诈骗团伙骗了钱。经济环境不景气使得家庭无法负担雇请菲佣的费用。电影中"乐透"多次出现，从家乐感兴趣地收集乐透中奖号码，到家乐全家、学校师长都在买乐透，影射在经济不景气的情况下社会上都把希望寄托于运气爆发。在电影最后，家乐翻遍了自己研究的中奖号码本，孤注一掷希望能中一次乐透，才能有机会留住泰莉，意图以一个儿童的行动对抗资本全球化及金融海啸的侵蚀，成为电影最动人的情节之一。但最终他没能像帮助老师买中乐透那次那么走运，小人物始终无法抵挡大的时代洪流，因新加坡受金融风暴影响深重，最终泰莉被迫返回菲律宾。菲律宾劳工在全球资本流动之下由菲律宾来到新加坡，又因全球金融风暴危机被迫返回菲律宾，这亦是全球资本运作的重要体现。泰莉在全球化浪潮中随波逐流，她在新加坡始终无法找到自己的身份，无法获得归属与认同。正如电影中的重要符号——护照一样，当她来到新加坡，自己的身份就如同护照一样被收起，只有当她离开新加坡时，她才能重新获得自己的身份。

(二) 移工形象与流动空间

　　电影中的泰莉曾有过自杀的经历、被迫与年幼的儿子分离，是一个命运曲折的人物，手腕上的疤痕也暗含了菲籍移工被迫迁徙的缘由和艰辛打工的历程。泰莉是一个隐忍、负责任的佣人，但电影同时以偷用惠玲的化妆品、穿惠玲旧衣服而被嫌弃、在外兼职赚钱，显示作为中产阶级的惠玲与作为劳工阶级的泰莉的二元对立关系。同时，泰莉在新加坡的这个华人家庭里也遇到宗教信仰上的挑战，她在吃饭前祷告的习惯被迫改变，而跟着一家人在家乐爷爷墓碑前上香也使得她开始融入华人的祭祀文化。电影的结尾通过家乐的不舍的表达，给泰莉这个劳苦的菲佣形象留下了在新加坡打工的最后记录。家乐是一个顽皮的孩子，妈妈和学校都管不了，到最后却很听泰莉的话。泰莉要返回菲律宾时，家乐在机场拉着泰莉的手，不让她下车；曾经多次嫌弃泰莉头发臭的家乐拿着剪刀剪下了一把泰莉的头发，并在汽车上哭。电影以此来展现在全球资本操弄之下的人与人之间跨越族裔与阶级的亲情。电影亦通过家乐对泰莉的不舍与思念，为泰莉作为外籍劳工在新加坡的劳动保留下一点价值，但同时也说明了个体的情感难以逾越阶级的鸿沟。

　　移工题材的电影中不可或缺的电影符号为"公共电话"，无论在故事背景设定为20世纪90年代的《爸妈不在家》还是故事背景在21世纪的《台北星期天》，电影中的菲律宾移工都只能通过"公共电话"与家乡的亲人联系，"公共电话"成为寄托菲籍劳工思乡情绪的载体。而两部电影中相似的是，"公共电话"另一头菲律宾亲人的生活亟待她们的资助，也因此他们才踏上了离乡背井的打工路。此外，由于地方发展被新全球经济所决定，"地方空间"（space of places）被"流动空间"（space of flows）取代①。《爸妈不在家》中亦刻意再现与《台北星期天》中的金万万商场一样的菲律宾移工周末聚集地，即被称为"小菲律宾"的幸运广场（lucky plaza），电影同时再现了菲律宾人在幸运广场购物、理发、寄钱回老家的周末生活。而泰莉为了多赚点钱，在幸运广场兼职为菲律宾人理发。

---

① Manuel Castells, The Informational City: Information Technology, Economic Restructuring, and the Urban-Regional Process, Cambridge: Blackwell, 1989.

图 6 《爸妈不在家》中新加坡的"小菲律宾"幸运广场

四、结语：全球流动下的移工

综上论述，首先，东南亚移工在台北、新加坡形塑了城市特殊的"族群景观"。台北、新加坡是东南亚移工的聚集地，它们是全球化劳动力市场的一端，同时由于地缘的接近性成为了东南亚移工出国打工的重要选择地。台北、新加坡与东南亚（在电影中以菲律宾为主）的跨地流动，是以移工为主要群体的单向流动。在电影中，对于东南亚移工来说，来到台北、新加坡，意味着财富和改变家庭命运的机会，因此他们愿意背井离乡。而也正是因为有众多东南亚移工来到这些城市，也形塑了特殊的东南亚"族群景观"，如上述分析中提及的台北的金万万商场与新加坡的幸运广场等地，因东南亚移工的聚集改变了特定地方的城市观感。

其次，在全球流动的"权力几何学"（power-geometry）中，不同的社会群体与个人，以不一样的方式，被摆放在与这些流动相互联结的关系里。有些人处在流动的接收端，有些人则被这些流动囚禁住①。有人在"权力几何学"中受益，而同时带来阶级差异以及各种不对等关系。在台北、新加坡等开放外籍移工的亚洲大都会城市中，东南亚移工作为华人社会的流动者，始终是被都市排除在外的"他者"。跨国移工群体的复杂移动不仅充满权力和资本议题，也牵涉到社会关系形式。对于迁移劳工而言，出国工作不仅是一个身体移动、社会位置变化的过程，也是一个主题认同重新形塑、开展多重自我版图的过程。在全球化的浪潮中穿越国界的劳动者，受制于国族、阶级、性别缔结而

---

① Doreen Barbara Massey, Power-geometry and a progressive sense of place. In: Bird, J. ed. Mapping the Futures: Local Cultures, Global Change, New York: Routledge, 1993, pp. 59—69.

成的结构地景,透过主体能动空间、地理迁移与社会流动的轨迹,交织成一幅复杂流动的跨国界生命地图①。从《台北星期天》和《爸妈不在家》两部电影中可见,菲籍移工经由全球的"权力几何学"流动来到台北、新加坡,作为劳工阶级,他们被雇主、社会嫌弃、排挤;作为文化他者,他们要重新适应华人社会的语言、文化、信仰。两部电影以不同视角、不同形式再现菲籍移工的现实遭遇,电影中的菲律宾移工形象都呈现为卑微、隐忍,他们的跨地打工经历都遭遇了犯错、被误解、被驱赶、思乡等。

电影中严苛的管理制度、社会的冷酷对待、雇佣者的剥削以及经济形势的转变等,表现了台北、新加坡对于移工的族裔剥削与阶级剥削,更暗喻了移工族群最终难以在打工地留下的必然性。在两部电影中,台北、新加坡经由移工而形成文化混杂,但族裔混杂并未造就都市的包容性,反而造成了其族裔剥削,移工难以在台北、新加坡找到认同感、归属感以及"家"的社群想象。他们经由全球流动而来到台北、新加坡,台北、新加坡却难以包容他们,他们无法在打工的城市找到自己的定位与身份认同,移工们最后在全球的"权力几何学"流动中返回菲律宾成为一种客观的必然性。

(作者单位:台湾辅仁大学跨文化研究所)

---

① 蓝佩嘉:《跨越国界的生命地图:菲籍家务移工的流动与认同》,《台湾社会研究季刊》2002年12月第48期,第211页。

| "大文学" 视野 |

从民族国家的现代性成长史来看
《菊英的出嫁》的主题批评史

吕保田

众所周知，随着鸦片战争的失败，中国开始了百年的屈辱史。与此同时，中国也开始从传统的帝国向现代国家转变。自从列强的坚船利炮轰开了"天朝"国门，中国就不得不睁眼看世界，不得不顺应现代世界的发展潮流，不得不成为列强主导的现代世界体系中忍辱负屈的下等成员国。在这样的境遇中，中国在各个方面的现代性成长就不免出现双重问题：一方面，它无从避免外部的挟制和诱陷；另一方面，它也很难摆脱危亡民族的生存焦虑、弱势心态和复仇冲动所导致的、在认知和选择上的偏执倾向。特别是后一个方面，须待中国有了足够的强国底气和大国胸怀才能真正获致省思和矫治的条件。一个长期以来处于弱势地位的民族国家终于达成现代性的崛起目标，这固然是伟大的自强成就；而在崛起之后又能以从容的心态谋求其现代性的自我完善，补救其自救自强过程中的功利主义偏失和激进主义迷误，这才算是达到了自胜的境界。中国近现代以来走过的复生道路和当今中国久梦成真的崛起态势，已经为中国民族国家现代性成长史的圆满书写提供了足够的条件。对王鲁彦的小说《菊英的出嫁》的主题批评史进行梳理，并且还要将这个课题的研究线索和视野扩张到民族国家现代性成长史的思考上来，这恐怕是有小题大做、生拉硬扯的嫌疑吧？实际上，本文也是不得已而为之。一篇不到七千字的短篇小说肯定算不上大作，作者王鲁彦也算不得中国现代文学史上的大家。可是，就这么一篇在文学史上经典化价值不大的作品却有一个与时俱变的主题批评史，甚至批评家们对它的争论兴趣至今未已，这就远不是一个纯粹的文学动因促成的批评奇观了。中国现代文学研究界不是已经有人开始担心研究资源枯竭了吗？可我们为什么又迟迟无法结算一篇短篇小说的主题批评课题呢？既然批评的对象并不复杂，那就是批评主体自身遭遇了无从解脱的羁绊。从《菊英的出嫁》面世以来，它的主题批评就随着时势的变易而风向急转，直到当今时代才出现了兼容并包、多元综合的苗头。这在隐约之间证明了，民族国家现代性的成长水平和文学批评现代性的发育状况有着必然的联系。

一

1928 年，"茅盾以方璧笔名发表的《王鲁彦论》，正式揭开了鲁彦研究的序幕"①。该文对《菊英的出嫁》作如是评论："奇怪的《菊英的出嫁》，无疑的也是一篇好小说。死后生存（就是死后的鬼能和活时一样的生长）的原始信仰，活在菊英的母亲的心中，使她十二分认真地留心女儿的阴亲和出嫁，在这里，真与幻混成了不可分的一片，我们看见母亲意念中有真实的菊英在着，我们也几乎看见真实的菊英躲躲闪闪在纸面上等候出嫁。像这样的描写真与幻的混一，不能不说是可以惊叹的作品。"② 在这里，茅盾劈头就用"奇怪"二字来总括对这篇小说的观感，遂使他的礼遇性点评中寓含了相左之意。茅盾与鲁迅彼此相敬有加，而鲁迅则戏称王鲁彦为"'吾家'彦弟"③。茅盾自然也就口下留情了。茅盾所"奇怪"者有两个方面。其一是人物的"奇怪"：菊英母亲对女儿"十二分认真地留心"，确是位好母亲；可她所留心的竟是女儿的"阴亲"，整个心思都被"死后生存的原始信仰"支配了，这就令人感到荒唐。其二就是作者的"奇怪"：人物自己荒唐也就罢了，竟然小说家也盲目追随了这种荒唐，而且还恣意挥霍自己那卓绝的艺术才华去极力雕绘这种荒唐，这就是三重的荒唐。显然，在隐忍至极的"奇怪"二字背后，茅盾实际的态度却是激烈否定。

实际上，并不只是茅盾有如此的观感，鲁迅对《菊英的出嫁》这篇小说也持漠视的态度。鲁迅编选《中国新文学大系·小说二集》，并为之作序。在这篇序中，鲁迅综述和评点了入选作家的创作情况，而王鲁彦便在其中。以鲁迅与王鲁彦的亲近关系而论，先后曾为茅盾和苏雪林论及的《菊英的出嫁》在鲁迅那里却只字未提，这无论如何也是令人惊异的。不予置评，这本身就是一种默然否定的态度。

与茅盾和鲁迅对《菊英的出嫁》的否定态度不同，苏雪林用新、旧两种眼光对这篇小说进行了肯定。1934 年，她发表了《王鲁彦与许钦文》一文。该文还是体现了苏雪林

---

① 王文强：《王鲁彦研究述评》，《宁波大学学报》（人文科学版）1996 年第 1 期。
② 茅盾：《王鲁彦论》，《小说月报》第 19 卷第 1 期，1928 年 1 月 10 日。
③ 鲁迅：《敏捷的译者·附记》，《莽原》周刊第 8 期，1925 年 6 月 12 日。

——从民族国家的现代性成长史来看《菊英的出嫁》的主题批评史——

这个"五四"新文化人对旧文化的批判诉求的，认为"《菊英的出嫁》，系写冥婚之害"①。然而，苏雪林毕竟是"半新半旧，矛盾性人物"②。她反对"一味抛弃旧的一切，却盲目跟随新的潮流跑"③，认为"一代有一代的道德标准，能出于至诚之心践履之者便是好人"④。所以，具有保守主义思想倾向的苏雪林并不肯一味标榜小说对"冥婚之害"的批判主题。相反，菊英母亲在冥婚真相曝光前耽溺于自欺的情状，倒是让苏雪林流连不已。那事死如生的慈母挚爱，那突破阴阳阻隔的母女深情，似乎要比小说的批判意义更能打动苏雪林。以冥婚仪式中的菊英的棺材出现为界，整个小说的故事世界被切割成两个对抗性的部分：前者是母爱支配的幻想境界，后者则是幻想破灭了的悲剧现实。苏雪林尤其珍视这母爱支配的幻想境界，以为"这段东西似乎从俄国梭罗古勃《未生者之爱》蜕化而出"⑤。早在1918年，俄国象征主义作家梭罗古勃的作品就得到了译介，推介者周氏兄弟和郑振铎皆为文坛名家；因而，梭罗古勃颇受"五四"作家青睐。该作家惯以宗教式的神秘、肃穆和悲悯来表现唯善唯美的生命世界同冷漠无情的客观世界之间的搏战关系。苏雪林将王鲁彦的《菊英的出嫁》同梭罗古勃的《未生者之爱》相提并论，这当然是倾心的褒奖。

和苏雪林相比，林建七更加确信《菊英的出嫁》饱含着悲世悯人的情思意蕴。他1936年发表的文章《王鲁彦》对《阿长贼骨头》、《黄金》以及包括《菊英的出嫁》在内的作品集《柚子》进行了综评："有人说：作者感受性非常锐敏。在心意上细微的一点震荡，就往深里，往远处想，于是让我们看见个诚实，悲悯的灵魂。作者的笔触是轻绻的，有时带点滑稽，但骨子里却是深潜的悲哀，近于所谓'含泪的微笑'。"⑥

需要注意的是，苏、林二人评论在后，他们所持的批评立场与茅盾、鲁迅相左，却未表露针锋相对的态度。这至少说明，苏、林二人并不把茅盾和鲁迅的否定性评判当成难以包容的谬见，不想为《菊英的出嫁》的有限的思想价值去打一场笔墨官司。直到新时期前，茅盾、鲁迅对《菊英的出嫁》的否定性评价态度一直在批评界占据绝对主导地位。这一时期，从专业文艺报刊上个人性的小说批评到中国新文学史（中国现代文学史）的共识性叙述，不但没人附议苏雪林和林建七的肯定性评价，甚至也没有人再提及

---

① 苏雪林：《王鲁彦与许钦文》，《苏雪林文集》（第三卷），安徽文艺出版社1996年版，第272页。

② 苏雪林：《苏雪林自传》，江苏人民出版社1996年版，第43页。

③ 同上，第40页。

④ 同上，第11页。

⑤ 苏雪林：《王鲁彦与许钦文》，《苏雪林文集》（第三卷），安徽文艺出版社1996年版，第272页。

⑥ 林建七：《王鲁彦》，《实报半月刊》1936年第3期。

《菊英的出嫁》这篇小说。而在"文化大革命"那样的革命激进主义时期，学界更是连王鲁彦这个作家的名字都不再提了。

为什么在这半个世纪的时间里王鲁彦的《菊英的出嫁》总体上遭遇了否定性的思想评价？作为"死后生存的原始信仰"，由来已久的冥婚观念为什么偏偏在这一时期会沦为时人共诛的落后思想呢？即便持有这种落后思想的菊英母亲无意于害人，只是以此来寄托对死去女儿的哀思，这一时期的主流批评观念也容不得作家表示同情。如此严苛无情的时代是缘何造成的呢？要回答这些疑问，那就需要对这一历史时期的社会文化语境展开剖析。

纵观这半个世纪，中国一直处在一个亟须自救自卫的历史时期，半封建半殖民地的旧中国和冷战环境中遭受重重围堵的新中国皆是如此。这种历史语境使得激进进步主义、"唯科学主义"和压抑个体的集体主义文化价值取向片面扩张。在落后就要挨打的既有教训和落后还会挨打的深重危机面前，一个民族国家因久盼进步而陷入"进步主义"的激进文化冲动，这不足为怪。在种种的进步诉求中，务求御侮实力的"大跃进"才是重中之重。所以，着眼于物质技术的提高，极力鼓吹科学，乃至于沉迷于"唯科学主义"的现代神话，这也不足为奇。一个孱弱的民族国家要想同强大的国内外敌人搏争，自当要求最大限度的资源整合和社会动员，自当强调个人的利益服从于救国强国的至高利益，这就势必会把集体主义推向极致。这些文化价值选择固然是有简单实用主义和狭隘功利主义的色彩的，却同时也充满了超现实的狂想。一个长期落后挨打的民族国家反而最倾向于探求和设计终极性的进步之道。一个被工业文明打败的传统农业国家真正获得认识现代科学的社会产业基础，那并非是轻而易举的事情。然而，未知恐惧和失败心理却会轻易地使我们这个民族国家对科学盲目崇拜起来。一个长期处于生存焦虑和战时恐惧之中，而又不得国家强力庇佑的民族，最渴望把个人放心地交付于一个强有力的理想组织或国家。当然，这些时代文化价值取向从泛泛的主流社会思潮升级为具有强制力的权力话语，还需有两个条件。其一，只有当民族矛盾和阶级矛盾彻底激化、全面爆发、持续鏖战的时候，国人才有可能形成一种非常的心理定式，直接把否认同时代主流文化价值指向的问题视为对待敌我的立场问题。其二，只有当历史选择和人心所向的新政权取得相当广泛的统治力的时候，时代的正当文化价值取向才能有效地被塑造为国家意识形态，并且能让民众甘愿接受它的规训和强制。如今沐浴在和平生活的阳光里、体验着盛世繁华、享受着宽松自由的话语权利的人们，已经很难想象战时或准战时环境中常态化、全覆盖的社会监督网络。一个人既是社会监督的对象，又是具有社会监督权利和义务的主体。审查一个人，首先要"上纲上线"地进行有罪推定，而后才根据考验的结果审慎地做出结论。这的确是革命年代的中国曾有过的非常现象。菊英的母亲沉浸在丧女之痛中，宁愿相信或许真有那么一个和现实世界平行存在的异度空间，让她死去的女儿只是变换了一个生活处所，还可以享有婚姻生活的美满与幸福。菊英母亲是不会自我检讨她的迷信做法的，而新时期之前的批评家们却会对此展开诛伐。因国族危机未销而警觉过甚的批评家们并不关心菊英的母亲这样做有无害人的动机。他们只想审问这一迷信做法所归属的那种古老文化系统是怎样因其落后而导致了民族国家的落后，是怎样因其反科学而致使民族国家严重缺乏赖以自保的物质技术能力，是怎样因其狭隘的宗法伦理本位而导致了一家一姓的国家无从真正赢得普众的维护的。至少在政治无意识中，作为解放区或新中国的文艺工作者的批评家，是很难对菊英母亲这样搞迷信活动的人产生好感的；因为搞封建迷信正是暗藏的敌人掩盖真实身份、联络同党、发展新成员、蛊惑群众、制造社会恐慌的常用手段。

二

到了20世纪80年代，诸多学人纷纷为《菊英的出嫁》"拨乱反正"，大讲小说对"冥婚之害"的批判意义，遂使《菊英的出嫁》的批判主题说盛极一时。在这方面，1980年出版的范伯群与曾华鹏合著的《王鲁彦论》成为急先锋，随后跟进的则有张复琮的论文《王鲁彦小说简论》、刘增人与陈子善的论文《试论鲁彦的"乡土文学"创作》、沈斯亨的论文《鲁彦的乡土小说探析》、胡凌芝的论文《王鲁彦与乡土文学》、赵遐秋与曾庆瑞合著的《中国现代小说史》（上册）、杨义的《中国现代小说史》（第一卷）以及钱理群等人编著的《中国现代文学三十年》。丁帆1992年出版的专著《中国乡土小说史论》对《菊英的出嫁》做出的相关论述具有双重研究意义：一方面，它可算是对20世纪80年代盛行的批判主题说进行了总结；另一方面，它又试图突破既有的批判主题说清一色的现实主义立论方式，尝试以现代派的名义来翻新《菊英的出嫁》的批判主题说。

茅盾惊叹于王鲁彦对落后人物描写所达到的真幻混一的高度艺术真实性，却又惊异于作家沉溺于这种艺术真实性，而不能展现出正确的创作倾向性。在他的革命现实主义的创作观和批评观中，正确的创作倾向性是根源于真实性而又超越真实性的，是绝对不能从艺术描写的真实性中自动获得的。与茅盾对《菊英的出嫁》的这种批评逻辑形成反差，赵遐秋与曾庆瑞合著的《中国现代小说史》认为"越是这样把真和幻混一地描写在一起，越是这样令人惊叹，王鲁彦也就越是令人感到震动。人们自然会想到，统治着中国的封建伦理道德，对于乡下人民的生活竟然渗透到了这种程度！这样原始！这样落后！

和现代文明远隔着这么大的距离！这样的生活不变怎么行呢？"① 赵、曾二人所依循的这种与茅盾大相径庭的批评逻辑实际上还是存在着一定问题的。按他们的逻辑，只要艺术描写达到了高度的真实性，真实生活中落后的思想和人物自然就得到了揭露和批判。那么，这就不禁让人追问：是否原生态的生活本身就有自我批判的能力呢？事实当然不是这样。不论是作家的批判现实主义书写，还是批评家从作品中发现的批判现实主题，这都需要创作主体或批评主体主观能动性的介入。即使尽量避免主观好恶的介入者，他也只能在他所以为的客观认识范围内来界定那"真实性"的具体所指。这样一来，对"真实性"的指认就不仅存在着一个广泛的社会认同问题，更存在着一个持续的历史检验问题。即使赵遐秋与曾庆瑞对作品的思想倾向做出的判断是来自于对"真实性"的分析，那种"真实性"也仅仅是他们当时的眼光所捕捉到的。更值得注意的是：他们推崇"真实性"，那是一码事儿；他们在批评实践中是否真就把"真实性"放在首位，那又是另外一码事儿。他们无意之中首先把"人们自然会想到"些什么当成了心安理得的依托，然后才敢断言小说批判封建落后思想的主题是"写真实"的结果。如此看来，他们远比关心"真实性"更关心广大受众的支持。和这两人如出一辙，钱理群等人编著的《中国现代文学三十年》在论及《菊英的出嫁》的思想主题时也采用了类似的批评逻辑。

相比赵遐秋与曾庆瑞，沈斯亨的批评话语策略似乎要复杂一些。他说："冥婚的仪式自是荒诞不经，却又把深挚的母爱倾注其间；这种母爱自然是真实的存在，却又想在虚幻的境界中寻找慰藉，因而是一种带有畸形性质的母爱。作者抓住了农村日常生活中的一个侧面，通过迷信习俗的方式来表现母性之爱。读者从这独特的社会民俗风情画幅中，不能不惊叹：乡民思想的愚昧无知有多么严重，原始的信仰和传统的观念是如何支配着农村生活，古老的中国社会又是怎样落后于时代的步伐！"② 为什么非要说"深挚的母爱倾注其间"，而不说深挚的母爱笼罩了整个故事场景？为什么非要强调外部感受，认定读者只会专注于"这独特的社会民俗风情画幅"，而不认为读者会耽溺于菊英母亲那深挚而又畸形的母爱，而竟至于忘却了"这独特的社会民俗风情画幅"？沈斯亨揣测中的"读者"也只是特定的读者群体而已，他们情不自禁的"惊叹"也只是他们自己的感触而已。这难道可以和批评家应当揭示的、文本的实际蕴涵混为一谈吗？显而易见，沈斯亨是带着先入之见来评论的。他只谈小说前半部分的冥婚叙述，却不谈小说后半部分对菊英病死过程的追述；因为前者交代的冥婚备办过程和冥婚仪式更多地诉诸外部直观感受，而后者却因为借用了菊英母亲的心理视角而更多一些抒情意味，也就不免给读者带

---

① 赵遐秋、曾庆瑞：《中国现代小说史》（上册），中国人民大学出版社 1984 年版，第 562 页。
② 沈斯亨：《鲁彦的乡土小说探析》，《文学评论》1984 年第 5 期。

来更多的情绪感染。经过这种刻意取舍，沈斯亨淡化了人物的主体地位，屏蔽了人物的情感体验可能对读者造成的心理同化效应。此外，沈斯亨又特别突出冥婚仪式这种宏阔生活场景所具有的笼罩气势。他试图诱导我们想象一种广角镜头画面：菊英母亲及其"带有畸形性质的母爱"被笼罩在那"独特的社会民俗风情画幅中"，庞大无匹的是那"独特的社会民俗风情画幅"，而微不足道的则是菊英母亲及其"带有畸形性质的母爱"。这种广角镜头画面制造出了一种距离化和客观化的效果。它极力要使读者保持旁观者的清醒意识，努力帮助读者跳出阅读实感中那"真与幻混成了不可分的一片"，避免读者在情迷心智的境况下堕落成善男信女，糊里糊涂地相信了那"死后生存的原始信仰"。在中国久已威权化和经典化的现实主义理论历来重视典型环境，以为典型环境决定典型人物。沈斯亨凸显环境的外在性与客观性对读者造成的间离感受，而抑制人物及其内心体验对读者造成的同化影响，这似乎是在标榜他对典型环境论的推崇立场。然而，现实主义文论实际主张的典型环境论本非如此。人物活动其间的具体生活场景只是典型环境的微观表象层，而典型环境的宏观本质层则意味着一定时代社会关系的总和。如此看来，沈斯亨的典型环境观失之于浮表化和狭隘化。实际上，沈斯亨的批评立场和赵遐秋、曾庆瑞二人并无本质区别。他们都持现实主义文学观，尊崇"写真实"；却又千方百计要让他们主观偏好的批判主题遮蔽作品的复杂面目，避而不谈小说同情书写倾向的有无。

丁帆在1992年另辟蹊径，不从现实主义理论入手，而用现代派的理论话语来阐释《菊英的出嫁》的批判主题。他说："王鲁彦的小说明显地带有'表现'的艺术内涵，有人认为这是抒情的浪漫主义色彩，我以为这是受了'新浪漫主义'（即'五四'以后的现代派）手法的影响。……在王鲁彦的力作《菊英的出嫁》中，作者出色的表现就是用心理描写的手法来写菊英母亲为菊英操办婚事的经过。作品的扑朔迷离就在于小说消弭了真与幻、现实与梦境的临界点，虽然整个小说的叙述过程是线型状态的，但作者描写的视点最后是落在真与幻两者的边缘交叉地带，真假难辨，这就更加突现了主题的深刻性——这种陈规陋俗已成为民族文化心理的'集体无意识'了。"① 丁帆的创新之见自有其道理。尽管王鲁彦是文学研究会的成员，属于以现实主义创作倾向为主的"为人生"派作家，却也不是绝对排斥非现实主义创作倾向的。陈思和曾指出，在文学研究会作家中，"除叶圣陶外，其他人都不曾使用过纯粹的现实主义创作方法"②。《菊英的出嫁》那种真幻混一的笔法也确实和现实主义写作重实尚理的一般做派有一定距离，似乎更像是"意识流"。确如丁帆所言，王鲁彦应是"受了'新浪漫主义'（即'五四'以

---

① 丁帆：《中国乡土小说史论》，江苏文艺出版社1992年版，第64页。
② 陈思和：《中国新文学整体观》，上海文艺出版社2001年版，第253页。

后的现代派）手法的影响"。在重视丁帆的创见的同时，我们更需要注意的是：无论丁帆的批评视角多么新颖，他最后的批评结论终究未出20世纪80年代的窠臼。

整体而言，20世纪80年代的批评家企图通过认定《菊英的出嫁》的批判主题来肯定这篇小说的积极意义，却避而不谈作品是否存在同情书写倾向的问题。这其中的主观成见是显而易见的。这种成见一方面遗传了民族国家自救自卫阶段那一系列偏执性的文化价值取向，另一方面则显示了20世纪80年代的批评家特有的时代局限性。

局限之一：20世纪80年代的批评家响应那个时代"拨乱反正"的号召，似乎不由自主地陷入了为"拨乱反正"而拨乱反正的偏颇。《菊英的出嫁》是王鲁彦早年的作品。当时的王鲁彦和后来发生了革命化转变的王鲁彦并不能混为一谈。当初茅盾批评王鲁彦的《菊英的出嫁》，这也显示了《菊英的出嫁》和早年的王鲁彦还不能达到左翼文学的批评要求。20世纪80年代的批评家和茅盾的意见唱反调，非要认定这篇小说具有进步性的批判主题，这更多显示的是为作家、作品平反的冲动。1980年，刘增人、陈子善发表了《鲁彦夫人覃英同志访问记》。这篇访问记就是把王鲁彦作为一个早逝的革命同志来追忆的，主要回顾了王鲁彦从进步到革命的人生路程和创作历程，并不深入追究王鲁彦革命化转变以前并不能简单用"进步"去概括的复杂思想状况。从这篇访问记知道，覃英曾被打成"右派"，却有些夫罪妻赎的意味。隔离审查时，讯问者只关心他们夫妇和冯雪峰的历史关系，而在这一关系中覃英只能算是丈夫的配角。可以想象，王鲁彦若能活到那个"大批判"年代，应该属于冯系"反党集团"的成员了，其结局会比他夫人悲惨甚多。这也就可以理解王鲁彦在中华人民共和国成立后为何逐渐湮没无闻了。正因为"打倒'四人帮'以后，鲁彦作品又获得了第二次解放"①，批评家们才对这"重放的鲜花"格外珍视。他们真正要反对的不是茅盾，而是那祸国已久的极"左"路线及其帮派集团。对于已经被"左"倾政治污评很久的革命同志，批评家好评过甚也不是什么大问题。连茅盾批评过的《菊英的出嫁》也给平反，这并不单纯是作品研究上的新发现，而是寄寓了更多的政治抚慰和情感补偿用意。死者长已矣，而历史的"伤痕"却还折磨着存活着的人们；平反的是逝者遗作，稍得宽慰的却是批评家本人的心。当然，20世纪80年代的批评家也并非对王鲁彦不作任何批判。范伯群、曾华鹏的《王鲁彦论》就批判了王鲁彦早期的无政府主义思想和人道主义思想。他们对青年王鲁彦的人道主义思想批评很多，其中一处这样说："曾经是自许为拯救人类的勇士的鲁彦，终于经受不住孤独和寂寞的折磨，而自动地抛弃了人间的责任。这里我们可以充分地看到人道主义者的软弱

---

① 刘增人、陈子善：《鲁彦夫人覃英同志访问记》，《新文学史料》1980年第2期。

性。"① 与同时代研究者相比较，范伯群和曾华鹏已经算是王鲁彦最尖锐的批评者了；然而，这两人偏偏又是以批判主题说为《菊英的出嫁》平反的始作俑者。他们想当然地断定"作家在作品开始时将这件迷信和滑稽的事的'底'掩藏起来……"②，俨然确信作家是在用讽刺的笔法批判冥婚中的人和事。明知道那时的王鲁彦很有些人道主义的思想迷误，却还是不肯怀疑《菊英的出嫁》存在着同情书写倾向，还是更愿意从批判主题这方面认定作品的进步立场，这背后的平反冲动何其强烈！

局限之二：20世纪80年代的批评家往往陷入形而上学的认识误区，仍然习惯于从二元对立的意义上给作家、作品划分阵线，疏于研究作家、作品的具体性、复杂性和矛盾性，容易犯从一般简单推论个别的错误。毕竟20世纪80年代的批评家还局限于体制内的身份，依附于国家的岗位意识决定了他们的批评难脱意识形态化的思维定式。那种大批判式的批评模式固然是他们深恶痛绝的，可经年累月所接受的庸俗社会学批评的影响却深固难徙。尽管在主观上他们很多人都钟情于"写真实"，而在骨子里却远比喜欢艺术的真实性更喜欢鲜明的政治倾向性。非要择定一清二楚的倾向性，这就容易堕入简单化的思维误区。王鲁彦的《菊英的出嫁》是否只有批判主题，这实际上不是当时的文学进步主潮简单决定的，也不是王鲁彦整体上的进步创作倾向简单决定的，甚至也不是作家前期创作的基本倾向简单决定的。然而，20世纪80年代的批评家就相信这样的简单决定论。例如，张复综的《王鲁彦小说简论》在认定《菊英的出嫁》的批判主题时就没能认真考虑作品自身的个别性。按照他的论述思路，《菊英的出嫁》是属于王鲁彦小说创作分期中的"《柚子》时期"的，而"《柚子》时期"的王鲁彦又是"咒诅一切，攻击一切"③，《许是不至于罢》、《阿卓呆子》这两篇已经是明显的例证；那么，《菊英的出嫁》也就同样体现着这一时期王鲁彦的批判热情，"描写的是'冥婚之害'"④。在这里，张复综显然是用阶段性的创作特征去硬套具体作品的创作取向的，并不考虑《菊英的出嫁》作为特例的可能性。刘增人、陈子善的论文《试论鲁彦的"乡土文学"创作》也存在着从一般来推定个别的批评误区。他们的论文并未具体来讲究竟是怎样的因由促使王鲁彦写出《菊英的出嫁》这样的作品的，只是以为"鲁彦是继承着鲁迅开创的以浓郁的浙东地方色彩、乡土生活气息显示民族风格这一优良传统的优秀作家之一"，随后就断定"他在《菊英的出嫁》中描写的'冥婚'，把不可救药的愚昧和令人沉思的母爱交织在一

---

① 范伯群、曾华鹏：《王鲁彦论》，上海文艺出版社1980年版，第16页。
② 同上，第24页。
③ 张复综：《王鲁彦小说简论》，范伯群、曾华鹏编《王鲁彦研究资料》，知识产权出版社2010年版，第210页。
④ 同上。

起",并且还断言类似这样包含批判意味的风俗画"在鲁彦的作品中比比皆是"①。固然鲁迅启蒙主义的乡土写作范式影响了王鲁彦的创作,那也无法断言王鲁彦的乡土小说篇篇都符合鲁迅模式。即使王鲁彦的早期作品多有激愤的批判,那也不能说《菊英的出嫁》就一定不会例外。沈斯亨的《鲁彦的乡土小说探析》在考量王鲁彦的乡土小说创作时涉及了多方面的因素。可是,这些因素都属于层次不同的共性因素。按外延大小排序,这些因素依次为"五四"时期的新思潮、20年代乡土作家群的启蒙写作立场、王鲁彦早期创作的乡土风味及其对乡村小有产者命运的特别关注。显然,仅凭这些共性因素就断言《菊英的出嫁》专一表现批判主题,那还是不够的。只有真正从文本细读出发,从触动作家创作的具体动因出发,我们才有资格在充分占有证据的基础上做出评断。

在这两点局限之外,我们更应该关注20世纪80年代的一个重大文化谜题。20世纪80年代是一个人学话语较为强势的时代,刚刚经历过十年浩劫的人们绝不会缺少悲天悯人的情怀。然而,恰恰就是这样一个时代造就的一大群批评家竟容不得一个母亲以冥婚这一形式来寄托她对死去女儿的挚爱和深痛,这确乎不可思议。为什么20世纪80年代的文学界和思想界强烈呼唤"人"的回归,却又存在着"不近人情"的一面呢?这就不能不让我们怀疑,20世纪80年代中国的人学思潮是否真正以"人"为唯一出发点。

20世纪80年代的中国告别了民族国家的自救自卫阶段,开始了民族国家现代化建设的新时期。这当然是一次重大的历史转向。但是,这一历史转向最终取得的成果却远不是20世纪80年代就能看到的。从国际环境来看,中国人是否有条件因国族焦虑的缓解而把注意力转向长期被抑制的个人关怀呢?国门再次打开,中国人再次睁眼看世界,这才知道,中国不只是远远落后于主要发达国家,甚至还远远落后于以"亚洲四小龙"为代表的新兴工业国家或地区。因为平行比较来看,中国的相对落后状况反而更加恶化了,强国兴邦的道路依然漫长;中国人也就只能继续维持国族优先于个人的价值取向,以献身国族复兴事业为第一要务。从社会经济发展状况来看,中国人是否有条件超越人的本能存在去追寻人的本体存在呢,是否有条件大说而特说"人"的深广蕴含呢?仍要把温饱作为首要问题来解决的中国在一定时期内仍然是一个农业占很大比重、工业化程度不足、社会分工水平较低、产业体系简单化、产业结构升级周期漫长的不发达国家。如此低劣的物质生活条件远不足以让中国人超然脱俗,专心探究"人"的纯粹性。此等低层次、简单化的社会经济结构不可能为人开辟丰富多样的发展可能性,而只能让人们彼此之间表现出更多的简单相似性,这也就使得我们缺乏优越的论"人"资质。从国家体制的初步改革和转型来看,原来适应战时或准战时需要的强力国家所规定的、具有依

---

① 刘增人、陈子善:《试论鲁彦的"乡土文学"创作》,《齐齐哈尔师范学院学报》(哲学社会科学版) 1987年第2期。

附特征的"人",是否获得了名副其实的主体身份呢?国家从专政渐入民主、从威权管理转向依法治国,这的确是一种符合现代潮流的新变,初步体现了中国建构公民国家的真诚期待,为推进人权的发育和发展打下了基础。可是,从20世纪·80年代中后期深化经济体制改革所遭遇的困扰来看,一方面,不能灵活适应社会需求的国有经济在发挥绝对主导作用的同时也成为束缚经济发展活力的重要因素,国有经济资源的社会利用率并不充分,利用体制转型过程中的制度漏洞非法转移国有资产的行为则亟待遏止;另一方面,初获发展的个体经济和私营经济还没有足够的规模和力量在经济生活中充分发挥其有益的补充和调剂功能,民间经济的快速成长亟待市场化改革的大力推动,长久的意识形态顾忌致使依然模糊化的产权机制不易达成放权惠民的改革目的。这就使得社会组织和个人在经济生活中依旧处于边缘化的地位,大国家而小社会的固有格局并未发生本质性的改变;因而,国民在国家生活中的主体地位是缺乏广泛的实力基础保障的。

如果时代的现实状况并没有为正面展开"人"的话题提供根据;那么,我们就只能把20世纪80年代的人学思潮归结为某种过去积累起来的社会压抑心理强烈反弹而造成的结果。"文革"给我们的民族国家造成了深重的人道主义灾难,而国人的创伤心理冲动则随着"文革"的终结而转化为激进的人道主义吁求,这是很自然的事情。然而,正因为20世纪80年代的人学思潮先天具有这样一种批判冲动,它才更适于"破旧",而不太适合"立新"。具有清醒的新时代使命感和自我超越精神的智识之士,当然会尽快把创伤冲动转化为新长征路上的前行动力;而部分创伤心理后遗症严重的人,则可能将对历史的激进否定冲动延伸到对现实的态度上来。中国共产党一向坚持的马克思主义人学理论,是不认同在超阶级、超社会、超历史的意义上来阐释"人"的,因此也就屡屡同非马克思主义的人性论者和人道主义论者发生思想上的交锋。历来重视掌握意识形态领导权的中国共产党在中华人民共和国成立后采取了把文化传媒国家化和体制化的强力措施,而20世纪80年代仍然延续了这种状况。一方面,党和国家不能不接受来自社会的人学热潮;另一方面,党和国家有责任也有能力把这股社会热潮纳入新时期的建设轨道。当我们不是泛泛地把20世纪80年代的人学思潮作为一种时代文化意识来看,而是把它作为党和国家主导下的新时期意识形态建设工作来看的时候,我们才能正确认识其中的意识形态操控。利用"文革"创伤记忆积蓄起来的社会心理势能,扫荡社会保守势力,力促改革开放,把整个民族国家的思想统一到国家的现代化建设上来,这是国家意识形态对人学思潮的理性引导方向。一般而言,党报、党刊和党内理论家在人学思潮的发生和发展过程中发挥风向标的作用,代表国家威权向普通学人和群众发出鼓动信号、推出示范作品、发布整改指令。1980年第5期《中国青年》杂志抛出署名"潘晓"的读者来信《人生的路啊,怎么越走越窄》,引发了轰动一时的"潘晓"事件。事实上,"潘晓"本无其人，而是编辑部设计出来的、一个指代青年群体中个人主义思想抬头的符号。编辑部的目的当然不是要鼓吹个人主义，而是要人们对这个问题予以重视，集思广益来帮助那些问题青年回到正确的人生观和价值观上来，转变为积极为"四化"而努力奋斗的好青年。"潘晓"事件典型地体现了国家的意识形态操控，典型示范了党和国家如何抱着治病救人的态度来处置人学思潮中的不良倾向。20世纪80年代的人学思潮展现了一种百花齐放的思想解放景观。只要有助于新时期国家的现代化建设，只要合乎改革开放的大政方针；言之所出无论古今中西，党和国家均可包容。可是，一旦人学思潮导致了思想混乱或政治动荡，危及了社会稳定，破坏了现代化建设所需要的安定团结环境；党和国家就会果断予以整肃。当国家的现代化建设战略已经深入人心，改革开放已经进入深化期的时候，人学思潮的社会动员使命即告终结，党和国家对它的支持也就相应地弱化了。因而，人学思潮在20世纪80年代末的落潮并不简单地是直接的政治原因造成的，也是时势发展的合理结果。更需要注意的是：即便那些被认为存在政治错误的学人，他们的人学话语也明显契合新时期国家现代化建设的战略要求。王若水宣称："改革就是要创造一个比较适合实现人的价值的环境。"①这话固然存在着拿人道主义去指导改革的错误用意，但仍不失大力鼓吹改革的热情。夏中义在批判刘再复的文学主体性理论时还是忍不住要称赞他的批判对象，认为"他是要积极参与中国文化转型的。他不仅想要掀动文学新潮，更想让文学新潮成为新时期启蒙主流中的强劲一脉，反过来推进社会变革"②。

总而言之，20世纪80年代的中国学人并不是在无条件的意义上来关切"人"的，而是在民族复兴期待、现代化建设使命和改革开放的工作任务的规限下来表达人性关怀的。那些推崇《菊英的出嫁》的批判主题的学人并非不近人情，而是无法只因为个人的亲情就宽宥和现代化背道而驰的迷信做法，无法只为个人关怀而放弃对民族国家的关怀。

三

进入20世纪90年代后，《菊英的出嫁》的批判主题说逐渐呈现由盛转衰的态势，曾经一家独大的主题批评格局趋向多元分化。

当然，《菊英的出嫁》的批判主题说的衰落也只是相对它在20世纪80年代的强势而言的。实际上，它不仅余威犹存，而且还表现出一定的创新活力。粗略算来，20世纪90

---

① 王若水：《哲学要重视人》，《马克思主义研究》1989年第2期。
② 夏仲义：《新潮学案》，上海三联书店1996年版，第67—68页。

——从民族国家的现代性成长史来看《菊英的出嫁》的主题批评史——

年代以来论及《菊英的出嫁》的学术文献不少于半数对批判主题说仍持有程度不一的认同态度,其中很大一部分学人只是附议前人陈言。在此之外,幸有个别学者苦求旧题换新说。第一种批判主题新说择取性别文化研究视角,重点关注封建社会制度和文化成规对菊英母亲性别主体意识的压抑、扭曲和奴性化询唤。这就改善了批判主题说此前只是泛泛批判愚昧落后的老中国儿女,却不重视性别分野的粗疏状况。朱立立1992年发表的文章《论五四文学中母性意识的复杂性》深深感慨封建精神枷锁下的母亲们"尽'母职'近乎于'本性',她们没有任何怀疑力,更没有反抗力",而菊英母亲更是"在给儿女办阴亲时,居然念念不忘尽其'母职',认真叮咛女儿的亡魂要:'依从他,不要使他不高兴'",仿佛觉得作家王鲁彦"要对这位虔诚而愚昧的母亲发几句嘲笑"①。周春英、孟莹莹2009年合作发表的文章《女性意识的萌芽——论王鲁彦笔下的女性形象》表达的观点与朱立立同调,认为《菊英的出嫁》这篇小说"体现了女性在传统文化和封建礼教的严重束缚下,渴望幸福生活但又难以逾越自身精神桎梏的不幸运"②。附带说明,《菊英的出嫁》的性别文化研究目前取得的主要成果就是拓新批判主题说,而此外的成果则价值不大。秦弓的《论王鲁彦小说的心理世界》(《广播电视大学学报》2005年第3期),竟然用弗洛伊德的眼睛去窥视菊英母亲的性压抑,关心的只是纯粹的性心理问题,缺乏社会和文化方面的深入思考,因而不具备主题研究价值。毛海莹的《女性气质的民俗—原型批评论——以现代文学江南女性形象为批评范例》(《文艺理论研究》2012年第5期),对《菊英的出嫁》这篇小说只是一笔带过。第二种批判主题新说从民族国家寓言的意义上来认识"疾病隐喻"在乡土小说中的启蒙主义言说,从菊英罹患白喉后的救治过程来透视中国乡土社会在现代文明和科学理性上的匮缺,从而对愚昧落后的国民性予以批判。邱诗越2015年首提此说,认为"菊英治病的过程,表征着国家的前途还在探索中、找寻中,良方还未找出、良药还未制成,病症只能任其蔓延,具体表现为对传统不信任、对新文明不敢尝试,对'白喉'的治疗就呈现了这种中西、新旧间的彼此抵牾。这样,身体的症状就成了具有现代性内涵的符码,意在表明民众离启蒙与觉醒还有距离"③。实际上,自2003年苏珊·桑塔格的著作《疾病的隐喻》在我们国内出版以来,"疾病隐喻"研究就成了中国现当代文学研究界的一时热点。谭光辉和邓寒梅分别出版了这方面的专著,宫爱玲和李娥则分别发表了这方面的博士论文。然而,邱诗越却是首

---

① 朱立立:《论五四文学中母性意识的复杂性》,《华侨大学学报》(哲学社会科学版)1992年第2期。
② 周春英、孟莹莹:《女性意识的萌芽——论王鲁彦笔下的女性形象》,《宁波教育学院学报》2009年第4期。
③ 邱诗越:《表征与同构:身体症状与国疾民瘼》,《东北大学学报》(社会科学版)2015年第3期。

位对《菊英的出嫁》的"疾病隐喻"问题予以深入阐发的学者。从研究方法上看，《菊英的出嫁》批判主题的隐喻诗学研究更贴近审美逻辑，凸显出文学意象系统"聚合—发散"的非线性运作机制，多了一些无理而妙的联想，少了许多机械死板的推理。从研究内容和对象来看，此前的批判主题说都着眼于作品前半部分的冥婚事件，而邱诗越的批判主题新说则把眼光投向了作品后半部分的菊英之病。这一前一后恰好合龙，终于使得批判主题说与作品内容有了一个较为完整的匹配关系。

不过，批判主题说的自我完善却不能遏止该说的衰落态势。在20世纪80年代，对批判主题说抱有异见的人寥寥可数。早期，苏雪林和林建七曾先后论及《菊英的出嫁》的同情书写倾向。直到半个世纪后的1986年，才有戴光中重提作品的同情主题。他说："作者的用意，我认为，并非要炫耀家乡的奇风异俗，而是在歌颂母性之爱的伟大。很清楚，如果菊英的母亲不是刻骨铭心地思念着女儿，怎能在她死了整整十年之后还要为她对'阴亲'呢？而且是那么认真、那么严肃，用那么壮观的排场来替她操办婚事。"① 不过，戴光中的观点并未得到什么应和。此后十余年间，作品的同情主题说再次归于沉寂。在那个时代，不要说戴光中这种挑战性的观点会遭遇孤立，就算是严家炎那样的调和之论也没人附议。尽管严家炎认为包括《菊英的出嫁》在内的几篇乡土小说所书写的风俗"带有落后、迷信的成分"，他同时却感叹："在迷信的背后，这里隐藏着多么深沉的母亲对女儿的爱！这样的母亲，实在使我们既感到可怜，又很被感动。"② 当时，除了严家炎之外，并无第二人持这般调和的立场。然而，自20世纪90年代以来，情况就有了较大的变化。首先，独尊批判主题说的研究者在表面上占据的多数优势已经很微弱，而且细分析起来，这种微弱优势也不是那么坚实。其次，在批判与同情之间采取不同程度的调和立场的研究者逐渐多了起来，其人数已经逼近独尊批判主题说的持论者。再次，专讲同情主题和民俗文化主题的创新评说逐渐崛起，它们从不同方向对批判主题说发起了挑战。

如果仅仅比较相关研究文献的数量，独尊批判主题说的研究者貌似占据了微弱优势；可是，这中间也不排除有些学者只是把《菊英的出嫁》作为一个司空见惯的范例来使用，不经意间接受了舆论的绑架和诱导。例如，王德威在2004年第一期《当代作家评论》上发表的《魂兮归来》一文长达18页，而文中只有一处把《菊英的出嫁》作为常用不疑的例证来用。在该文中，王德威说："写实主义小说容不下不清不楚的鬼魅。即便

---

① 戴光中：《侨寓者的怀恋——略论二十年代的乡土文学》，《天津师范大学学报》1986年第1期。
② 严家炎：《中国现代小说流派史》，人民文学出版社1989年版，第70—71页。

—— 从民族国家的现代性成长史来看《菊英的出嫁》的主题批评史 ——

是有，也多权充为反面教材。例如王鲁彦（1901—1944）《菊英的出嫁》写冥婚……"①在此，王德威想当然地把《菊英的出嫁》当成写实主义小说反鬼的典型例证来看待，却略而不谈其理据何在。这说明，王德威把《菊英的出嫁》意在批判封建迷信看成了学界已成定论的常识问题了，故而才懒得赘言。一个学者在无关宏旨的研究细节上采信他所认为的常识说法，这并不奇怪。所以，我们大可不必揪住王德威这点瑕疵不依不饶。实际上，这也不单单是王德威才有的问题，毕竟一篇不足七千字的小说很难广泛而又持久地成为批评家们精耕细作、穷究到底的对象，毕竟那些和《菊英的出嫁》并无紧要关联的研究文献不可能对这篇小说倾注太多的关切。这样看来，尽管文献检索到的独尊批判主题的持论者占据微弱的数量优势，这数量却是存在泡沫化成分的。

在批判与同情之间寻求某种程度的调和，这固然对曾经居于主流地位的批判主题说有所继承，却更体现了一定的怀疑精神和反思理性。如此，经过慎思明辨的调和论者也就不至于成为一股潮浪的泡沫。仔细统计可知，持调和论的研究阵营已经有了相当的规模。自20世纪90年代以来，朱立立、李明军、葛红兵、陈继会、窦文章、陈晨、周春英、肖向明、陈纯洁、吴志凌、赵忠在这一时期发表的文章都在不同程度上对批判说和同情说持兼容并包的态度。例如陈继会，他固然坚信《菊英的出嫁》这篇小说透露出"封建闭锁下中国文化的落后、原始"，却也能够理解这落后、原始的文化信仰在人情上的合理性，不得不承认那种死后生存的原始信仰事出有因，指出"为鬼排解寂寞，实则是现世活着的人寂寞的一种宣泄"②。陈继会的立场是以批判为主，同时也带有轻度的同情倾向。而在赵忠的调和立场中，同情成分就明显增加了。针对菊英母亲为女儿配阴亲，赵忠一方面认为这属于"愚昧、落后、无知、保守的习惯心理"，而另一方面转而又认为"菊英母亲爱女之心、失女之痛、惜女之情、祝女之愿的心情也会令我们感到震惊，她那眷眷的母爱让我们感动，同时也让我们产生怜悯、同情之心"③。赵忠的评论话语前后构成转折关系，重心在转折词"但"之后，同情多于批判。

同情主题说本是过去主流化的批判主题说压制的对象，它须待怀疑批判主题说的学术氛围积聚到相当的浓度时才有条件宣示翻身的要求和反击的力量。所以，同情主题说再次抬头竟迟至2000年。这一年，赵强的论文《论五四乡土小说中的"逃避—归属"情结》就对《菊英的出嫁》的同情主题进行了明确肯定，认为"王鲁彦在《菊英的出嫁》中对浙东冥婚的风俗进行了详细的描写，其间我们看到的更多的不是作家的批判，

---

① 王德威：《魂兮归来》，《当代作家评论》2004年第1期。
② 陈继会：《中国乡土小说史》，安徽教育出版社1999年版，第54页。
③ 赵忠：《五四后乡土小说中的民俗描写研究》，《太原师范学院学报》（社会科学版）2013年第5期。

而是对这种风俗所包含的真情的渲染。通过菊英母亲对死去的菊英的一连串的关问：微笑？留泪，肥了，瘦了，或者病了？把母亲对儿女的思念表现的异常真切……"① 同年，严海燕的论文《"乡土文学"与"寻根文学"比较三题》不附加任何批判性表态，坦然认为"鲁彦《菊英的出嫁》刻画了一位不辞辛苦为女儿筹办冥婚嫁妆的母亲形象"②。此后，曹为、佟丞、易瑛、李娜先后发表的论文也宣示了同情主题说观点。此外，需要特别说明的是，孔范今竟然是从批判主题说研究阵营转变过来的。他主编的《二十世纪中国文学史》（上册）最初坚称《菊英的出嫁》"直接将批判的锋芒指向了封建礼教及国民的劣根性"③，可他后来主编的《中国现代文学史》就基本上倒向同情主题说了，认为"作者并未简单否定或批判这种原始信仰背后的迷信与愚昧，而是在叙述中极力保持着母爱与古老习俗之间微妙的张力，形成了真实与幻想混融一体的艺术效果，使得深挚的母爱，在对迷信习俗的叙述中自然流溢而出，感人至深"④。

在《菊英的出嫁》的同情主题说强力反弹的同时，这篇小说的民俗文化书写所具有的主题化意义也开始受到关注。实际上，这两者是兵分两路来讨伐一家独大的批判主题说的。其中一路着眼于为菊英母亲摘掉愚昧、落后的帽子，而另一路则努力为以冥婚为焦点的传统民俗洗刷封建迷信的污名。民俗本是在地方性的日常生活基础上形成的文化符号活动。其实，批判主题说的持论者也谈《菊英的出嫁》的民俗书写，只不过他们一心要揭破那种文化符号活动的瞒和骗的本质。而民俗文化主题说的持论者则是从正面来肯定民俗中蕴含的人文价值。唯此肯定立场，才有民俗文化主题之说；否则，则反转为民俗文化批判主题说。真正从民俗文化方面来阐释《菊英的出嫁》的主题思想的学者迄今有四人，相继为赵强、张艳梅、贾剑秋、蔡登秋。赵强在重新为同情主题说开辟言路的同时也启动了《菊英的出嫁》的民俗文化主题说；因为他的那篇《论五四乡土小说中的"逃避—归属"情结》不仅认为作品的主旨在于书写母爱亲情，而且指出作家描写那冥婚风俗的用意并不在于批判，而在于"真情的渲染"。这也就意味着：在赵强看来，那同情主题和风俗描写实际上是二而合一的，同情主题也同时就是民俗文化主题。不过，最专意于从反思现代性的意义上来大力宣扬小说的民俗文化书写所具有的思想价值的，当数蔡登秋。2011 年，他发表了《"菊英的出嫁"的风俗隐喻》，认为"从习俗本身内在特性去思考它的合理性和合法性，每个民族都有自身的习俗体系，都有自己的民俗生活。

---

① 赵强：《论五四乡土小说中的"逃避—归属"情结》，《山东电大学报》2000 年第 3 期。
② 严海燕：《"乡土文学"与"寻根文学"比较三题》，《陕西广播电视大学学报》2000 年第 4 期。
③ 孔范今主编：《二十世纪中国文学史》（上册），山东文艺出版社 1997 年版，第 491 页。
④ 孔范今主编：《中国现代文学史》，人民教育出版社 2012 年版，第 164 页。

—— 从民族国家的现代性成长史来看《菊英的出嫁》的主题批评史 ——

一种民俗事象存在的依据，不是'先进'和'落后'的标准所能衡量的，这种'先进'和'落后'本身有很强的功利性色彩，甚至带有一定的唯物主义的机械理论单一视角的缺陷。……这种冥婚习俗作为民俗生活一部分，恰恰带有心灵抚慰的润滑油作用，……在完成任务之际，菊英娘的心灵奇迹般的'快活'起来，身体也奇迹般地'比平时强健了数倍'。这一使命的完成是菊英父母人生鸿愿的实现，最终导致内心产生了奇特生理效应。传统社会里，基于民间信仰习俗灵魂观念，冥婚普遍被认可，它弥补了现实世界的缺憾，对于人们心灵是重要的，也是挥之不去的"①。

综上所述，自 20 世纪 90 年代以来，《菊英的出嫁》的主题研究已经形成了多元共生的格局。这一研究态势表明：批评界和思想界越来越趋向多元分化，长期在梦想与怅恨之间忧怀民族国家现代化大业的国人逐渐从焦虑转为从容，整个社会逐渐形成了一种广泛包容的情怀，被认为具有多重自足价值的"人"已不可再视为民族国家的附庸，曾经因民族国家的现代化压力而被冠以"落后"罪名的老中国儿女终于得到宽待，曾经被弱势民族国家的自卑心态搞得污名化的民族文化传统终于在反思现代性的意义上获得正名。

国情研究意义上的 20 世纪 90 年代一般是从 1992 年邓小平南行讲话开始算起的，它意味着中国迈进了社会主义市场经济时代。市场经济时代中国的若干新情况带来了这一时代文学批评价值取向的改变，《菊英的出嫁》的主题批评也就出现了新气象。其一，市场经济时代使得个人的主体身份获得了体制上的保障，批评家们无须再回避个人视角，不必再因为个人亲情在民族国家现代化宏大叙事中的非法地位而压抑自己对菊英母亲这一落后人物的同情。遵循价值规律的市场体制要求建立平等互惠的和谐社会关系，以法理形式清晰切割社会交往中的责、权、利。政府同社会组织和个人的关系日益成为交互服务和交互监督的关系。有了这样的体制保障，个人的主体身份与合法地位也就得到了真正的落实。面对个人存在感的普遍凸显，批评家理所当然要正视批评实践对个人的考量。其二，20 世纪和 21 世纪之交，中国正值一个崛起势头初露、外部遏制加紧的复杂环境，一方面是中国大国意识的复生，而另一方面则是美国为维持它的一超独霸的地位，为打压迅速成长中的潜在战略对手，频繁制造事端，妄图打乱中国稳步发展的节奏，这就使得中国国内的民族主义情绪严重激化，中国的政治民族主义者对改革开放以来奉行的韬晦战略已经不耐烦，大肆散布"中国可以说'不'"、"中国不高兴"这样的论调，中国的文化民族主义者则一波又一波地掀起了"国学热"，因此，文学批评家们在大国自豪感和民族主义情绪的刺激下转而积极为中国的传统文化正名，竟能从一向被视为"封建迷信"的冥婚风俗中挖掘出可以肯定的人文价值来，这也就不足为怪。其三，市

---

① 蔡登秋：《"菊英的出嫁"的风俗隐喻》，《三明学院学报》2011 年第 4 期。

场经济时代的高压竞争环境和快节奏生活让人们神往曾经同封闭、落后、蒙昧联系在一起的"慢生活",晚期资本主义时代西方流行的"后学"观念对启蒙现代性和单向度的进步史观的解构态度逐渐被中国当下的思想界所接受,人们醒悟到前工业时代的文明、世界边缘民族国家的本土文化以及地方族群的弱势文化是不可以简单以"落后"来定性的,建构多元、立体的文化生态已经成为富强起来的中国的更高层次的发展诉求,这促使我们对原来以为落后、原始的文化产物进行价值重估,也促使批评家对隶属于"落后"文化传统的冥婚和菊英母亲刮目相看,坦然言说《菊英的出嫁》的同情主题和民俗文化主题。其四,国家的富强证明了中国稳健的改革之路走对了,于是乎20世纪90年代以来的中国思想界越来越不像20世纪80年代那样因不满于政治、经济改革的保守而过激地鼓吹以自由主义为核心的西化价值观,各种思想流派不约而同地趋于温和与包容,这种情况反映到文学批评上来也就造成了《菊英的出嫁》主题批评取向的多元包容态势,"迷信"风俗和"落后"人物终于得到宽宥。其五,高新技术产业和服务产业的迅速发展使得女性在体质上的弱势不再构成求职的劣势,妇女的社会地位空前提高,这就使得批评家越来越重视妇女的性别文化地位,发现了菊英母亲所遭受的性别文化压迫。

  至此,《菊英的出嫁》的主题批评史宣告梳理完毕。而接下来要做的事就是把《菊英的出嫁》的多种主题整合成一个有机统一的系统,厘定各种主题在这个系统中的客观序位。这个系统只能以小说文本的客观构成机制为立足根据,而作家主观因素则只能作为辅助证据来进一步印证这个系统的可靠性。从以文本为本的意义上讲,《菊英的出嫁》的批判主题和同情主题就是两个不同文本层分别支持的悖反而又并行的中心主题,而民俗文化主题则只能算是由文本个别单元支持的次元主题。批判主题的中心地位是由小说故事层来支持的。小说故事层前后分为冥婚叙述和菊英病亡叙述两个基本序列,它们都对批判主题具有支持作用。然而,从小说叙述层来说,菊英母亲的叙述声音才是小说主导的叙述声音,而这一悲情性的主导叙述声音则决定了同情主题可以在另外的意义上占据中心地位。尽管《菊英的出嫁》对故事的叙述采用的是第三人称;可是,这个故事外的叙述人总处于怠惰的沉默状态,并不以强势的主动姿态对故事发挥其干预功能和评价功能。除了在叙事场景方面发挥引介和转换功能之外,小说叙述人总是把叙述权力转让给菊英母亲的心理话语,让模拟人物心语的自由间接引语背叛第三人称叙述人本该有的客观立场。至于小说的民俗文化主题,它只是从作品对冥婚风俗的描写中得到呈现,并不涉及菊英病亡这个叙述序列。这种仅仅由故事的一个叙述单元支持的主题只能算是次元主题。这篇小说主题系统的复杂性和微妙性就在于:悲情叙述声音却用来讲富于批判性意义的故事,而本该批判的原始风俗经由这悲情叙述的渲染显出了不该批判的人情味。而从青年王鲁彦自身的状况来看,《菊英的出嫁》有这么一个纠结的主题系统,这并非

—— 从民族国家的现代性成长史来看《菊英的出嫁》的主题批评史 ——

怪事。

青年王鲁彦富于从启蒙立场出发的批判冲动,这是学界素有的认识。由于王鲁彦是一个"五四"造就的新人,而且还深受鲁迅思想的影响,他的确不乏对旧传统、旧文化的批判热情。因而,他的《菊英的出嫁》包孕了批判主题,这也是应有之义。

然而,青年王鲁彦的思想又有相当程度的消解启蒙主义批判立场的倾向。他在北京大学旁听过鲁迅的"中国小说史"课程,感到"仿佛听到了全人类的灵魂的历史,每一件事态甚至是人心的重重叠叠的外套都给他连根撕掉了"①。这感受同鲁迅改造国民性的雄心是隔膜的,更没有鲁迅那种无畏的战斗精神,倒像是恐惧着尘世对于本心的荼毒,向往着避世的逍遥。鲁迅深深懂得青年王鲁彦那纯良的心性沉陷在消极的处世态度里,认为"他所烦冤的却是离开了天上的自由的乐土","欲爱人类而不得……要逃避人间而不能",似"无心的'人',和人间社会是不会有情愫的"②。王鲁彦追随俄罗斯盲诗人爱罗先珂学习世界语,彼此甚为相得。这爱罗先珂"只有着一个幼稚的,然而优美的纯洁的心"③。这种交往只能愈增王鲁彦本有的真纯和脆弱。至于青年王鲁彦参加的工读互助团则是自欺为世外桃源的无政府主义组织,"一味爱好自由,而没有健全良好的组织"④。这种如孩子一般任性的团体无助于青年王鲁彦思想变得成熟,意志变得雄强。就社会境遇而言,青年王鲁彦仅仅是一个四处流徙的底层社会小人物,摆摊、跑堂、洗衣、扫地、书记、家教等各种谋生助学的途径都试验过。这就和鲁迅那种政府官员和文化名人的身份大不相同。自感卑微无力的人即使深味着社会的不平,也是徒叹奈何,因而也就更多一些同病相怜的惆怅和悲天悯人的情愫。更需要注意的是,在《母亲的时钟》这篇散文里,王鲁彦就提到了母亲为他死去的哥哥配阴婚这件事。这也就难怪他能够像理解自己的母亲一样去理解为女儿配冥婚的菊英母亲了。还是在这篇散文里,王鲁彦母亲至死珍爱着一架老旧不堪的时钟,那时钟的生命极限也正是王鲁彦母亲撒手人寰的时候。原来,这架老时钟正是王鲁彦久已死去的父亲留给王鲁彦母亲的;她守护着它实为那虽死犹生的丈夫,岂止为了一件物什?!王鲁彦的这篇散文就深情地写出了母亲那份"死后生存的原始信仰"。王鲁彦母亲早寡,却不止辛辛苦苦拉扯王鲁彦成人,还努力供他读完

---

① 王鲁彦:《活在人类心里》,《王鲁彦文集》(第三卷),人民文学出版社2009年版,第219页。

② 鲁迅:《且介亭杂文二集〈中国新文学大系〉小说二集序》,《鲁迅全集》(第六卷),人民文学出版社1973年版,第255页。

③ 鲁迅:《〈狭的笼〉译者附记》,《鲁迅全集》(第十卷),人民文学出版社2005年版,第217页。

④ 傅彬然:《忆鲁彦》,范伯群、曾华鹏编《王鲁彦研究资料》,知识产权出版社2010年版,第67页。

高小。所以，王鲁彦特别懂得为人母者的不易。茅盾可以轻松地苛责一位母亲的"死后生存的原始信仰"，而王鲁彦却是断然做不到这般冷酷。如此说来，《菊英的出嫁》书写同情主题，这也是合乎王鲁彦本人的心意的。另外，和20世纪20年代其他乡土作家一样，背井离乡的王鲁彦也会自觉不自觉地在作品中流露出那种侨寓者对乡土的眷恋。那故乡的古老风俗即使是反现代性的，作家的乡情也还是会灌注其中。尤其对王鲁彦这个对母亲抱有特别深情的作家而言，既然那古老的冥婚风俗是和深挚的母爱结成一体的，那也就该对它网开一面。因为这个缘由，鲁彦的《菊英的出嫁》才在一定程度上让我们感受到了它的民俗文化主题的存在。

作家创作的心理动因果然印证了本文此前从文本构成角度分析出来的那个小说主题系统。但是，在《菊英的出嫁》的主题批评史上，各个时代的批评价值取向和主流观点往往是各有偏颇。即使在当下时代，自发而又散漫的多元主题批评也还是需要理性凝聚和自觉综合。笔者这样说毫无自矜之意；因为民族国家的现代性成长之路固然规定了《菊英的出嫁》主题批评的成熟之路，而批评从偏狭渐入包容的进化意义却不宜绝对化。谈到民族国家的现代性，首先就会想到现代民族国家在西欧的诞生，想到同中世纪决裂的启蒙现代性，想到启蒙现代性推崇的人文主义、技术文化、民主政体和自由市场。而如今，人们早已超越了启蒙现代性。不过，在不断展开反思现代性、解构现代性、终结现代性的文化反动的同时，仍然免不了再谈现代性的重构、续写和多样发展的问题。中国走上了民族复兴的广阔道路，赶上了现代世界发展的潮流，却仍然需要面对世界范围的现代性持续建构。永不完结、不设边界、拒绝单一的现代性不仅是包括中国在内的每个民族国家无法回避的问题，也是包括你、我在内的每个人无法回避的问题。国家的崛起让我们开始享受到了"什么都不差"的感觉，而现代性所意味的黑洞似的问题性却没有放弃对我们的纠缠。所以，已经变得多元包容的批评家们可以神往人类精神的伟大共时体，却不能妄言已企及万有和顶峰。当我们觉得一个多元开放的时代给予了我们健全的批评意识的时候，当我们自认为批评意识的进化水平已经很高的时候，蓦然回首，却还有无尽的怅惘。无论已经过去的时代如何偏执，我们还能企及那种偏执的批评独有的激情体验和片面的深刻性吗？批评家在前行与回返的努力中腹背受敌，在身体有限性和心性有限性的束缚中只能于无限时空中掌握属己的在场性。为《菊英的出嫁》厘定一个清晰的主题系统，这不能说没有意义；可是，还得承认：观念化的产物终究是无从自我充实的空镜子。

（作者单位：河北大学文学院）

"大文学"视野

泰东图书局与早期新文学的空间拓展

罗先海

1993年第4期《上海文学》杂志刊登《一份杂志和一个"社团"——重识"五四"文学传统》一文,这是王晓明在"重写文学史"思潮后对文学史"重写"对象扩大的学术呼吁和实践。文中对一份期刊和一个社团进行了重读和再研究,指出"每看见'文学现象'这四个字,我头一个想到的就是'文本',那由具体的作品和评论著作共同构成的文本。但是,这不是唯一的文学现象,在它身前身后,还围着一大群也配戴'文学'徽章的事物。它们有的面目清楚,轮廓鲜明,譬如出版机构、作家社团;有的却身无定形,飘飘忽忽,譬如读者反应、文学规范。它们从不同的方面围住文学文本,向它施加各种影响"①。该文在"重写"方法与视域下,打开了新文学研究的批评空间,即治新文学由早期较为成熟的作家作品解读和相对稳定的文学史叙述,逐渐转入对生产"场域"等文学中间环节研究。此后以文学社团、报刊为代表的媒介探讨成为新文学研究转向的风向标,一大批新文学社团及杂志、报刊研究成果不断涌现并延续至今,但对与社团及期刊生产紧密关联的现代出版机构,尤其是中小型书局的研究却相对薄弱。治新文学离不开对新文学社团和报刊历史的了解,而对社团、报刊的生成传播及对新文学的影响又必须注意与之紧密关联的新书局历史。通过对新文学出版史料、史实的再回顾,可以发现新书局对早期新文学的生成及空间拓展助力甚大,是新文学研究不可忽视的"文学现象"。本文拟围绕泰东图书局做历史考察,通过对新文学创作队伍的群像呈现、新文学阵地建设的抢占以及小书局灵活、新进的出版经营策略等方面的研究,尝试探讨新书局对

---

① 王晓明:《一份杂志和一个"社团"——重识"五四"文学传统》,《上海文学》1993年第4期。

早期新文学的空间拓展作用。

一、汇聚新文学社团同人

　　随着社团、期刊及出版史料的发掘与推进，当再次返回百年前后新文学的发生空间时，会发现新文学先驱及同人与文学史叙述所呈现的"天然的新文学发生者和推动者"形象之间会有差异。促进早期新文学发生和空间延展的队伍经历了一个由少数精英推动、引领到集体同人群像呈现的转变。中国白话新诗及新文学奠基人胡适在尝试白话新诗创作时，虽有鲁迅、周作人、俞平伯、康白情等文友为其"友好删诗"，但在努力试验白话诗的过程中，也仍觉"心里只有一点痛苦，就是同志太少了，'须单身匹马而往'"①。而鲁迅做小说也始于1918年《新青年》提倡"文学革命"，也认为这些提倡"文学革命"的"战士""虽在寂寞中，想头是不错的，也来喊几声助助威罢。首先，就是为此"②。若说胡适、鲁迅等先驱凭个人才华和对新文学的坚定信念引领了新文化潮流，那么，继而对早期新文学空间起拓展和深化作用的，则是随之而起的文学研究会、创造社、新月社等群像式呈现的社团同人们。当新文学思潮不断深化并成为社会主潮时，缘何新文学先驱者们能以社团群像形式抱团呈现？一方面固然离不开新文学主将的影响与号召，如郑振铎之于文学研究会、郭沫若之于创造社、徐志摩之于新月社同人等，这也是多为人津津乐道并载入文学史册的显在文学现象。与此相对，新书局对新文学社团同人的汇聚和阵地推进作用却多为人所忽视。新书局虽然注重商业利益，但它们通过办新文艺刊物、出新文艺丛书等出版转向汇聚了大批同人创作队伍，客观上对于推动早期新文学空间拓展助力甚大，从泰东图书局与创造社同人的关系考辨中可窥端倪。

　　"泰东，是创造社的摇篮。——可以这样说。泰东，在初期的新文化运动中间，它是有过相当的劳绩的。"③ 作为泰东书局曾经的元老，张静庐对书局与创造社同人及新文学关系的评价较为客观。没有泰东图书局，创造社同人在新文坛的亮相未必那么顺利；泰东图书局的支持与承诺推进了创造社刊物、丛书及时面世。创造社同人有效汇聚及对新文学适时推进与泰东图书局"趋新"的策略及运作密不可分。

　　编辑部改组为创造社同人提供了汇聚机遇。成立于1914年的泰东图书局本是政学系出版机关，出版计划亦注重政治方面。赵南公主持书局后，为考虑经济利益，出过不少

---

① 胡适：《尝试集　自序》，江苏文艺出版社2013年版，第27页。
② 鲁迅：《自选集　自序》，《南腔北调集》，北京联合出版公司2014年版，第29页。
③ 张静庐：《在出版界的二十年》，上海书店1984年影印版，第100页。

"礼拜六派"消遣作品,还曾因出版杨尘茵《新华春梦记》使书局"赚了一笔钱"①。1919年新文化运动兴起后,思想"趋新"的赵南公明白社会需求也会随着时代思潮变化而变化,所谓"鸳鸯蝴蝶式"的小说已是回光返照,再下去不会再走民国三、四年的红运了。于是,他就决定放弃过去的一切,"重建理想的新泰东"②。赵南公将重建的理想寄托在依据新思潮和新形势来科学合理地改组书局编辑部,并在1921年的日记中记下其改组的构想。"编辑所组织暂定四五人,首重文学、哲学及经济,渐推及法政及各种科学。文学、哲学由王靖担任,另聘成仿吾兼任科学,因成君能通英、法、德、日各国文字也。经济由凤亭担任。无为留日,作事须在半年后。静庐专任印刷,并另拨一人副之。……一切实行须在二(三)月初间,此时先作大体之商定也。"③陈福康先生于1988年发现的这则赵南公的新史料虽与郭沫若在《创造十年》中关于编辑部改组的回忆有出入④,但为适应新文化发展趋势,将文学作为泰东编辑部主要(首重)科目且有意聘请成仿吾归国组建新编辑部却是共同事实。实际上,成仿吾于1921年4月按时抵达上海,还带来了与他同行的郭沫若。成仿吾、郭沫若、田寿昌(田汉)等人在日本时曾托少年中国学会的左舜生为其所设想创办的纯文艺杂志寻找出版单位,左也奔走了几家,"中华书局不肯印,亚东也不肯印;大约商务也怕是不肯印的"⑤。成、郭二人原本也在积极寻求同人刊物出版单位,在寻求无果较为被动的情况下,泰东编辑部改组的计划给了创造社同人施展才华的机遇。

重用郭沫若成为创造社同人汇聚的枢纽。郭沫若本是与成仿吾"不请自来"的同行者,但商人出身且思想趋新的赵南公显然更倾向于已发表新诗且略有影响的郭沫若。日后郭也回忆,"看见了我的商品价值还不坏,便把我一同留下"⑥。他留在泰东后果然不负众望,迅速开始编撰诗集《女神》,改译《茵梦湖》,并照西洋歌剧形式改编《西厢》。"仅一年时间,《女神》便印了三版,《茵梦湖》印了六版,《西厢》也印了三版。就在当时赵南公也看出郭沫若的能力与潜力决非他麾下原有的干将所能匹敌。"⑦ 郭沫若的成功

---

① 张静庐:《在出版界的二十年》,上海书店1984年影印版,第92页。
② 同上。
③ 中华文学史料学学会:《创造社元老与泰东图书局——关于赵南公1921年日记的研究报告》,《中华文学史料》(一),百家出版社1990年版,第28页。
④ 据郭沫若回忆,"泰东图书局在那时打算改组编辑部,要分为法学、文学、哲学三科。李凤亭任法学主任,李石岑任哲学主任,是已经约定了的。李凤亭便推荐仿吾为文学主任。于是仿吾就决定了回国的计划,并把临到头的毕业试验也抛弃了"。见郭沫若著,郭平英编:《创造十年》,云南人民出版社2011年版,第61页。
⑤ 郭沫若著,郭平英编:《创造十年》,云南人民出版社2011年版,第76页。
⑥ 同上,第67页。
⑦ 刘纳:《郭沫若与泰东图书局》,《郭沫若学刊》1998年第3期。

赢得了书局信任，赵南公同意为其出版同人刊物。且有意将书刊审定大权移交，"予决定将杂志一律停刊，专出单行本，审定权归沫若。并定将已出版各书一律由沫若审查一遍"①。这为同人汇聚及创造社正式成立打下了坚实基础。站稳脚跟且拥有一定主动权的郭沫若，迅疾写信到日本，请郁达夫和郑伯奇回国，他们三人也几乎成了泰东编辑所内较为稳定的创造社同人。因新办《创造》季刊，郭沫若、郁达夫、成仿吾三人又轮流主编。在策划"创造社丛书"时，郭沫若最早编定的诗集《女神》为丛书之一后，又陆续收朱谦之、郁达夫、张资平等人著作为丛书的后续计划。这期间郭还发掘了"这要算是我在马霍路遇着的一粒砂金"的邓均吾，后来也成为创造社刊物的主要撰稿人。这样，以郭沫若为中心，创造社初期的主要成员在原有基础上更加巩固，创造社"是以郭沫若为中心建立起来的，这是不容否认的事实"②。但若没有赵南公看重郭沫若的新文艺商业价值并邀其与书局合作，通过杂志与丛书凝聚创造社同人的步伐也就无从实现了，新文学的原本面目或许就会因此改写。

二、新文学的出版转移

泰东图书局不仅通过历史性汇聚创造社同人实现新书局对新文学创作队伍的空间拓展，还通过出版转移实现对新文学阵地建设的推进。

从《新的小说》到《新晓》，是泰东图书局抢占新文学阵地的初步尝试。1919年新文化运动兴起后，泰东图书局专门成立编辑部，也尝试寻求开"新"路的准备。1920年后的一年左右时间，"泰东"先后编辑和开发了"新"字打头的刊物，如《新的小说》、《新人》以及《新人丛书》、《新潮丛书》等系列图书选题。这些书刊，都是泰东在当时的"新潮"尝试。其中，在赵南公大力支持下，由编辑部张静庐担任主编的《新的小说》杂志便是泰东图书局最早涉足的新文学阵地，也是至今未引起学界足够重视的一本民国前期的重要文学期刊。对于为什么要在小说前面加"新的"两个字，张静庐在《创刊话》中做了说明，一是"中国旧小说和现在坊间流行的一类小说都是不合现代潮流的了……"；二是"旧社会的万恶旧习惯的罪恶，已渐渐的暴露出来，处处是表示不合现代的潮流了……"；表示要用"'新的'文化来改造旧社会，'新的'思想来建设新道德"作为办《新的小说》的旨趣③。这样的"新"认识与当时新文化运动的步调趋于一致，

---

① 中华文学史料学学会：《创造社元老与泰东图书局——关于赵南公1921年日记的研究报告》，《中华文学史料》（一），百家出版社1990年版，第29页。
② 王延晞、王利：《郑伯奇研究资料》，知识产权出版社2009年版，第53页。
③ 《创刊话》，《新的小说》1920年第1卷第1期，第2—3页。

其办刊宗旨也具有新文化先锋刊物的追求，泰东想借把小说作为通俗教育的一种来补助社会教育之不足的愿景也收到初步成效。"《新的小说》出版后，倒有四五千份的销路。浅薄尽管浅薄，幼稚尽管幼稚，在当时，上海还正是'礼拜六派'小说盛行时代，一本不伦不类的上海人打话'半栏脚'式的新刊物，能有这样的销数，确实不能说他坏。"①正是因为《新的小说》所开创的文艺新路试水成功，赵南公作为书局老板，对此一直都报以大力支持的态度。1921年4月，郭沫若和成仿吾来到泰东后，考虑到编辑部来了新人亦必安排，赵南公提出的编辑所精简方案中，在办杂志方面，仍坚持"《新的小说》、《家庭研究》积极进行"②，可见，赵南公对泰东图书局早期以《新的小说》为代表的新文艺阵地尝试较为满意。由于编辑部工作调整和赵南公信任，张静庐后来负责编辑部出版工作和营业方面事务，《新的小说》从第七期起由王靖接编。由于《新的小说》产生在现代新小说初创期，虽有些作品在艺术上达到较高水平，但相当一部分作品因处在草创期而显得思想性、艺术性不够，"到后来西洋镜拆穿了，遭受了一般读者的唾弃"③。当有意创办纯文学刊物的郭沫若来到泰东编辑部并获得赵南公信任后，书局便有意请他来主编，郭沫若甚至把即将接编的《新的小说》另改名为《新晓》，但由于王靖不肯放手，郭也就乐得做自己的事。从《新的小说》到《新晓》，虽然其影响力越来越弱，但却是赵南公"趋新"思路的试水，也显示了泰东图书局早期的新文艺刊物出版转型尝试。

支持"创造社"书刊成功发行，既是泰东图书局新文学出版转移的战略延续，也促进了早期新文学创作阵地空间的拓展。出于书局经济利益考虑并意在新文学道路上坚持继续前行，当《新晓》后期影响逐渐弱化后，赵南公把办新文学刊物的希望寄予信赖有加并有意出纯文艺刊物而不得的郭沫若，"予到编辑所，与沫若谈《新晓》事，彼亦言恐不能按期出版。乃商决仍由王靖主持，另出一种季刊，名《创造》，专容纳沫若同志等文字"④。《创造》季刊最早是由赵南公和郭沫若商定，后郭沫若返回日本征求郁达夫、张资平等关于《创造》季刊的讨论会便成了"创造社"同人正式结社的来由。王靖借《新晓》闹出盗用郭沫若稿件风波事件后，赵南公更是当机立断，"杂志停刊，继续《创

---

① 张静庐：《在出版界的二十年》，上海书店1984年影印版，第91页。
② 中华文学史料学学会：《创造社元老与泰东图书局——关于赵南公1921年日记的研究报告》，《中华文学史料》（一），百家出版社1990年版，第80页。
③ 郭沫若著，郭平英编：《创造十年》，云南人民出版社2011年版，第69页。
④ 中华文学史料学学会：《创造社元老与泰东图书局——关于赵南公1921年日记的研究报告》，《中华文学史料》（一），百家出版社1990年版，第33页。

造》"①，不仅停办《新晓》，而且以书局之全力支持《创造》季刊出版，并将编审大权移交郭沫若。《创造》季刊既是"创造社"同人结社的产物，更是泰东图书局寻求出版转型之路上"新文学"方向的战略延续。没有泰东图书局所一贯坚持并执行的新文学发展战略，没有赵南公对郭沫若的选择与信任，"创造社"得以在新文坛亮相的《创造》季刊或许不会出现，新文坛也可能因此会呈现出另一番历史面貌。对此，郭沫若也曾充满感激地回忆："像那时还未成形的创造社，要想出杂志，在上海滩上是不可能的。在不可能之中有泰东来承印，这当然是可以感谢的事。"②《创造》季刊创刊号在郭沫若的努力下，收集起一批高质量稿源，后因返日转交郁达夫编辑，创刊号出版后，"《创造》杂志大成功，或竟能出月刊"③。郁达夫的《茫茫夜》、郭沫若的《棠棣之花》、成仿吾的《一个流浪人的青年》、田汉的《咖啡店之一夜》等都成了红极一时的佳作，吸引了广大青年读者，创造社集束亮相也奠定了其在新文坛的地位。当然，《创造》季刊在成功延续泰东图书局新文学发展战略的同时也为其带来了良好的经济效益，此后，"泰东图书局就开始把全部出版力量放在新文学书籍的出版上"④。

赵南公不仅果断决策，支持《创造》季刊出版，还同意郭沫若所提出的"创造社丛书"出版计划。书局原有丛书出版计划并不景气，这从赵南公所提编辑所精简方案就可看出："《新人丛书》无善稿，宁暂停；《新知丛书》已出凡种，余以该社自组出版所，自难望其继续；《黎明丛书》已成交，而合同未立；《学术研究会丛书》本由该会自印，无关系。"⑤ 赵南公寄希望于郭沫若所设想的"创造社丛书"能为书局打开新局面，故当郭沫若前往日本，会晤同人落实《创造》季刊和"创造社"成立事宜时，"他还带有一项组织《丛书》的具体任务"⑥。事实上，《丛书》的筹备和出版比《创造》季刊的落实更加顺利，郭沫若、郁达夫、张资平、朱谦之等人著作作为"创造社丛书"之一、之二、之三、之四都顺利出版，且取得了较好反响，也为创造社同人在新文坛亮相提供了舞台。从1922年8月《创造》季刊第一卷第二期上所刊"创造社丛书"广告看，当时丛书规划已有8种，其中《女神》（郭沫若）、《革命哲学》（朱谦之）、《沉沦》（郁达

---

① 中华文学史料学学会：《创造社元老与泰东图书局——关于赵南公1921年日记的研究报告》，《中华文学史料》（一），百家出版社1990年版，第38页。
② 郭沫若著，郭平英编：《创造十年》，云南人民出版社2011年版，第76页。
③ 中华文学史料学学会：《创造社元老与泰东图书局——关于赵南公1921年日记的研究报告》，《中华文学史料》（一），百家出版社1990年版，第38页。
④ 谷馨山、赵树芬：《上海泰东图书局与新文学运动》，《文史资料选辑第八十七辑》，文史资料出版社1983年版，第104页。
⑤ 中华文学史料学学会：《创造社元老与泰东图书局——关于赵南公1921年日记的研究报告》，《中华文学史料》（一），百家出版社1990年版，第80页。
⑥ 刘纳：《郭沫若与泰东图书局》，《郭沫若学刊》1998年第3期。

夫)、《冲击期化石》(张资平)均为再版,另有《无元哲学》(朱谦之)、《一班冗员的生活》(郁达夫)、《迷羊》(郁达夫)、《星空》(郭沫若)正在印刷中规划出版,且附有广告词:"本丛书自发行以来,一时如狂飙突起,颇为南北人所推重,新文学史上因此而不得不划一时代。各书之已出者,皆将三版,未出者亦已多有订购。余书无几,购者从速。"① 这些作品在当时新文坛中都具有独树一格的品质,迅速抓住了众多读者的心。泰东图书局通过支持创造社同人刊物及丛书出版,顺利实现了新文学的出版转移战略,既为书局的发展开了新路,也从客观上拓展了早期新文学创作阵地的空间。

三、小书局的经营策略

泰东图书局之于创造社及新文学空间拓展的历史功绩不可抹杀,作为一个知名度并不高的小型民营机构,其实力远不可与当时商务印书馆、中华书局等大型出版机构相媲美,但在"五四"时期,通过书局、出版与文人结社互动,达到以作家群落整体方式推进新文学空间拓展的历史效果,泰东作为小书局的历史功绩丝毫不亚于同业的出版巨头。究其原因,小书局灵活且新进的经营策略是关键,主要表现为以下几个方面。

一是"趋新"的选题策划。选题是出版活动的起点,也是关涉出版物质量,影响出版单位生存发展的重要环节。泰东图书局自赵南公确定要"重建理想的新泰东"后,就专门成立编辑部,并任用张静庐、王靖、王无为三位干将。1920年后的一年多时间,不仅先后由书局主编了两本"新"字打头杂志——《新的小说》与《新人》,而且在图书选题上也尽量走"新潮"路线,如三种系列丛书"新人丛书"、"新潮丛书"、"小本小说",此外,还编有《〈尝试集〉批评与讨论》(胡怀琛编)、《政治经济学》(陶乐勤译)、《教育哲学》(杜威演讲)、《近世社会学》(覃寿公译述)等文学、教育学、哲学、社会学等适应文化新潮的选题。以赵南公为首的泰东图书局思路先进,在选题策划上正在转向潜在且有广阔空间的新文化市场,这些举措在推动泰东图书局由旧向新转折过程中起到了关键作用,也为小书局抢占新文化市场份额打下了基础。尔后赵南公因看重"新文化的商业价值"而重用郭沫若,在书局选题策划上也将出版精力转向有广泛新文化影响的郭沫若及其"创造社"同人,先以《创造》季刊替代《新的小说》,在图书选题上也先后策划并同意实施"创造社丛书"、"创造社世界名家小说集"、"创造社世界少年文学选集"等出版计划。不断"趋新"的选题策划,不仅保证了泰东图书局在激烈的新文化出版格局中占有一席之地,而且对"创造社"同人亮相及新文学的推进具有历史

---

① 《创造》季刊第1卷第2期,1922年8月。

功绩。

二是注重培育并借用读者力量。泰东图书局在新文化市场趋新转向过程中，因为没有商务印书馆等大书局的出版实力与长效机制，在注重"趋新"出版选题的各个阶段，非常重视通过培育、借用读者力量，来提升书局新文化读物的市场份额，从而抗衡与大型出版机构的竞争。泰东初涉"趋新"出版选题时，就曾以"新人社"和"上海新潮社"两社名义刊登《特别启事》，向读者推出"书报廉价券"促销方法。"本社现承泰东图书局赠'书报廉价券'三千张，凡两社社友及预定《新人》或《新的小说》全年者，皆得函索"①，并声明持券者购买由泰东图书局发行的杂志（预订全年，否则无效）照定价七折计算，购买书籍及"新人"丛书（新人社编）、"新潮"丛书（上海新潮社编）等，照定价五折计算。泰东书局促销的预约和预订，固然让出了出版后的优惠折扣，但也吸引了读者资金汇集，成为泰东作为民营小书局的融资手段之一。当泰东围绕"创造社"同人策划趋新选题时也进一步延续了重视读者的策略。早在赵南公与郭沫若商定出版《创造》季刊，由郁达夫草拟刊发的《纯文学季刊〈创造〉出版预告》中，在"创刊号内容一斑"里，就向读者大众介绍了即将面世的《创造》季刊开设有"读者俱乐部"②专栏，专供新进作家发表创作及交换智识之用，这是泰东所支持的新刊吸引读者大众的新举措，"民国时期出版社办读者俱乐部，借以促进本版书销售，就是从泰东开始的"③。在《创造》季刊发行一周年纪念时，书局借创造社名义又发行优惠券，"Mayday是本志的诞生日，他今年算满了一岁了。我们深感读者诸君扶助他的厚爱，我们此次纪念他，发行这种优待券以志薄谢。a、执此券直接向上海泰东图书局总发行所购买本社出版书籍者一律照实价八折；b、此券效力无论购书多寡均以一次为限；c、此券效力以三个月为限"④。这种吸引受众的优惠方式同时也为书局和社团培育了较为固定的新文学读者群。此后，泰东图书局培育读者的优良传统不断延续和升华，还首创建立了"读书合作部"，其刊登于《申报》的广告为我们呈示了其对读者的重视和期待。"本局创办已十有七年，始终以宣传文化自矢，始终站在时代的前面，为读书界尽其先驱的责任。这次组织读书合作部，情愿牺牲大部分的经济，而给读书界以种种优厚的利益，就要是智识恐慌的我国读书界，得到我们充分的供给，便可兼程直上文化发展的路上去。现届春季始业，我们以十二分的诚意，热望读书界及时踊跃参加，与出版界联成一气，通力合

---

① 刘纳：《创造社与泰东图书局》，广西教育出版社1999年版，第73页。
② 《纯文学季刊〈创造〉出版预告》，《时事新报》1921年9月29—30日。
③ 吴永贵：《民国出版史》，福建人民出版社2011年版，第164页。
④ 《创造》季刊第2卷第1号，1923年5月1日。

作！"① 书局所首创的读书合作部规模大，组织方式也很缜密，分国内组、日本组、欧美组三类，会员以四年为一期，分别享受永远廉价购书、自由发表作品、参与论文竞赛、赠送有价书券、公开选送留学、介绍正当职业等六大会员权利。泰东所建立的民间读书会组织，在运作方式上也借鉴了国外书业界同行的一些做法，在民国各大书局所办读书组织中都算佼佼者，通过"读书合作部"既能做好组织读者的工作，又能保证新文化出版物的基本销量，为"五四"新文学的推进做出了历史功绩。

三是重视出版发行与书刊广告。泰东图书局虽是一家民营小书局，管理体制及经济状况亦不及大型书局成熟与稳定，书刊的成功出版虽与本身质量密切相关，但与书局"人尽其用"的策略和对编辑出版与营销的重视也分不开。赵南公把张静庐从《新的小说》杂志编辑岗位调离，而委以书局出版和营业方面的重任，既是出于对张静庐杂志编辑成绩的肯定，更是看重张静庐善于出版与经营的特长，以期对书局的书刊出版发行提供保证。在主管泰东出版发行工作的两年间，张静庐"有爱书的怪癖，所以将一本书从付排到装订出版，都由自己亲手照料，真有说不出的快乐。而与营业方面的'生意经络'，倒也感觉相当的兴趣。责任的驱使，下雨落雪都要到太平洋印刷公司去走一遭。日夜工作，乐此不倦"②。在他手上泰东发行了文学史上著名的"创造社丛书"前两种——《女神》（郭沫若）和《革命哲学》（朱谦之）。另外，影响较大的郭沫若译著《茵湖梦》也在这一阶段出版。转型后泰东图书发行的成功，既离不开紧跟时代的"趋新"选题，更与张静庐在出版与发行工作方面的付出紧密相关。前期"创造社"同人书刊所取得的成功也离不开编辑印刷、出版发行的努力。在中国新文学杂志由竖排改横排的历史上，泰东发行的《创造》季刊也是起到了开路先锋的作用。由于第一期创刊号出现诸多编排和刊印错误，1922 年 8 月 25 日，《创造》季刊第一卷第二期就开始改横排出版发行。对此，刊物发起人郭沫若在该期《编辑余谈》中说："之于印刷方面，我觉得横排要便利而优美些，所以自本期始。以后拟一律横排；第一期不久也要改版，以求画一。"③ 改版后的卷次、期数和页码数由汉字改为阿拉伯数字。期刊横排编印，传统从上至下的阅读习惯改为西式的从左至右，这也是中国新文学刊物发展史上的先河。往后尤其是中华人民共和国建立，要求期刊、图书一律改为横排编印的实践证明（少数古籍可保留竖排），泰东的这种出版发行策略，对于推动刊物的传播接受是大有助益的。

同时，泰东还非常重视书刊广告宣传。张静庐在负责经营业务时，就采用过多种广告手法促销、宣传本社期刊。泰东图书局自己发行的期刊中，就经常有自我宣传广告，

---

① 吴永贵：《民国出版史》，福建人民出版社 2011 年版，第 401 页。
② 张静庐：《在出版界的二十年》，上海书店 1984 年影印版，第 95 页。
③ 《创造》季刊第 1 卷第 2 号，1922 年 8 月 25 日。

如"泰东出版'四大杂志'会刊"、"泰东出版的五大期刊"、"本局发行新刊一览",通过在期刊中刊登新出版的期刊目录,以达到促销宣传效果。"这项工作由张静庐负责后,他改变了以往泰东图书局图书广告套语连篇的通行模式,建立起浅白通俗的广告风格。"① 同时,泰东还不失时机地在新出书籍中为期刊、丛书及新书做广告,如在1924年8月再版的《鲁森堡之一夜》书后,就刊登了整整8页广告,涉及文学类的就有杂志书刊(含《创造》季刊、《创造周报》等)、标点古书(含《老子道德经》、《庄子校译》等)、杂志特刊(含《新的小说》恋爱号、托尔斯泰号、新年号、周年纪念号;《创造》季刊雪莱纪念号等)、四大定期刊物、创造社丛书(共10种,其中8中已出,2种印刷中)、创造社世界名家小说集、创造社世界儿童文学选集、创造社辛夷小丛书等,几乎涵盖了泰东图书局全部类别的新文化书刊。这种集束式广告呈现的方式对扩大书局销量、抢占新文化阵地是很有作用的。此外,在《申报》等其他报刊媒介上也能时常见到泰东的广告。

总之,泰东图书局作为民国早期兴起的小型民营出版机构,书局编辑部改组和重用郭沫若实现了创造社团同人的有效汇聚,促进了早期新文学创作队伍由少数精英推动、引领到集体同人群像呈现的转变。同时,泰东图书局在"重建理想"思路转型中果断放弃原有出版计划,全力支持《创造》季刊和"创造社丛书",通过出版转移实现了对新文学阵地建设的空间推进。能够在书局、出版与文人结社互动的场域中与大型出版机构抗衡并在新文学阵营中表现抢眼,泰东图书局"趋新"的选题策划,培育、借用读者和注重出版发行与书刊广告的灵活、新进的经营策略也成了制胜因素。可以肯定的是,转型期间泰东图书局的新文艺出版尝试对早期新文学的空间拓展是有历史功绩的,即使其后期因经营、管理不善而导致与创造社分手也不能抹杀这一事实。相比于蔚为兴盛的新文学社团、期刊研究而言,作为现代出版机构的新书局,尤其是经济实力弱、经营管理体制有待完善的小书局,对新文学生成与空间拓展作用的研究亦应引起学界重视。在此,以泰东图书局为例探讨新书局与早期新文学的空间拓展问题,以期建立一种文学—社团报刊—现代出版系统共存的新文学研究整体历史视野。

(作者单位:武汉大学文学院、怀化学院)

---

① 宋应离、袁喜生、刘小敏:《20世纪中国著名编辑出版家研究资料汇辑》(第四辑),河南大学出版社2005年版,第525页。

| "大文学" 视野 |

"战时经济生活"视野中的"未完成"文本
——再论李劼人长篇小说《天魔舞》①

廖海杰

相比已基本进入中国现代长篇小说经典序列的"大河三部曲",李劼人20世纪40年代中后期创作的长篇小说《天魔舞》在文学研究界受到的关注度并不高。这部1947—1948年间在成都《新民报》连载的作品,迟至1981年才作为《李劼人选集·第三卷》出版单行本,很可能出于作者本人的不满意。在1956年所作的《自传》一文中,李劼人将《天魔舞》称作"未完成的",认为"写得并不精练",并"准备以后有空重新写过"②。当然,1956年李劼人的文章能多大程度上真实代表他对这部作品的看法是一个问题,比如文中"这部小说是描写国民党时期买办资本家的腐朽和特务们的横行"的表述,显然与现在见到的小说情节相去甚远,《天魔舞》中并无资本家与特务的踪迹,而且若是如此政治正确的主题,又怎会迟迟未能修改完成出版?因此依据作者本人在特定时代的说法来构建小说的接受视野,认为其成就不高加以忽视便过于草率了。毕竟,《天魔舞》是李劼人完成三部曲后的唯一一部长篇,是李劼人唯一一部在写作时试图关注现实的长篇,也是20世纪40年代中国现代长篇小说成熟期涌现的一部名家之作,它是否真是一部"暴露与讽刺"国统区黑暗现实的单纯政治主题作品,又是否带有一些李劼人在计划修改时感到为难的特质?它在哪些地方"写得并不精练",又在何种意义上"未完成"?如何评价它的文学成就?本文试图对以上问题进行探讨。

---

① 本文受到四川大学研究生科研创新项目"战时经济生活与抗战文学的'国难财'书写"(2018YJSY022)资助。
② 李劼人:《自传》,见《李劼人选集》(第一卷),四川人民出版社1980年版,第13页。

一、"经济"的发现

《天魔舞》以抗战后期经历着恶性通货膨胀的成都为背景,写了两对男女在经济紊乱中的聚散离合,通常被当作一部平庸的"暴露与讽刺"之作。1981 年由四川人民出版社出版单行本后,当时的研究界基本延续了李劼人 1956 年《自传》中的视阈——"生动地反映了抗战时期国统区社会生活本质的一些方面:四大家族及其爪牙消极抗日,积极反共反人民,大发国难财,和敌伪勾勾搭搭"[1],"暴露出人民头上有一张怎样庞大、狠毒的吸血网,其罪魁祸首就是四大家族"[2],"揭露国民党反动派假抗战、反人民的丑恶本质"[3]。将《天魔舞》绑定在政治批判意义上,不但窄化了文本的释意空间,也更凸显出小说的种种"缺陷"——以一部政治批判小说的标准看,《天魔舞》无疑太松散、太多离题,正如杨义所敏锐意识到的,"作品在描写两双男女的悲欢离合时,缺乏严密的交织,二者的意识取向又不甚统一,相互映衬的作用较为薄弱,这就使得许多精彩的片断难以组合成一种集中的气势和完整的意境"[4]。不过,"难以集中完整"或许并不意味着小说艺术的必然失败,反倒说明作品"另一面"的存在,以及对其进行阐释的必要。近年来的研究,对重新认识这部小说的价值已有了一些推进。张义奇将《天魔舞》视为与《寒夜》齐平的作品,称之为"大后方文学的双城记"[5]。洪亮认为《天魔舞》是"一部讽刺杰作",同时使用了"人性"、"人欲"的视野来进行阐释,从而使天魔舞的批判对象从高层政治转移到民间,认为"这就使它超越了一般的政治批判作品,而具有了更加丰富的内涵"[6]。看到小说中在政治之外的人性是视野上的一大新拓,但这对于小说结构上的失衡问题、总体的"未完成"问题,以及《天魔舞》与 20 世纪 40 年代绵延大后方的恶性通货膨胀之间的关系,还有可待深入探讨的空间。

如果"暴露黑暗"和"人欲的批判"并不足以概括《天魔舞》的主题,那就需要重回历史事实中进行考察。将战时大后方的恶性通货膨胀产生的"战时经济生活"作为视

---

[1] 洪钟:《试析李劼人的〈天魔舞〉》,《社会科学研究》1982 年第 6 期。
[2] 李士文:《评李劼人长篇小说〈天魔舞〉》,重庆地区中国抗战文艺研究会等编《国统区抗战文艺研究论文集》,重庆出版社 1984 年版,第 213 页。
[3] 邓经武:《群魔乱舞的抗战大后方社会写照——读〈天魔舞〉》,《四川师院学报》(社会科学版) 1983 年第 2 期。
[4] 杨义:《中国现代小说史》(第二卷),人民文学出版社 1988 年版,第 440 页。
[5] 张义奇:《大后方文学的双城记——〈寒夜〉与〈天魔舞〉异质同构的悲剧叙事》,《当代文坛》2011 年增刊一期。
[6] 洪亮:《恶浊的时局,人欲的乱舞——读李劼人的〈天魔舞〉》,《广播电视大学学报》(社会科学版) 2013 年第 2 期。

———"战时经济生活"视野中的"未完成"文本———

野,不难看出,《天魔舞》是一部独特的、以"经济关系/经济生活"为基底构建故事,试图志录成都抗战后期的社会风貌和文化心理、同时精细刻画出人性在通货膨胀和投机空间双重逼迫下的嬗变的小说,而这也正是它的独特性所在。

正如柄谷行人在《日本现代文学的起源》中颇有穿透力地提出"风景"的发现,中国现代文学中"经济"的发现亦是现代性的重要表现。传统的农耕时代也有经济关系,但那种碎片式的、小规模的经济想象,与现代民族国家确立后文学对整体经济关系的发现,不可同日而语。20世纪30年代,蔓延国际的经济大萧条引起了国内经济的一系列后果,从而使得"一种潜隐的、原本只能靠理性把握的经济运行机制终于成为具体可感的社会经济现象,它所引发的一系列轰动性事件也开始作为'题材'为作家所关注和选择"①。在左翼作家的一系列社会剖析小说中,如《春蚕》、《子夜》、《林家铺子》等,就初步出现了这样的经济想象——将乡村、城镇、都市视为经济组织上的链条,推演到对经济关系的整体把握。20世纪40年代因抗战的需要,税源沦陷的国民政府采用了超量发行法币的通货膨胀政策筹措军费,却因管理不善而造成了严重的恶性通货膨胀,物价飞涨的同时又异化出了种种投机空间,这对后方社会生活的冲击是巨大的,从而构成了《天魔舞》的故事发生背景。《天魔舞》之所以在"暴露与讽刺"视阈中显得若即若离,最重要的就是它是以恶性通货膨胀中开始凸显的"经济关系/经济生活"作为内核来结构整部小说。

"经济关系/经济生活"内核在全文中最明显的体现,是它作为了全文两条线索(后文称为陈登云线和白知时线)的最终交汇点。《天魔舞》是一部双线叙事的长篇小说,这本身并不奇特,外国文学中远自托尔斯泰《安娜·卡列尼娜》、近到村上春树《1Q84》都采用这种形式,中国文学里"花开两朵,各表一枝"在白话通俗小说亦比比皆是。复线叙述的小说,最考验作者功力、也最意味深长的部分常常发生在情节线交汇点。《天魔舞》前半段,小说两线并未发生真正意义上的交汇,仅有一些偶遇式的接触——如第一章陈登云在躲警报时正好遇见了自己曾经的老师白知时未上前相认,第十章经过闹市时陈登云又看见了劝阻枪杀逃兵的白知时,第十九章陈登云去飞机场接货的时候遇见了白知时的内侄黄敬旃,以上的这些偶遇或为草灰蛇线的布置,或为转换情节线的节点,缺乏可传递的意义。真正意义上的双线交汇发生在小说的倒数第二章"锦绣前程"。在这一章里,白知时、唐淑珍夫妇并未与另一对陈登云、陈莉华相遇,而是通过了这样一种颇有意味的经济关系连接起来——1945年初,日本人在豫湘桂战役中取得突破,直逼贵阳,成都市面一片惊恐。八达号在"大老板"的指令下结束,准备搬迁前往西昌,陈登

---

① 李哲:《经济·文学·历史——〈春蚕〉文本的三个维度》,《文学评论》2012年第3期。

云和陈莉华因资金周转不灵，不得不折价转让囤积已久的货物，而在新婚妻子唐淑珍说服下决定改行的白知时，毅然判断形势不会转向恶劣、日本人不会打到成都，因此人心惶惶、市面降价的此刻，正是抄底的时机。于是，通过偶然的中间人搭桥，白知时、唐淑珍夫妇买下了陈登云、陈莉华囤积货物的一大半。昔日的学生、老师关系，如今在不自知的情况下连接为买方、卖方的交易关系，挂靠神秘"大老板"（显然影射着国民政府高层官员）发财的寄生阶层与民间抵御物价上涨而做生意的平民也通过经济关系联系在了一起。同时，这场交易成为新婚的白知时夫妇的第一笔生意，也成为陈登云、陈莉华姘居关系最后解体的钥匙，故事以此作为双线的交汇和小说的结束，有着绝妙的反讽和深厚的意义。"经济关系"在这个节点的出现，点题了整部小说的核心——"天魔舞"，不是字面上理解的什么魔鬼的舞蹈，不是要抨击哪一部分人的穷奢极欲，而是更接近它在历史中的意思，即亡国之音。"经济关系/经济生活"失控之后整个社会面临的崩溃，正是作者所试图记录、呈现的。

除了这个意味深长的交汇点，作者在情节双线上也做了许多近似交响乐上"对位法"的安排，而"经济关系/经济生活"也渗透于"对位"中的方方面面。两条线情节，两对情节，各自代表着一个对立项——陈登云和陈莉华代表着更靠近高层、借助政治力量的经济投机者，白知时和唐淑贞则是更贴近民间的、跑黑市的经济投机者，一上一下是为对位；陈登云和陈莉华是由故事开始之初的姘居关系走向破裂，而白知时和唐淑贞是由房东房客关系走向结合，一分一合是为对位；陈登云和陈莉华、白知时和唐淑贞关系，虽都有李式小说中常见的"女强男弱"构造，但婚姻经济基础上，前者是女靠男，即陈莉华依托八达号副经理陈登云的资源，后者是男靠女，即白知时向唐淑贞学习跑黑市的经验，仍是对位。这种对位一方面有着结构上的对称考虑，形成了一种环状效果，另一方面则反映出作者全景式的、环状包容的企图——正如符号二分所意味着的封闭结构，写清楚对立分节的两面，就似乎呈现了经济与生活的全域。更有趣的是，两对情人的结合过程，也或多或少在自然的生活逻辑下，有着"经济关系/经济生活"的影子。陈登云本是一个学生，在重庆工作，无所事事，又追求漂亮女同事失败，赶时髦准备取道成都去陕北，途中与同行的庞兴国先生认识，进而阴差阳错借住到他家中。陈登云的借住某种意义上带给了庞先生经济效益，特别是庞先生东施效颦发国难财（囤积鸡蛋）失败后，是靠着陈登云二哥（陈起云利用战争中的政治投机，此时已成为"大老板"身边的红人）的关系介绍到重庆去任职的。而在家中已有勾搭的陈莉华，之所以以姐姐身份勾搭陈登云，某种意义上也是看中了陈登云圈子里的社交红利和经济机会。普通的、原始生命力的人欲和处于底层的经济关系，天衣无缝地融合在一起成为人物行动的动机。此后，陈莉华和陈登云既是姘居关系，也是合伙做生意的伙伴关系。也正因此，八达号

——"战时经济生活"视野中的"未完成"文本——

接到结束成都业务、迁往西昌的指令后,才会令二人的关系发生致命的危机,因为两人的姘居本身就不是一种预备结婚的婚恋关系,而是掺杂了浓厚的经济考虑在内,于是,当两人共同囤积的货物卖完之后,两人的关系也走到了尽头。另一条情节线,白知时与唐淑贞的再结合中,也渗透着不少经济层面的考虑——白知时在面临唐淑贞的追求时,经济情况已较为恶劣,教书多年的积蓄被通货膨胀剥夺得所剩无几,若不是靠着帮唐淑贞的儿子补习功课,几乎连房租也无法负担。由此,拒绝唐淑贞的提议,几乎就将断送白知时在成都的生存基础,但毕竟唐淑贞是个抽鸦片又没有文化的女人,却在经济地位上胜过自己,这让白知时颇有些犹豫。这里,唐淑贞的经济优势不但使白知时在现实考虑层面难以回绝,也使他难以痛快答应——经济实力上的女强男弱在传统伦理中有着挥之不去的"入赘"嫌疑。唐淑贞一面,选择白知时作为结婚对象,固然也知道彼此性格上的差异,但从现实层面考虑,白知时的老实、有文化,也有其长处。这里,唐淑贞的考虑仍是一种属于"经济人"的理性权衡,白知时虽然缺乏经济实力,但在她的期望中能被改造为做生意的助手,最大限度增进未来幸福的可能,而后白知时被说服转行做生意后所显出的经济头脑,也令唐淑贞欣喜于没看错人。经济关系作为背景和底色或隐或现地出现在两性关系中,在今天这个市场高度发达的时代看来,本平淡无奇,但在恶性通货膨胀蔓延的20世纪40年代,李劼人的书写确实显现出经济压力对世道人心的形塑。

作为本作的女主角之一,陈莉华尽管仍与《死水微澜》中的邓幺姑、《大波》中的龙兰君一样,属于李劼人作品中的"不安分女性"谱系,但也已经有了新的变化——清末民初的邓幺姑、龙兰君的强势中,出于个人情欲的因素更强,而陈莉华则显然有更多经济层面的考虑——直到小说最后,准备去乐山回归家庭,在等车时的陈莉华,还羡慕着罗罗作为交际花的地位和经济权力,而不愿让人知道她回到没有本事的丈夫庞兴国身边的决定——简而言之,正如小说中所议论到的,抗战时期的特殊经济环境,尤其是现代意义上的大规模货币贬值异化出的投机空间和切实逼近的生存压力,使"商业意识"、"经济逻辑"在人们心中发现、生长、膨胀,对经济实力的考量或许并不能以"唯利是图"一言概之,但确实广泛入侵到社会文化层面,乃至进入大后方地区的意识形态元语言层面,由此引发的私欲膨胀和道德解体与陈莉华身上原本的"不安分女性"灵魂相对话、相塑造,可以说,陈莉华是20世纪40年代的邓幺姑、龙兰君,更现代版的邓幺姑、龙兰君。

"经济关系/经济生活"作为小说内核由20世纪40年代的李劼人写出,其实是再自然不过的。写作《天魔舞》之前的整个抗战时期,李劼人除参加文协成都分会的活动外,主要是作为乐山嘉乐纸厂的董事长而工作。在严酷的战时经济压力下,在为工厂的生存而思索、奔走、决策中，李劼人对"经济关系/经济生活"可谓感受深刻①。有论者将李劼人的身份定位为"非正统的现代杂家"②。确实，李劼人的情况与在20世纪30年代率先发现"经济"的茅盾相似，跨界带来的出位之思使"经济"在文学中清晰地出现。不同的是，从《春蚕》三部曲到《子夜》中的经济想象依托于茅盾对左翼社会科学知识的学习，通过情节对原理进行重述和演绎，而《天魔舞》的经济想象则来自作者自身对社会的自成一家的观照和体验。不是国民党统治的黑暗统治，而是"经济关系/经济生活"，才是《天魔舞》的内核，也正是这一内核使得这部小说不得不"未完成"。

二、"未完成"：经济本体进入文学的困境

虽然李劼人在1956年的《自传》中将《天魔舞》称为"未完成"，但目前见到的从报载收集而来的小说其实是完整的，那么这里的"未完成"所指的，就并非小说未写完，而是作者认为还存在可修改或重写的空间。李劼人本是一位精益求精的作家，在20世纪40年代时他就对一些译本进行了重译，50年代对"大河三部曲"的修改和重写虽被视为受到新的文化氛围的压力，但也不能说完全没有艺术上的考虑。同样，对《天魔舞》的修改或重写计划，在1956年后确实被纳入了李劼人的日程，《自传》提到"准备以后有空重新写过"，1957年发表的《谈创作经验》也说"将来还可修改"③，而在《读书月报》1958年第8期的《著作消息》栏中，更有消息称李劼人"还在做一部长篇小说'天魔舞'（暂名）的创作计划。这部小说是反映从抗战胜利到全国解放前夕这一时期，四川在反动统治和美帝国主义经济侵略下，天怒人怨、民心解体的故事"。这里对小说情节的概述与目前看到的文本仍不符合，《天魔舞》故事发生在抗战后期，并无美帝国主义经济侵略一事，不过结合1956、1957和1958年的这三条材料，可推测50年代作者确有修改或重写《天魔舞》的计划，但至1962年作者病逝，这项工作还未见展开。当然，这也许是因为李劼人将它排在写完新版《大波》之后再进行，也许是因为《天魔舞》的修改更有难度，毕竟涉及政治性更强的题材，但不论未完成的原因是什么，在50年代，《天魔舞》都面临着双重意义上的"未完成"，一是小说虽以报载形式面世，但作者对其

---

① 《李劼人全集》（第十卷）中，现存的20世纪40年代李劼人书信，多是就嘉乐纸厂的经营进行调度和决策，细细读来，李劼人作为精明企业家的形象不难被发现。参见李劼人：《李劼人全集·第十卷》，四川文艺出版社2011年版。

② 冯勤：《"独特"的背后：非正统的现代杂家——关于李劼人思想建构特点的一种解析》，《四川师范大学学报》（社会科学版）2005年第4期。

③ 李劼人：《李劼人全集》（第九卷），四川文艺出版社2011年版，第248页。

——"战时经济生活"视野中的"未完成"文本——

结构和艺术还有不满之处,仍需打磨修改,所以未出单行本,"未完成";二是小说在新的时代下已不合时宜,故原先的报载发表不被视为发表,而仅被当成是"保留了许多素材",必须进行重写。

《天魔舞》在艺术上和思想上的双重"未完成",都与作品以"经济关系/经济生活"建构故事有着密不可分的关系。

首先,作为一部将故事的时间、地点设定为抗战时期大后方的作品,在20世纪50年代语境中,只有"暴露与讽刺"的路径可选。张恨水以战时首都重庆为故事发生场所的一系列小说,如《魍魉世界》、《八十一梦》等一般意义上的通俗小说能在50年代得到再版,正是基于此原因。不过,出版后还难免要加上这样的说明:"虽然我对抗战时期中国民党反动派的丑恶罪行暴露还很不够,究竟读者是可以从这里面知道一些。"① 当然,《天魔舞》以"暴露与讽刺"视野进行阐释并不存在难度,李劼人在《自传》中的表述,正是有意将作品的思想意义往这个方向引导。但《天魔舞》作为一部"暴露与讽刺"作品,在50年代严酷的批评环境中,极有可能受到批判——这正是它的"经济关系/经济生活"内核所埋下的隐患。《天魔舞》写了显然与国民政府高层有着某种联系的神秘商业组织"八达号",但围绕"八达号"所发生的情节却寥寥无几,仅是背景描写式地描绘出许多谈话的断片,如小说第八章、第九章、第十四章、第十九章的部分内容,只言片语中透露出检查队的私货交易、飞机场接货等内容,大量的篇幅用于谈话,几乎没有推动情节向前发展,正所谓"写得不精练"。陈登云线的主要情节波动却在他与陈莉华之私情的发生、发展、崩坏上。"坏人带黄"或许可为这样的情节分配辩解,但"没有反映出主要矛盾"、"没有直接揭露出官僚资本大发国难财的罪恶"等指责,显然不易避免。而对于"本质"的书写、对于"光明"的向往,在《天魔舞》中也是缺位的。同样涉及大后方经济事件的茅盾戏剧《清明前后》,就最终由民族资本家代表林永清之口响亮地喊出了"政治不民主,工业没有出路"的强音。《天魔舞》的氛围或许可称为压抑阴暗,但后半部尤其是白知时被捕和转行后的情节,却带有那么些荒诞的喜剧味,以及挥之不去的民间生存伦理,似乎显得白知时的转行经商不但不是一种"知识分子在黑暗现实下的堕落",反倒是一种自然而然的、合情合理的选择。这与20世纪50年代的主流观念更无疑是相抵触的。当然,即便是李劼人重写过的《大波》,在十七年文学中也是异类,但遥远的历史题材显然比20世纪40年代的大后方题材安全,《天魔舞》在这一层面的"未完成",几乎是必然的。

---

① 张恨水:《〈八十一梦〉前记》,张占国、魏守忠编《张恨水研究资料》,天津人民出版社1986年版,第257页。

其次，如果跳出20世纪50年代的主流观念，以今天的眼光看，《天魔舞》仍旧存在艺术上的一些"未完成"。最核心的问题便是小说叙述时间的节奏错乱和情节线分配的严重失衡，尤其是作者设计的、涉及官僚资本发"国难财"相关内容的陈登云线。该线情节停滞不前，小说缺乏推进的动力。与之相比，另一条白知时线，故事结构上却相当完整，它从"问题"始，以如何解决"问题"为发展，以"问题"的最终解决为结束，是一个创意写作学上经典的"冲突—行动—结局"①式结构。两条本身用来对位的线索，情节控制、叙述时间上都大不相同，确实容易给人缺乏交织、不一致之感。而陈登云线情节上的种种问题，细究起来正是以"经济关系/经济生活"为核心构建故事，又未能较好处理两个问题所致：一是作家自身的经济生活体验与政治批判预设间的纠缠，二是李劼人一贯的方志意识在面临复杂经济问题上的纠缠。

前文已述，李劼人在抗战时期作为嘉乐纸厂的董事长参与过经营活动，对战时的经济、商业、投机伎俩有一定了解，但故事中的陈登云线牵涉到的八达号，是一个某高层官员远程控制的商业投机机构，对这种带有阴谋性的"国难财"组织的想象在战时普遍存在，但既然该组织带有秘密性，作者又非内部人士，对它的具体活动的描述就或多或少存在困难。《天魔舞》直到第十章转入白知时线，之前皆是陈登云线的情节，但整整十章，近全书三分之一的规模，故事时间却只发生在一两天内，即陈登云和陈莉华躲警报一路上的见闻和陈登云在八达号半天的"工作"，一个一个场面流水账式地铺排，登场人物超过十个，小说却只是刚刚完成了"介绍人物"的基本步骤，只是一个开头。显然，这个长达十章的开头，占全书三分之一规模，本应承载一个更宏伟壮阔的故事。只有一个长度和广度接近《大波》的小说，才会使用一个如此铺排准备着的开头，令一般读者颇有些难以进入。许许多多的情节，比如八达号老金和夫人丁丁的故事，罗罗、爱娜等交际花的故事，八达号日常经营的更多细节，车夫赵少清、周安和佣人王妈的故事等等，作者都有所准备，但由于第十章后叙述节奏突然加快，只得蜻蜓点水一般略过，后面的情节篇幅并未沿着这些线索发展。之后，陈登云线的情节立足当下的只有去飞机场接货的部分，随后就是最后两三章的日本人进逼，八达号成都分号结束工作，陈莉华和陈登云的关系也随之结束。颇为怪异的是，这一线较为完整的情节竟然是十六、十七、十八三章"回忆"，即陈登云回忆自己抗战以来的经历，如何加入八达号，如何与陈莉华发展出情人关系等等。那么，为何会有这种"头重脚轻"、"一盘散沙"的现象出现？当然，这里并不是说一定要以衡量更通俗作品的故事性、情节完整度等标准来要求《天

---

① [美]杰里·克利弗：《小说写作教程：虚构文学速成全攻略》，王著定译，中国人民大学出版社2011年版，第50页。

魔舞》，或许也可以这么阐释——陈登云线"回忆"之外的情节如此散乱、停滞、无趣，本身就是对借用官僚势力发"国难财"的寄生阶层实际生活状态的素描和隐喻，他们整日跳跳舞打打牌的生活或许本就那么散乱、停滞、无趣。但更可能的情况是作者的政治批判预设促使他决定写一条高层官员腐败、参与"国难财"的线索，但阴谋式的、秘密的商业操纵对作者而言又不很熟悉，如此一来，应该细写的部分囿于经验无法写出，只呈现出一个个断裂的信息点，无法连缀成情节，而在作者一贯擅长的部分（如陈登云和陈莉华私情的产生、白知时的再婚困扰等）又写得流畅易读，读者观之产生不协调的感觉就不足为奇了。

  李劼人的所有长篇小说都带有强烈的方志意识，"大河三部曲"中对成都风俗人情的精细描绘、对本地历史的精确志录已成典范，《天魔舞》也不例外，是一部试图志录抗战后期成都社会风貌和市民文化心理的作品。这也正好可以理解作品的"经济关系/经济生活"内核，因为抗战中后期的后方大城市，通货膨胀造成的物价飞涨和投机风潮确实是社会生活中关乎每个人衣食住行的存在，此次发生于现代货币制度下的恶性通胀，是传统中国人的首次现代经济紊乱体验。有着敏锐历史感觉的李劼人当然捕捉到了这一点，也试图用小说加以志录，但将经济这一本体作为核心进行艺术转化本身存在困难。人类社会产生以来，经济活动便如影随形，但纵观文学史，真正直接描写经济活动（而不是以某个经济事件作为背景）成为经典的作品屈指可数。这其实不难理解，固然，经济活动中也有对抗性，也能折射出人性的曲折微妙，也能产生微妙而丰富的故事，但一来作家作为知识分子群体，对工商业活动本不熟悉，二来近代以来的经济运作愈加复杂，普通读者如若缺乏相关知识，会存在接受的障碍。茅盾《子夜》中直接描写公债市场等经济活动的篇章成为许多读者读不懂、不感兴趣的内容，就是一个典型的例证。十七年时期工业小说过于以"生产"为中心，执着于在小说情节中探讨一些专业技术问题，以至于挤压了生活和人性的书写空间，被视为"成就不高"，也是一例。简而言之，将"经济"本体直接进行艺术转化，是文学上一贯的难题。因此，许多看似与经济相关的成功作品，并非是对此进行"正面强攻"，而是在时代经济的大背景中，在经济生活的包裹下书写"人"的故事，在同样的战时经济生活大背景下，巴金的《寒夜》、张恨水的《纸醉金迷》、陈瘦竹的中篇小说《声价》便是尝试此种路径并取得艺术成就的作品。《天魔舞》其实也走着这一路子，双线中的白知时线如果单列出来，也是一部真切触碰到战时经济生活的好小说，但陈登云线之所以失败，正是由于李劼人在志史和写人的两种路径间游移——是志录战时经济活动中的"真实"，尽量凸显看不见摸不着的"经济关系"，并对官僚阶层的"国难财"行径进行批判，还是围绕"经济生活"做文章，写民间人情人性人生中的那些"常规"故事，换言之，在志录历史中的"经济关系"还是历史"经济生活"中的人之间，作家未能很好地取舍。这样观之小说，陈登云线分成了两部分。一部分是陈莉华和陈登云的情史，这段情史几乎与八达号成都分号的兴起与撤销对位和共振，也是读者相对能完整把握住的"故事情节"。但作者又认为，光写情史是不够的，试想，如若刨去陈登云的半官方投机者身份，刨去唐淑贞和改行后的白知时的民间黑市投机者身份，小说所写的无非是战时的爱情，而根本没有触及战时那独特的现代经济紊乱，这与作者一向强烈的方志意识不符。于是，李劼人加入了另一部分陈登云和陈莉华的活动所串起的关于战时经济的细节的志录，或曰叙述学上的"标记"，比如二人躲警报时，听到的关于小商人的抱怨，比如陈莉华去农家上厕所时，听到的农人的经济困境，比如陈登云去八达号"办公"时、去机场接货时，交谈和议论中听到的各种消息，以及作者作为叙述者亲自出场，摆出的各种从经济到文化的"龙门阵"，有论者统计，"差不多能占到全书篇幅的十分之一"①。可以看到，李劼人有以经济为力点，志录整个成都抗战后期社会文化历史的意图，但40年代现代通货膨胀所造成的整个社会的复杂经济关系和人性嬗变，远比《死水微澜》中教民与袍哥势力的消长、《暴风雨前》里革命派与改良的冲突、《大波》中的保路运动等等更为难以把握，尤其是在未能拉开历史距离的情况下。如穆旦写于1945年的《通货膨胀》一诗中将现代经济紊乱描绘为"无主的命案"，"我们的英雄还击而不见对手"；《天魔舞》中所插入的战时经济生活的方方面面也未能与情节有机融合在一起，只呈现出一幅断裂的"魔影"。"史"的意图与"小说"的意图、演绎世间百态的意图，在《天魔舞》文本中奇怪地混合。

如何将无形却繁杂的"经济关系"化入关乎人的"经济生活"的故事中，是所有试图把握现代经济的小说所面临的挑战。在这一普遍意义上，只完成了一条情节线索的《天魔舞》确实是一个初稿式的"未完成"的文本。

用文学志录战时成都经济生活的变异是《天魔舞》的宏大企图，但目前看到的文本呈现出大规模开头之后草草收场、情节双线失衡等等形式上的问题，归结起来正如李劼人自述的"写得不精练"和"未完成"。这种"不精练"和"未完成"，既是对20世纪50年代主流文化期待的政治批判的离题所造成的，也有着创作上的原因，如作家自身的经济生活体验与政治批判预设间的纠缠、倾向志录的方志意识与书写经济生活中人的纠缠等等。不过，《天魔舞》作为少有的以"经济关系/经济生活"为内核构建故事的长篇小说，敏锐捕捉到了20世纪40年代严重恶性通货膨胀对世道人心的形塑，并试图对之进行呈现，虽然"未完成"，但在白知时线情节中对战时经济生活中知识分子的"阶层

---

① 洪亮：《恶浊的时局，人欲的乱舞——读李劼人的〈天魔舞〉》，《广播电视大学学报》（社会科学版）2013年第2期。

分化"和"改行抉择"两个复杂面都进行了勾勒,展现出写实的、真正属于现实主义的魅力,读者能从中真切地看到战时经济生活中的时代之病,并发现极端的经济紊乱、巨大的经济压力之下的人性变异和道德灰色地带。如果《天魔舞》在21世纪第一个十年后的三次再版不完全出于偶然[1],或许可以说,在每个人都被深深卷入"经济"中的当下,这部处处试图追问"经济"、试图以经济关系建构出紊乱时代中的生活图景,并映射出永恒的义利之辨的小说确有可观之处。

(作者单位:四川大学文学与新闻学院)

---

[1] 自《天魔舞》于1981年由四川人民出版社作为《李劼人选集·第三卷》首次出版单行本后,历次再版分别为1985、2011、2012、2017年。

民国文学研究

海派报刊中张爱玲的三重形象建构

侯宏虹　王笑菁

在中国地域文化谱系中,"海派"一直是格外引人注目的一支。近代以来,因为较多地融入了以欧风美雨为代表的外来文化和因商业都会而盛行的商业文化,这两种与中国本土固有的传统文化和伦理文化截然不同的异质文化使海派文化形成了驳杂多彩的特点,即趋时求新、多元包容而又具有浓厚的商业意识。举凡文化的方方面面,绘画、演戏、唱歌、舞蹈、写作等等,无一不被作为一种商业行为来策划运作。在这方面,文学写作和出版发行可说尤为突出。

海派文学是市场文化气息最浓的一种文学,文学作品作为"商品"来生产、流通、被消费,在报刊、作者和读者之间形成一套完善的商业运作机制:作者以投读者所好的作品从报刊取酬,报刊以小说招徕读者购买或订阅。可以说,"海派文学"与"海派报刊"共生共长,"海派作家"与"海派报刊"也休戚相关。海派作家本质上就是一种报刊作家,须臾离不开海派报刊,是依附于报刊为生的一群。特别是20世纪二三十年代以来,由于印刷、报刊、出版业的突飞猛进,上海迅速成为了现代传媒的中心,给"海派文学"提供了众多的发表阵地和便利的出版渠道,对"海派文学"创作特色的形成起到了重要的推动作用。

高度成熟的报刊业数量之多、话题之广以及渗入大众生活之深,建构起一个容纳当时知识阶层、作家群体和普通民众交流社会言论、影响社会生活的强大空间。张爱玲作为20世纪40年代海派作家的代表人物,更是与当时的海派报刊有着千丝万缕的血脉瓜葛。她的大部分作品首先在《天地》、《万象》、《杂志》等报刊问世,以稿费谋生。她本人曾在给《力报》编辑的信中说:"我对于小报向来并没有一般人的偏见,只有中国有小报;只有小报有这种特殊的,得人心的机智风趣,——实在是可珍贵的。我从小就喜欢看小报,看了这些年,更有一种亲切感。"①

笔者搜集了民国时期期刊全文数据库(1911—1949)中涉及张爱玲的所有内容共207篇,除去张爱玲本人发表的小说、散文、杂文、插画等97篇,其余110篇为与她相关的作品评论、新闻报道等。本文试图对这些资料进行全面梳理,分析厘清张爱玲的形象是如何在海派期刊体系中建构和运作的。

张爱玲谙熟新旧上海市民社会的世俗生活,在作品中游刃有余地精准刻画了一系列饮食男女形象,但她个人独特的家庭背景和成长经历,又使她在当时上海的传统文化、市民文化中独具一格,作为植根于本土文化中的"他者"、一种"跨文化"的存在,代表外来文化、贵族文化形象与本土文化相互观照。海派报刊中建构的张爱玲形象,既包括个别文本表述的个体形象,又包括不同文本相互参照、相互印证构建的作为一般社会文化想象物的"集体印象"。因此,我们可以梳理分析这些个别文本中的张爱玲形象,不管它是严肃的新闻报道还是轻松的八卦消息;这些思维与表述方式完全不同的文本,经常重复表述同一种人物形象,构成某种形象类型;而这种类型化的形象一旦形成,又可能为个别文本的表述提供素材、思考框架,确立主题和意义。在后现代的、批判的知识立场和理论前提下,我们似乎不必困扰于这些形象的"真实"或"失实",而是去追索其作为一种知识与想象体系,在海派文化语境中是如何生成、如何传播、如何以一种话语力量控制相关话题并参与海派文化构建的。

一、才华横溢的"商业"作家

1843年上海开埠时人口20多万,到1930年,人口已超过300万。二三十年代的上海百业杂处,信息往来丰富,社会交往加强,经历了一个市场经济飞速发展的过程,完全成为一个商业化的大都市。

文学的生产方式在很大程度上决定着文学的本质,海派作品主要依靠刊物发表或书店出版,发达的报刊业和出版业又极大地刺激了海派作家的创作欲望。作家要生存,刊物要发展,二者的完美结合为海派文学开辟了新的天地,为许多以文谋生的文人打开了方便之门。作家们用商业文化的趣味来表现商业都市,或欣赏或批判商业都市带给人们的种种影响。文学市场的规范与成熟,为作家的生存提供了相对比较宽裕而又自由的环境,出于文学生产商业化的需要,对作家的报道频现报端。关于张爱玲的报道中,最多的是对其作品创作相关动态的报道,在110篇新闻报道中,有35篇。这些报道中建构起

---

① 《女作家书简特辑》,《春秋》1944年第2卷第2期,第74页。

来的张爱玲,是一个非常成熟的商业作家形象。

依托文学商业化之力,张爱玲赢得生存自由的同时也得以坚持了思想自由,她一生都依靠稿费生存,独立自主,敢于理直气壮地表达自己的物欲,传统文人坚守"清高"、远离"铜臭"的形象被彻底打破。"她与炎樱难得一同上街去咖啡馆吃点心,亦必先言明谁付账。……爱玲每用钱,都有一种理直气壮,是慷慨是节俭,皆不夹杂丝毫夸张。"①"用别人的钱,即使是父母的遗产,也不如用自己赚来的钱来得自由自在,良心上非常痛快。"②

"国人中写作致富者仅一林语堂……张爱玲女士颇有急起直追之势,张女士不仅有才而且爱财……"③ 报刊中的报道不讳言张爱玲的"以文致富",张爱玲本人也理直气壮。刊物《光化》中,曾刊登一篇《张爱玲手札》,转述了秋翁在《海报》上公布据说是张爱玲6月15日给他的手札的内容:"我书出版后的宣传,我曾计划过,总在不费钱而收到相当的效果。如果有益于我的书销路的话,我可以把曾孟朴的《孽海花》里有我的祖父母的历史,告诉读者们,让读者和一般写小报的人去代我义务宣传——我的家庭是带'××'气氛的……"④

她这样说,在很多报刊上也这样做。有计划地以在报刊上的高曝光度维持作为一个商业作家的高关注度,为作品的高销售量提供了重要保证。特别是抗战结束后,受胡兰成的影响,张爱玲很长时间没有新作问世,但报刊上关于张爱玲创作的各种小道消息、新闻报道不断,这些消息不论虚实都实实在在地使她在读者中的热度丝毫不减,比如《张爱玲作品难出笼》(《海涛》1946年第16期),《张爱玲化名写稿》(《香雪海画报》1946年第1期),《张爱玲刻意求工》(《星光》1946创刊号),《张爱玲改订〈传奇〉》(《东南风》1946年第16期),《张爱玲新作将发表》(《海星》1946年第4期),《贵族血液的大胆女作家 张爱玲重述连环套》(《上海滩》1946年第16期),《张爱玲将东山再起》(《东南风》1946年第20期),《张爱玲为〈红书〉写稿》(《海风》1946年第36期),《张爱玲投稿到美国》(《沪光》1947年革新第15期)等。新书出版的新闻中,常常以"贵族血液的大胆女作家"、"有附逆嫌疑的胡门张氏"、"天才女作家"等作为身份介绍以增加"噱头"。

商业社会中,成功的作家通常不得不与"盗版"相伴。张爱玲作为最畅销的女作家之一,也深为"盗版"维权所困扰。"上海沦陷期唯一当红女作家张爱玲,曾经把她的

---

① 胡兰成:《今生今世》,长安出版社2012年版,第141页。
② 《苏青张爱玲对谈记》,《杂志》1945年第14卷第6期。
③ 《张爱玲销洋装》,《沪光》1947年革新第3卷,第6页。
④ 告白:《张爱玲手札》,《光化》1944年第1卷第1期,第5—6页。

小说集《传奇》出版，因为读者多，又刊了玉照，故销路很大，赚着了一票。……可市面上盗印版的《传奇》很多，这当然影响到修正再版的销路的。因此张爱玲特向警局申请维护版权，要求没收盗版，赔偿损失。可是问题在于《传奇》第一版出版在沦陷期间，并未向警局或中宣部登记，故依法并无版权，张爱玲是项申请，警局恐将拒绝受理云。"①

除了小说创作，张爱玲亲自将自己的小说改编为电影剧本，她作为小说作家和电影编剧的商业价值也为媒体所高度关注。在电影界，媒体评价"张爱玲是自我宣传的能手，预备发动'自己上银幕'的宣传，与三年前张自己称演'秋海棠'中的罗湘绮一样……'一字一金'的口号好像是她喊出来的，然而这已经是过去的事情了。……张爱玲目前的稿费是每千字三万元……"②《东南风》1946年第13期报道《百万元购张爱玲作品》，《新上海》1947年第64期报道《张爱玲埋头编剧，"不了情"剧本报酬六百万》。

1945年第1卷第2期的《语林》上，张爱玲与秋翁因为"一千元灰钿"的疑案分别以《不得不说的废话》和《"一千元"的经过》为题打了一回笔头官司，以长文澄清辩白一笔稿费收发有争议的数额、经过。她说："平时在报纸上发现与我有关的记载，没有根据的，我从来不加以辩白，但是这件事我认为有辩白的必要，因为有关我的职业道德。"③

海派期刊中建构的张爱玲，迥异于中国传统文化中"不为五斗米折腰"的文人形象，是一个积极融入商业社会、具有强大的作品创作能力和产品开发能力，既有大胆的自我营销意识和市场意识，又极其看重自身的职业道德和商业信誉的成熟商业作家。

二、特立独行的摩登女郎

张爱玲的作品引人瞩目，她的个人生活也像明星一样受到沪上大小报刊记者的热切关注，资料中关于张爱玲日常生活的报道有31篇，涉及她的衣食住行、家庭社交等方方面面，形象建构的重点是特立独行、与众不同，极大满足了市民阶层对其生活的想象。

以"消费"为目的的"生产"在一定程度上规范了海派报刊的报道方向，喜在"食色"二字上下功夫，把文学产品与社会组织活动相衔接，"包装"和"推销"一个作家。因此，海派报刊中的张爱玲形象，真正的意义不是认识或再现真实的张爱玲，而是构筑一种市民文化必要的、关于张爱玲的形象，她的反叛、自我中心、特立独行、打扮时髦

---

① 麦梅：《警局拒绝 张爱玲维护版权》，《星光》1946年新10卷，第2页。
② 《张爱玲红透电影界》，《青青电影》1947年复刊第1期，第1页。
③ 张爱玲：《不得不说的废话》，《语林》1945年第1卷第2期，第33页。

或"奇怪"的生活癖好,其中都包含着对真实张爱玲形象的某种认识,也包含着对张爱玲及其所代表的西方文化、贵族阶层的焦虑和期望,成为海派市民文化自身投射的"他者"空间。

张子静在《我的姊姊——张爱玲》中评价张爱玲"从小就喜欢和别人不一样"。《评张爱玲(续)》中,胡兰成评价张爱玲"性格叛逆"、"特立独行"。

这种与众不同首先表现在张爱玲独特的穿衣风格上。她可以说是40年代上海滩的"时尚博主",其着装的中西合璧、标新立异,时常引起沪上记者的多方关注。《张爱玲怪模怪样穿怪装》中报道张爱玲引领了上海的潮流风尚:上海女人的服装"近来突然复古,废止旗袍,上面一件花花绿绿的棉袄,下面来一条男装西装裤,实行中西合璧,今古交流。这种装束的始作俑者是谁?上海人数典忘祖,知道的不多,说起来,这人也是鼎鼎大名的,是胜利前红极一时的作家张爱玲。……张爱玲举止和脾气,阴阳怪气,穿出来的衣裳也怪模怪样……但中西合璧的棉袄长裤装束的怪装束,却风行起来了"①。"她的奇装异服是上海著名的,我们常常可以在静安寺路看见她踽踽独行,瘦长如竹,脸部皙白,下身粗大,衣服是她的注册商标,她喜欢用乡下女人常穿的兰花布钉在豹皮大衣上,遮去一半豹皮,露出一截,莫名其妙糟蹋了一件皮大衣。"②

这些报道中,有赞张爱玲穿绣花鞋美的,说"张小姐是爱恋东方古典味的服装,她最爱穿绣花鞋,穿了更显得她的美"③,也有讽刺张爱玲"手套遮丑"的,说西人"是为讲卫生,也是礼貌,而中国人则更用以遮丑",张爱玲"四季不离手套,吃饭也不离去手套……为了遮丑。因为她的双手,冻疮多得骇人,东疤西块,此红彼紫,看起来实在不美,所以就要借重手套,而时时带上它了"④。

从收集到的资料中可以看到,如同当下娱乐明星的绯闻八卦常常现诸报端,明星作家张爱玲也多次在沪上媒体的报道中"被结婚",对她的结婚礼服自然也多有揣测。《张爱玲衣谱:文艺性的嫁妆》一文着重描写张爱玲对搭配和打扮是何等用心,"这次好事成,张公馆里一箱一箱描金广漆的皮箱嫁妆,内中装满了一袭袭奇装异服……"⑤ "张爱玲是一向以艳装异服驰名文坛的,所以这一次她结婚时穿的礼服,也得动一些脑筋,笔者贡献一点意见……"⑥

---

① 广成:《张爱玲怪模怪样穿怪装 西装裤·花花绿绿的棉袄》,《香海》1946年第3卷,第2页。
② 柏翁:《张爱玲的秋季奇装》,《快活林》1946年第37卷,第3页。
③ 赫金:《张爱玲的绣花鞋》,《国际新闻画报》1946年第50卷,第9页。
④ 《张爱玲手套遮丑!》,《海潮》1947年第55卷,第8页。
⑤ 无心:《张爱玲衣谱》,《海涛》1946年第10卷,第5页。
⑥ 定一:《张爱玲结婚礼服设计》,《海星》1946年第12卷,第9页。

至于张爱玲在上海开服装店，《黑白周刊》上刊登署名周太太的文章，题为《张爱玲开寿衣店》，讽刺她"平时穿的服装，总是怪里怪气，中西璧合，前一个时期她曾计划开设一间时装店……有人计划倘若张爱玲能够开设一间死人用的寿衣店，她的设计一定受摩登死人热烈欢迎的"①。有报道说抗战胜利后，张爱玲"正式下海做女裁缝了"，并说她在圣约翰读书的时候便有"衣裳架"之称，苏青的过房儿子也曾称她为"裁缝西施"，"故而这次下海做女成衣，张是绝对有把握的"，"她比薪要拿到毛百万，这进账比吃写稿子这碗劳什子饭帐，然要高妙得多多了"②。

奇装异服之外，关于张爱玲日常生活的报道大多突出她的生活怪癖。描述张爱玲下楼买块臭豆腐干也要精心打扮："就只到门前，不也是出门？……只要是出门，不管出得远或者近，她就先得打扮好，以免给人看到一个不整不齐的张爱玲"，"关于好与坏的观念，也只有她自己明白，正如她所穿的奇装异服，在她自己是并不算作奇装异服的"③。"张爱玲是一个歇斯的里的女人……嗜臭，也许是一种怪癖吧！"④ 甚至有的题为《张爱玲欣赏名胜解决小便》（《香海》1946 年第 3 期），内容却是张爱玲"不喜欢出门旅行"，"到了某一个地方，别人在那里赶着欣赏名胜，我却忙着先找可以解决小便的处所"，颇有当今"标题党"的意味。

在这些报道中，记者们讨论张爱玲的同时，也关注到作为她生活背景的所有身边人，包括她的父母，如《张爱玲浪漫又法国风味 她的母亲嫁过法国人》（《海晶》1946 年第 22 期）、《张爱玲和她父亲》（《中外春秋》1947 年新第 34 期）；她的朋友，如《张爱玲与沈浩做邻舍》（《东南风》1946 年第 35 期）、《周秘书关怀张爱玲》（《万象》1946 年第 3 期）。同时，这些报刊也关注张爱玲的职业动态，报道《张爱玲投笔改行》（《万花筒》1946 年第 7 期）、《张爱玲想做记者》（《一周间》1946 年第 12 期）、《张爱玲做吉普女郎》（《海派》1946 年第 1 期）等。

三、临水照花的爱情"俘虏"

形象是在社会化过程中获得的，是该社会关于异质文化想象的一部分。在社会总体想象的层次上讨论海派文化中的张爱玲形象，基本问题就呈现为不同领域的人士如何在不同类型的文本中表述张爱玲；各类文本如何互相参照、对应、协作、共同传播；如何

---

① 周太太：《张爱玲开寿衣店》，《黑白周刊》1946 第 2 卷，第 5 页。
② 恨莉：《名符其实的红帮女裁缝：张爱玲下海做裁缝》，《沪光》1946 年革新第 2 卷，第 4 页。
③ 李曾：《买臭豆腐干要涂脂抹粉 张爱玲的古怪脾气》，《大观园》1946 年第 27 期，第 4 页。
④ 诸葛：《张爱玲嗜吃臭豆腐干》，《上海滩》1946 年第 20 期，第 12 页。

形成一整套言说张爱玲的词汇、意象、观念或话语，该话语又如何支配报刊中张爱玲形象的生产，使个别表述受制于这一整体或类型。这种语境下的张爱玲形象，既具有形象的个性和丰富性，又具有原型的普遍性与一致性。张爱玲的作品观照十里洋场的饮食男女，恒久关注海派文学、特别是女性文学的"食色"人生主题。她自己也在海派报刊中被建构为饮食男女中的一个，关于她的报道中"绯闻"不断，现代女性与传统女性在爱情中独立与依附的悖论在海派报刊中建构的张爱玲身上集中呈现。

一方面，张爱玲作为经济独立、精神自主的现代女性，在爱情中勇敢主动，谈论爱情话题也大胆直接。张爱玲宴请文艺之友，酒酣耳热之余，"大谈其男女之间的问题，分析得淋漓尽致，她的结论是'太太在家中的地位是至高无上的'。好像在劝人家怕老婆"①。在这些报道中，张爱玲完全解构了传统观念中女性在婚恋中应该表现出的被动、隐忍的态度。有关她与不同男性的"绯闻"在报刊中不断出现，比如《张爱玲相恋贵公子》（《海晶》1946 年第 9 期），《张爱玲遭嫁有期》（《海风》1946 年第 22 期），《名导演爱上女作家 桑弧张爱玲两情绵绵》（《青青电影》1949 年第 17 卷第 12 期）等。

另一方面，在有关张爱玲与胡兰成关系的报道中，张又被建构成全然放弃了现代女性的独立与尊严的模样。她宣称她的爱情观是"女人在男人之前还是会有谦虚，因为那是女性的本质，因为女人要崇拜才快乐，男人要被崇拜才快乐"②。她和胡兰成"热恋的程度，非外人可能明悉，胡兰成已有两个老婆，可是张爱玲却写信给他说'愿为使君第三妾！'"③"胡逆素喜拈花惹柳，以为风流自赏，其后更热恋张爱玲，弃继室如敝屣……"④ 胡张之恋是"去年以来喧腾京沪的一个谈话资料……二人之间交谊的深度，相信他们将来继鲁迅与许广平之后排演一出'师生恋'，倒并不是不可能的事"⑤。小报中呈现的胡张两人的关系，张爱玲"很低很低，低到尘埃里"，总是在三角甚至多角的关系中忍辱负重，比如《蒋果儒勒马 张爱玲失恋 胡兰成难偿相思愿》（《海花》1946 第 4 期），《胡兰成秀才造反 张爱玲甘心做妾》（《东南风》1946 年第 2 期），《张爱玲对胡兰成说："别的事都可以答应……"》（《至尊画报》1946 年第 2 期）。在抗战胜利之后，面对胡兰成的下落不明、死生未卜，报刊中又刊载《张爱玲害相思病》（《星光》1946 年新 15 期）、《张爱玲从此孤枕难眠》（《风光》1946 年第 2 期）等报道，凸显张对胡的担忧记挂。

---

① 《张爱玲谈男女间秘密》，《戏世界》1948 年第 366 期。
② 《苏青张爱玲对谈记》，《杂志》1945 年第 14 卷第 6 期。
③ 《张爱玲写信给胡兰成说："愿为使君第三妾！"》，《精华》1945 年第 1 卷第 1 期。
④ 芙：《张爱玲的汉奸丈夫，胡兰成一篇家庭流水账》，《风光》1946 年第 12 期。
⑤ 江涛：《胡兰成离婚事件 张爱玲非君不嫁》，《文编周刊》1945 年第 25 期。

在这些海派报刊中呈现的张爱玲形象，包含着几层含义：一是普通市民阶层对"张爱玲"们的认知与想象；二是市民阶层的自我体认、焦虑与期望；三是对张爱玲所代表的文化的自我认同的隐喻性表达。它随着市民文化自身的变化而变化，并不完全决定于现实。从话语实践方面看，张爱玲形象作为一种表述体系或话语，一旦形成，就以某种似是而非的真理性左右着市民关于她的"看法"和"说法"，为不同场合的文本提供用以表述的词汇、意象和各种修辞技巧；体现出观念和文化中的某种权利结构，并开始向政治、经济、道德权力渗透。

文学研究关注形象的创新意义，文化的研究则关注形象的仪式性和套语性，即不同的文本如何重复表述同一形象并建构形象类型的。海派报刊中的张爱玲形象成为市民阶层现代性想象中的象征物，一个可讨论发挥的主题、一个观念群或特征群、一种虚构性叙事，而决定该叙事的并不是作为话语对象的张爱玲，而是某种关于张爱玲主题叙事的共同的传统或话语体系。

炎樱设计的《传奇》增订本的封面上，画了一个身着晚清服装的女人在独自玩着骨牌，旁边坐着抱小孩的奶妈。窗外有个比例不对的长发女人，五官空洞，上半身探进屋里。张爱玲说这封面描画了"晚饭后家常的一幕"，"栏杆外，很突兀地，有个比例不对的人形，像鬼魂出现似的，那是现代人，非常好奇地孜孜往里窥视"[①]。这是张爱玲在小说世界里建构的"现代人"张爱玲对"身着晚清服装的女人"的"看"，而在海派报刊的天地里，建构的则是在晚清服装的女人眼中"被看"的张爱玲。

（作者单位：四川大学海外教育学院　上海交通大学文学院）

---

① 张爱玲：《有几句话同读者说》，《张爱玲文集》（第四卷），安徽文艺出版社1992年版，第266页。

民国文学研究

"新眼光"与"新方法":胡适的《诗经》研究①

李长银

一部近代《诗经》学史即是一部《诗经》学由传统向近代过渡与转型的历史。在这一《诗经》学的近代化历程中,胡适的《诗经》研究扮演了十分关键的角色,起到了近乎奠基的作用。关于这一点,著名学者顾颉刚有着十分清楚的认识。他先是将胡适的《论〈野有死麕〉书》、《〈诗〉三百篇言字解》、《谈谈〈诗经〉》三篇文章收录到专门讨论《诗经》的《古史辨》第三册下编之中。之后,又在由其主撰的《当代中国史学》一书中指出:"胡适先生的《〈诗〉三百篇言字解》,是以科学方法研究《诗经》文法的第一声。他的《谈谈〈诗经〉》也有许多新颖的见解。"② 因此,通过清理胡适的《诗经》研究,不仅可以深化学界对近代《诗经》学的理性认识,还能够为人们审视中国近代学术文化提供一定的参考。

关于胡适的《诗经》研究,过往学界已取得了数量十分可观的研究成果③。不过,这些研究成果至少存在以下三个问题:第一,在研究的视野上,过往的研究侧重于胡适的"文学的眼光"以及"科学的方法",忽视了其"历史的眼光";第二,在研究的方法上,过往的研究大多停留在一般的"述学"层面,未能采取"辨章学术,考镜源流"的

---

① 本文系 2017 年度国家社科基金重大项目"多卷本《20 世纪中国史学通史》"(17ZDA196)的阶段性成果。
② 顾颉刚:《当代中国史学》,《顾颉刚古史论文集》(第十二卷),中华书局 2011 年版,第 439 页。
③ 较有代表性的专论文章有:夏传才:《胡适和古史辨派对〈诗经〉的研究》,《河北大学学报》1982 年第 4 期;汪大白:《胡适:传统诗经学的终结者》,《江淮论坛》2011 年第 1 期;汪大白:《胡适:现代诗经学的开山人》,《江淮论坛》2011 年第 5 期。

学术史方法；第三，在研究的材料上，过往的研究未能达到"竭泽而渔"的地步。因此，关于胡适的《诗经》研究，尚存在进一步开拓的空间。

一、"文学的眼光"

1925年9月，胡适在武昌大学做了一次题为《谈谈〈诗经〉》的讲演。在这次讲演中，胡适说："对于《诗经》的研究想要澈底的改革……我们应该拿起我们的新的眼光，好的方法……去大胆地细心的研究。"① 其实，胡适的《诗经》研究之所以在近代《诗经》学上占据了一个关键性的地位，大要即在于这一所谓的"新的眼光"和"好的方法"。

所谓"新的眼光"，大体可以划分为两种，分别是"文学的眼光"和"历史的眼光"。关于胡适的这一"文学的眼光"之形成，最迟可以追溯到1911年4月13日。《胡适日记》是日载："汉儒解经之谬，未有如《诗》笺之甚者矣。盖诗之为物，本乎天性，发乎情之不容已。诗者，天趣也。汉儒寻章摘句，天趣尽湮，安可言诗？而数千年来，率因其说，坐令千古至文，尽成糟粕，可不痛哉？故余读《诗》，推翻毛传，唾弃郑笺，土苴孔疏，一以己意为造《今笺新注》。"② 要之，在胡适看来，《诗经》并非一部经书，而是"本乎天性"的"千古至文"。

此外，还有一则文献值得在这里征引，即《适庵说诗札记》。在这则札记中，胡适说："诗有三体：风，即后世之歌谣，乐府也；雅，即后世感时忧国之作也；颂，即迎神。"这则札记大约写于胡适留美初期③。由此观之，早在留学的初期，胡适还以"文学的眼光"对《诗经》的性质进行了初步的定位。

不过，上述两则材料仅见诸胡适的日记或札记，故外界并不知晓，直到1914年1月，胡适在《留美学生年报》上发表《论汉宋说〈诗〉之家及今日治〈诗〉之法》。在这篇文章中，胡适指出："《诗》三百篇为汉儒穿凿附会，支离万状，真趣都失。宋儒注《诗》，虽有时亦能排斥毛、郑，自树一帜，而终不能破除旧说，为诗学别开生面。宋儒说《诗》之病，在于眼光终不能远大，其于传、笺附会史事之处，大率仍其旧。知《诗序》之为伪作，而不敢大背其说，此其所短也。"有鉴于此，胡适主张："如欲表彰《三百篇》也，当以二十世纪之眼光读之。"所谓"二十世纪之眼光读之"，即是"以《三百篇》作诗读，勿作经读"。进言之，"诗之为物，自有所以不朽者存；固不必言必

---

① 胡适：《谈谈〈诗经〉》，《胡适全集》（第四卷），安徽教育出版社2003年版，第605页。
② 胡适：《日记（1906—1914）》，《胡适全集》（第二十七卷），第129页。
③ 参见胡适：《胡适口述自传》，《胡适全集》（第十八卷），第275—276页。

称尧舜，一字一句，都含头巾腐儒气，然后可以不朽也"①。这一"以三百篇作诗读，勿作经读"，可以被视为近代《诗经》学的"革命"宣言。

留学归来的胡适更在各种不同的公开场合宣传这一"文学的眼光"。比如，胡适在北大"中国哲学史"的课堂上说："孔子是一个有文学眼光的人。故他选那部《诗经》替人类保存了三百篇极古的绝妙文学。这部书有无上的文学价值，没有一毫别的用意。不料后来的腐儒以为孔子所删存的诗一定是有腐儒酸气的。所以他们假造《诗序》，把那些绝妙的情诗艳歌都解作道学先生的寓言。……《诗》学到了汉朝，可算得遭了一大劫。后来宋儒无论如何总跳不出这个'后妃之德，文王之化'的圈子。"② 今按这则材料收录在《中国哲学史大纲卷中（残篇）》之中。而《中国哲学史大纲卷中》从未公开出版。不过，早在1919年4月1日，傅斯年在《新潮》发表的《故书新评》中转引过这则材料，并认为"说得痛快极了"③。

按之《胡适日记》，这样的场合还有很多。1922年4月26日，胡适到"平民大学讲演《诗经三百篇》"，有"结论三条"。其中，第三条是："总之，用文学的眼光来读《诗》。没有文学的赏鉴力与想象力的人，不能读《诗》。"④ 1925年9月，胡适则在武昌大学做了一次《谈谈〈诗经〉》的讲演。其言曰："《诗经》并不是一部圣经，确实是一部古代歌谣的总集，可以做社会史的材料，可以做政治史的材料，可以做文化史的材料。"⑤ 由此观之，"文学的眼光"可以说是胡适研究《诗经》的一个基本主张，而胡适对这一主张的宣传可谓是不遗余力。

由于胡适的大力提倡，以"文学的眼光"研究《诗经》一时间成为了当时学界的风尚。不过，在一些具体的问题上，当时学界并没有完全接受胡适的观点。《诗经》的性质问题就是一个较有代表性的例证。关于胡适对《诗经》之性质的认识，最广为人知的说法是：《诗经》并不是一部"圣经"，而是"一部古代歌谣的总集"。承前所述，这一说法见于胡适在武昌大学的讲演。但是，与胡适颇有来往的人恐怕早已知晓这一观点。

"受了适之先生的指导，曾用了二年左右的功夫专研究《诗经》"的顾颉刚就是其中的一位⑥。不过，顾颉刚并没有完全接受胡适的观点。1923年3至5月，顾颉刚在《小说月报》发表了《诗经的厄运与幸运》一文，认为"这三百多篇诗的《诗经》，就是入

---

① 胡适：《论汉宋说〈诗〉之家及今日治〈诗〉之法》，《胡适全集》（第十二卷），第2—3页。
② 胡适：《中国哲学史大纲卷中（残篇）》，《胡适全集》（第五卷），第766页。
③ 傅斯年：《故书新评》，《傅斯年全集》（第一卷），湖南教育出版社2003年版，第219页。
④ 胡适：《日记（1919—1922）》，《胡适全集》（第二十九卷），第603页。
⑤ 胡适：《谈谈〈诗经〉》，《胡适全集》（第四卷），第603页。
⑥ 顾颉刚：《重刻〈诗疑〉序》，《古史辨》（第三册），海南出版社2005年版，第257页。

乐的一部总集"①。同年12月,顾颉刚又在《歌谣周刊》发表了《从〈诗经〉中整理出歌谣的意见》。在此文中,顾颉刚指出:"《诗经》三百零五篇中,到底有几篇歌谣,这是很难说定的。在这个问题上,大家都说《风》、《雅》、《颂》的分类即是歌谣与非歌谣的分类,所以《风》是歌谣,《雅》、《颂》不是歌谣。"但是,"这句话只是一个粗粗的分析而不是确当的解释"。第一,"《国风》中固然有不少的歌谣,但非歌谣的部分也实在不少"。第二,《小雅》中,"非歌谣的部分固然多,但歌谣也是不少"。第三,"《大雅》和《颂》,可以说没有歌谣"。实际上,"《诗》的分为《风》、《雅》、《颂》是声音上的关系,态度上的关系,而不是意义上的关系"。此外,"《诗经》里的歌谣都是已经成为乐章的歌谣,不是歌谣的本相"②。

上述两文发表之后,在学术界引起了不小的反响。1924年1月13日,魏建功在《歌谣周刊》上发表了《歌谣表现法之最要紧者》,就"《诗》中歌谣是否为已成乐章的歌谣问题",与顾颉刚进行了讨论。然而,顾颉刚不但没有接受的魏建功的批驳,反而于同年12月在《北京大学研究所国学门周刊》上发表了《论诗经所录全为乐歌》一文,予以回应。之后,张天庐、钟敬文等均参与了这一问题的讨论。这些文章后均收入《古史辨》第三册下编,成为了"古书辨"的重要组成部分③。

于今来看,上述顾颉刚的"从诗经中整理出歌谣的意见","是基本符合实际的",较之胡适的"《诗经》是一部歌谣总集"的说法要准确得多,可以用以修正胡适那个不确切的概念;至于"《诗经》所录全为乐歌","可以认为是对这个问题八百年争论的一个总结"④,"已是不可移易的定论"⑤。不过,必须指出的是,顾颉刚之所以取得这样的成绩,是与"适之先生的指导"密不可分的。

二、"历史的眼光"

除"文学的眼光"外,胡适还提倡以"历史的眼光"来研究《诗经》。所谓"历史的眼光",又称之为"历史的观念"或"历史的态度",借用胡适的话说,就是"把古书当作历史看——当历史的原料看"⑥。因此,以"历史的眼光"来研究《诗经》,就是将《诗经》"当作历史看——当历史的原料看"。

---

① 顾颉刚:《〈诗经〉在春秋战国间的地位》,《古史辨》(第三册),第191页。
② 顾颉刚:《从〈诗经〉中整理出歌谣的意见》,《古史辨》(第三册),第391—392页。
③ 参见顾颉刚:《古史辨》(第三册),第393—440页。
④ 夏传才:《二十世纪诗经学》,学苑出版社2005年版,第105—108页,
⑤ 夏传才:《诗经研究史概要》(增注本),清华大学出版社2007年版,第18页。
⑥ 胡适:《研究国故的方法》,何呈锜笔记,《国文学会丛刊》1922年第1期。

胡适的这一将《诗经》"当作历史看"的"历史的眼光"之形成,可能得之于时在哥伦比亚大学执教的德国汉学家夏德。胡适晚年回忆说:"夏德教授的《中国上古史》和《中国与东罗马交通史》(通常译为《大秦国全录》——引者注)等著作,当时深受学术界的重视。但是他那时在哥大却苦闷不堪,因为他简直没有学生——主修、副修都没有,所以我倒乐于接受他的邀请以汉学为我的两门副修之一。"①

今按夏德的《中国上古史》是其在哥伦比亚大学的讲义。在谈到周幽王时,夏德引用了《诗经·小雅·十月之交》的前四节,明言此次"日食"发生在公元前776年8月29日②。"这次日食是以天为佐证来确定古代中国该年代的最有力的事实;在我所知道的范围内,中国史学家和天文学家对于这个,都没有什么异议。……据中国所有的年代学家的考据,这次日食发生于幽王六年;这日期实如理雅各所说可以成为'毫无讨论余地的中国史上最早的日期',所以在这以前的年代,只按推算来决定而已。"③ 这就是胡适之后所说的,"后来的历学家……都推定此次日食在周幽王六年,十月,辛卯朔,日入食限。……近来西洋学者,也说《诗经》所记月日(西历纪元前776年8月29日),中国北部可见日蚀。这不是偶然相合的事,乃是科学上的铁证。而《诗经》有此一种铁证,便使《诗经》中所说的国政、民情、风欲、思想,一一都有了史料的价值了"④。

不仅如此,在胡适看来,"古代的书只有一部《诗经》可算的是中国最古的史料"。因为,"唐、虞、夏、商的事实,今所根据,止有一部《尚书》"。但是,"《尚书》是否可作史料,正难决定"。因为,"《尚书》或是儒家造出的'托古改制'的书,或是古代歌功颂德的官书"。总之,"无论如何,没有史料的价值"⑤。因此,当胡适于1916年8月至1917年4月撰写博士论文《先秦名学史》之际,便借助了《诗经》——"这本卓越的诗集","作为当时社会和文化生活状况的见证"⑥。

1917年9月,应蔡元培之聘请,胡适任教于北京大学,讲授"中国哲学史"。关于"中国哲学史",据顾颉刚的回忆,"他不管以前的课业,重编讲义,劈头一章是'中国哲学结胎的时代',用《诗经》作时代的背景,丢开唐、虞、夏、商,径从周宣王以后

---

① 胡适:《胡适口述自传》,《胡适全集》(第十八卷),第243页。
② 这一看法与以理雅各为代表的大多数西方汉学家不同,后者认为这次"日食"发生在公元前775年,因而此说可视为夏德的一个"创见"。参见 F. Hirth, The Ancient History of China, p. 174.
③ F. Hirth, *The Ancient History of China*, New York: Columbia University Press, 1908, pp. 173—175. 这段翻译转引自[韩]方善柱:《西周年代学上的几个问题》,北京师范大学国学研究所编《武王克商之年研究》,北京师范大学出版社1997年版,第558—559页。
④ 胡适:《中国古代哲学史》,《胡适全集》(第五卷),第215页。
⑤ 胡适:《中国古代哲学史》,《胡适全集》(第五卷)第214—215页。
⑥ 胡适:《先秦名学史》,《胡适全集》(第五卷),第16页。

讲起"①。1919年2月,胡适将之前的讲义,修订为《中国哲学史大纲》,作为"北京大学丛书"之一,在上海商务印书馆出版。此后,这一将《诗经》"当作历史看——当历史的原料看"的"历史的眼光"在学界广为流行,影响之大,难以估量。

最先接受这一"历史的眼光"的人是顾颉刚。承前所引,胡适于1917年便在北大的课堂上宣传了这一"历史的眼光"。但是,据顾颉刚回忆,"这一改把我们一班人充满着三皇、五帝的脑筋骤然作一个重大的打击,骇得一堂中舌挢不能下。许多同学都不以为然;只因班中没有激烈分子,还没有闹风潮。我听了几堂,听出一个道理来了,对同学说,'他虽没有伯弢先生读书多,但在裁断上是足以自立的'。……从此以后,我们对于适之先生非常信服;我的上古史靠不住的观念在读了《改制考》之后又经过这样地一温"②。

胡适这一"历史的眼光"对顾颉刚的影响,远不止如此。1922年1月28日,胡适在写给顾颉刚的信中"自述古史观"。其言曰:"现在先把古史缩短二三千年,从《诗》三百篇做起。"③ 这才有了顾颉刚之后的《自述整理中国历史意见书》。其言曰:"照我们现在的观察,东周以上只好说无史。……我们这样做,必可使中国历史界起一大革命。"④ "古史辨"至此已呼之欲出。

1923年5月6日,顾颉刚在《读书杂志》第9期发表《与钱玄同先生论古史书》一文。在该文的"按语"部分,顾颉刚提出了"古史层累说",并在正文部分进行了初步的阐述。"古史辨运动"就此登上了近代中国的舞台。溯本追源,诚如有论者指出的,在《与钱玄同先生论古史书》中,"顾颉刚正是从《诗经》的史诗出发,谈了一些西周时期的神话,又探究东周以后的信史,确实是遵照胡适的意见在做"⑤。对于这一点,顾颉刚本人并不讳言,其在晚年的《我是怎样编写〈古史辨〉的》中还专门指出,《古史辨》的指导思想,在一定程度上是受到了胡适的启发⑥。由此观之,"古史辨运动"之发生,与胡适的这一将《诗经》"当作历史看——当历史的原料看"的"历史的眼光"密不可分。

当然,并不是所有的学者都接受了胡适的主张及做法——用《诗经》作"中国哲学发生的时代"的背景。1922年3月4日,应北大哲学社之请,梁启超在三院大礼堂作了

---

① 顾颉刚:《古史辨·自序》(第一册),第20页。
② 同上。
③ 胡适:《自述古史观书》,《古史辨》(第一册),第29页。
④ 顾颉刚:《自述整理中国历史意见书》,《古史辨》(第一册),第45—46页。
⑤ 李锐:《经史之学还是西来之学:"层累说"的来源及存在的问题》,《学术月刊》2009年第8期。
⑥ 顾颉刚:《我是怎样编写〈古史辨〉的?》,《顾颉刚古史论文集》(第一卷),第159页。

一次题为《评胡适〈哲学史大纲〉》的讲演。梁启超认为"这书的第二个缺点，是写时代的背景太不对了"。详言之，"胡先生对于春秋以前的书，只相信一部《诗经》，他自己找一个枯窘题套上自己，所以不能不拿《诗经》的资料作唯一的时代背景"。但是，"《诗经》的时代，在孔子、老子前二三百年，岂不是拿明末清初的社会来做现在的背景吗"①？由于材料的内在限制，胡适是否接受了梁启超的这一批评，尚不得而知。

与梁启超相近，钱穆于20世纪30年代初就这一问题与胡适进行了讨论。关于这一讨论，钱穆晚年回忆说："余曾问适之，君之《先秦哲学史》，主张思想必有时代背景。中国古人所谓知人论世，即此义。惟既主老子早于孔子，则老子应在春秋时代，其言亦当根据当时之时代背景而发。君书何乃上推之《诗经》，即就《诗经》来论时代背景，亦不当泛泛分说乐天派悲观派等五种人生观，认为乃老子思想之起源。……适之谓，君之《刘向、歆父子年谱》未出，一时误于今文家言，遂不敢信用《左传》，此是当时之失。"② 至此，由于《刘向歆父子年谱》的发表，胡适这才放弃了之前的主张——将《诗经》作为中国哲学发生时期的参考资料。

不过，惟不能因此忽视的是，无论是梁启超还是钱穆，均主张将《诗经》"当作历史看——当历史的原料看"。1922年1月，梁启超的《中国历史研究法》在上海商务印书馆出版。在该书的第五章《史料的汇集与鉴别》中，梁启超列举了十二种"鉴别伪书之书"，并不无自信地说："以上十二例，其于鉴别伪书之法，虽未敢云备，循此以推，所失不远矣。"此外，这些方法"又可以应用各种方法以证明某书之必真"。对此，梁启超又列举了数例。其中第一例即是《诗经》的"十月之交，朔日辛卯，日有食之，亦孔之丑"。因为，"经六朝、唐、元、清儒推算，知周幽王六年十月辛卯朔确有日食。中外历对照，应为西纪前七七六年，欧洲学者亦考定其年阳历八月二十九日中国北部确见日食"。因此，"可证《诗经》必为真书，其全部史料皆可信"③。至于钱穆，则在《谈诗经》中说："《诗》之初兴，惟有《雅》、《颂》，体近于史；自今言之，此即中国古代一种史诗也。欲知西周一代之史迹，惟有求之西周一代之诗篇，诗即史也。"④

溯本追源，梁、钱二氏所论，可以说无不导源于胡适的观点——将《诗经》"当作历史看——当历史的原料看"。胡适的这一研究《诗经》之"历史的眼光"的影响，由

---

① 梁启超：《评胡适之〈中国哲学史大纲〉》，《梁启超全集》（第七册），北京出版社1999年版，第3985页。

② 钱穆：《八十忆双亲 师友杂忆》，《钱宾四先生全集》（五十一册），联经出版事业公司1998年版，第169页；又参钱穆：《讲堂遗录》，《钱宾四先生全集》（第五十二册），第121页；另参钱穆：《中国史学名著》，《钱宾四全集》（第三十三册），第48—49页。

③ 梁启超：《中国历史研究法》，《梁启超全集》（第七册），第4133页。

④ 钱穆：《谈诗经》，《钱宾四先生全集》（第十八册），第207—208页。

此略见一斑。

三、"结账式的整理"

前已指出,在近代《诗经》学史上,胡适的《诗经》研究之所以占据了一个关键性的地位,大要在于所谓的"新的眼光"和"新的方法"。与"新的眼光"相近,胡适的这一"新的方法",同样可以划分为两种,一种是"普及"的方法,一种则是"提高"的方法①。

所谓"普及"的方法,主要指的是"结账式的整理"。按之《胡适日记》,胡适的这一想法最迟可以追溯到1921年4月27日。是日,胡适"为思永们的读书会讲演《诗经的研究》",共有六个可以独立的"要点"。其中,第二点是:"关于三百篇的见解,在破坏的方面,当打破一切旧说;在历史的方面,当以朱熹的《诗集传》为最佳,清代的姚际恒(《诗经通论》)、崔述(《读风偶识》)、龚橙(《诗本谊》)、方玉润(《诗经原始》)四家都有可取。"第三点是:"关于训诂一方面,当用陈奂、胡承珙、马瑞辰三家的书作起点,参用今文各家的异文作参考。"第五点是:"当利用清代古音学的结果,研究《诗》的音韵。"② 由此观之,在胡适看来,过往的《诗经》研究成果,颇有"可取"之处,可作为研究的"起点"。

不仅如此。胡适于1922年8月19日还决定撰写一部《诗经新解》,作为"百忙中的一种正当消遣"。是日的《胡适日记》记载了这一《诗经新解》的"条例"。这一"条例"共有五条。第一条为"序说","先列举'旧说',自先秦及汉人到龚橙、方玉润,不加评论,但使人看古人可以有随便瞎说的自由,我们现在也有同样的自由。次举'今说',是我自己的诗序"。第二条为"训诂",此条又细分为四小条,其中第二小条为"凡古字今人不能了解的,皆用简明的'集注'法,于毛、郑、朱……胡承珙、陈奂、马瑞辰诸家内,酌取一个最满意的解说"。第三条为"校勘","择取四家诗异文及古书引诗异文之重要者"。第四条为"音韵"。第五条为"写法","用新诗写法,每'句'为一行,每章为一段,注重标点符号"③。由上述"条例"来看,胡适罗列的虽然是"新解"的"条例",但"旧账"的整理则占了很大一部分。

---

① 胡适在《〈国学季刊〉发刊宣言》一文中,说:"有了这一本总账(指索引式的整理——引者注),然后可以使大多数的学子容易踏进'《诗经》研究'之门:这是普及。入门之后,方才可以希望他们之中有些人出来继续研究那总账里未曾解决的悬案:这是提高。"(胡适:《〈国学季刊〉发刊宣言》,《胡适全集》(第二卷),第13页。)
② 胡适:《日记(1919—1922)》,《胡适全集》(第二十九卷),第219页。
③ 同上,第719—720页。

不过，这一《诗经新解》的"条例"仅见诸胡适自己的《日记》，外界很少有人知晓。但不久之后，胡适则公开喊出了对《诗经》进行"结账式的整理"的号召。1923年1月，胡适发表了《〈国学季刊〉发刊宣言》一文。在此文中，胡适说："学问的进步不单靠积聚材料，还须有系统的整理。"所谓"系统的整理"，可分为三部分，分别是"索引式的整理"、"结账式的整理"和"专史式的整理"。在谈到"结账式的整理"时，胡适专门提到了《诗经》。其言曰："例如《诗经》，二千年研究的结果，究竟到了什么田地，很少人说得出的，只因为二千年的《诗经》烂账至今不曾有一次的总结算。宋人驳了汉人，清人推翻了宋人，自以为回到汉人；至今《诗经》的研究，音韵自音韵，训诂自训诂，异文自异文，序说自序说，各不相关连。"因此，胡适主张："我们应该把《诗经》这笔烂账结算一遍，造成一笔总账。"①

关于《诗经》的"总账"，胡适认为应该包括四大项。第一项为"异文的校勘"，即"总结王应麟以来，直到陈乔枞、李富孙等校勘异文的账"。第二项为"古韵的考究"，即"总结吴棫、朱熹、陈第、顾炎武以来考证古音的账"。第三项为"训诂"，即"总结毛公、郑玄以来直到胡承珙、马瑞辰、陈奂，二千多年训诂的账"。第四项为"见解"（序说），即"总结《诗序》，《诗辨妄》，《诗集传》，《伪诗传》，姚际恒，崔述，龚橙，方玉润等二千年猜谜的账"。在罗列了这四项之后，胡适说："有了这一本总账，然后可以使大多数的学子容易踏进'《诗经》研究'之门：这是普及。"②

除发表《〈国学季刊〉发刊宣言》外，胡适还在其他不同的场合宣传这一对《诗经》进行"结账式的整理"的主张。1924年1月27日，胡适在东南大学国学研究班上做了一次《再谈谈"整理国故"》的讲演。在这次讲演中，胡适列举了四种"整理国故"的方式，分别是"最低限度之整理——读本式的整理"、"索引式的整理"、"结账式的整理"、"专史式的整理"。在谈到"结账式的整理"时，胡适再次以《诗经》为例子做了说明。其言曰："如有人说《诗经》的小序是子夏作的，有人又反对。我们应当把自古迄今各家的聚颂结合起来，作一评断，好像商家在年底结账一样，多以叫结账式。"而"有这种整理，初学者就不至陷入迷途了"③。

其实，胡适不仅是对《诗经》进行"结账式的整理"的倡导者，还是这一主张的实践者。承前所述，胡适于1922年8月19日决定撰写一部《诗经新解》，而"新解"中有一部分是结"旧账"。同年8月25日，胡适就"写成《诗经新解》第一卷"。但由于之

---

① 胡适：《〈国学季刊〉发刊宣言》，《胡适全集》（第二卷），第11—12页。
② 同上。
③ 胡适：《再谈谈"整理国故"》，《胡适全集》（第十三卷），第49—50页。

后在作《周南·召南》时便碰着"维"字,以致这部《诗经新解》没有完成①。1925 年 8 月 15 日,胡适将旧稿集为一册,题为《诗经新解稿本》。1931 年 6 月,胡适又将稿本的第一卷以《周南新解》为题,发表在《青年界》上。当然,这仅是一部未完成的稿子,但从学术范式的角度来看,则可以被视为一部"示范"之作。

四、"科学的方法"

在《诗经》的研究方面,除"结账式的整理"这一"普及"的方法外,胡适还提供了一些"提高"的方法。这些"提高"的方法,大体有两种,一种是"文法的研究",一种则是民俗学、社会学的观点。这两种方法,又被胡适称之为"科学的方法"。

关于"文法的研究",胡适早在"赴美留学之前",即在《马氏文通》的启发下,悟出了"以新文法读吾国旧籍"的方法,并于 1911 年 5 月 11 日写出了《〈诗〉三百篇"言"字解》一文②。根据汉儒的解释,"言"字的意思原与第一人称代词"我"同义。《尔雅》上说:"卬、吾、台、予、朕、身、甫、余、言,我也。"然而,胡适在此文中指出:"《尔雅》非可据之书也","其书殆出于汉儒之手,如《方言》、《急就》之流"。而"《尔雅》既不足据,则研经者宜从经入手,以经解经,参考互证,可得其大旨"。其"大旨"有三。第一,"言字是一种挈合词,又名连字,其用与'而'字相似"。第二,"言字又作乃字解。乃字与而字,似同而实异。乃字是一种状字,用以状动作之时"。第三,"言字有时亦作代名之'之'字"。关于这"三说",胡适在文中不无自信地说:"除第三说尚未能自信,其他二说,则自信为不易之论也。"③ 承前所引,关于此文,顾颉刚在由其主张的《当代中国史学》中给予了极高的评价,认为"是以科学方法研究《诗经》文法的第一声"。

继《〈诗〉三百篇言字解》之后,胡适于 1916 年又写了两篇类似的文章,即《尔汝篇》和《吾我篇》。当然,这两篇文章与《诗经》并无直接的关系,但进一步使胡适认定,以"新文法"研究《诗经》,"可以转移一时之风气,而示来者之轨则"(陈寅恪语)。因此,胡适开始在不同的场合宣传这一"文法的研究"。1921 年 4 月 27 日,胡适"为思永们的读书会讲演《诗经的研究》",共有六个"独立的要点"。其中的第四"要点"即是"当注重文法的研究,用归纳的方法,求出'《诗》的文法'"。翌日,胡适又

---

① 胡适:《日记(1919—1922)》,《胡适全集》(第二十九卷),第 719—734 页。
② 胡适:《胡适口述自传》,《胡适全集》(第十八卷),第 278 页。
③ 胡适:《〈诗〉三百篇言字解》,《胡适全集》(第一卷),第 229—232 页。

到燕京大学演讲《诗经的研究》。"演讲略如昨日记的大意。"①

不仅如此，前已指出，胡适于1922年8月19日决定撰写一部《诗经新解》，并在《日记》中记载了这部《诗经新解》的条例。这里尚须补充的是，在罗列这些条例之前，胡适还在《日记》中特意注明："《诗经》绝对的不可不注意文法上的异点。古人从没有这样下手的。王氏父子比较是最近于这一条路上的人了，然而他们可惜不懂文法。这条路是一条到宝山的山路。"② 按之《胡适日记》，这一工作一开始颇为顺利，以致胡适仅用了一个星期的时间便写成了《诗经新解》第一卷。

不过，当胡适于31日写《召南》第一首的第一字之时，即碰着"维"字，"费了半日工夫，还寻不出什么头绪"，故有"古书真不易读"之叹。俗语有言，祸不单行。就在胡适因"维"字而研究《诗经》中的"虚字"之时，钱玄同转来了杨树达与其讨论《诗经》中"于以"的来信。关于《诗经》中的"于以"，胡适认为："于"字与"以"连用，等于疑问副词"焉"，作"哪儿"解。关于此解，胡适当时不无自信地说"此义王引之诸人皆不曾说过，但无可疑"，并将之视为一个"大发见"。然而，在杨树达看来，"于以"之"于"字依然还是"在"字的意思，而"以"字却可有"何处"的解释③。关于杨树达的这一解释，得到了钱玄同的认可。至于胡适，先是有所诘难，但之后不得不接受了这一解释，而放弃了之前的观点④。

但是，胡适并未因此而放弃以"新文法"研究《诗经》的主张⑤。比如，1924年1月27日，胡适在东南大学国学研究班上做了一次《再谈谈"整理国故"》的讲演，即以"胥"、"以"为例，介绍了自己以"新文法"研究《诗经》的成果⑥。又如，1925年7月，胡适在武昌大学做了一次《谈谈〈诗经〉》的讲演。在这次讲演中，胡适先是说："前人研究《诗经》都不讲文法，说来说去，终得不着一个切实而明了的解释，并且越讲越把本义搅昏昧了。"之后，又以"言"、"胥"、"于"、"以"、"维"为例，介绍了自己以"新文法"研究《诗经》的成果。总之，在胡适看来，只有"对于《诗经》的文法细心地做一番精密的研究"，"才能领略《诗经》里面真正的意义"⑦。

---

① 胡适：《日记（1919—1922）》，《胡适全集》（第二十九卷），第219—220页。
② 同上，第719—725页。
③ 同上，第719—817页。
④ 参见胡适：《再谈谈"整理国故"》，《胡适全集》（第十三卷），第50—51页；胡适：《谈谈〈诗经〉》，《胡适全集》（第四卷），第608—609页。
⑤ 1922年11月8日，胡适收到了法国汉学泰斗伯希和的一封来信，得知伯希和对"吾"、"我"的区别与自己的《吾我篇》的结论"绝相同"。（参见胡适：《日记（1919—1922）》，《胡适全集》（第二十九卷），第830页。）这一来信，或增加了胡适"以新文法读吾国旧籍"的自信。
⑥ 胡适：《再谈谈"整理国故"》，《胡适全集》（第十三卷），第50—51页。
⑦ 胡适：《谈谈〈诗经〉》，《胡适全集》（第四卷），第606—610页。

"新眼光"与"新方法":胡适的《诗经》研究

至于民俗学、社会学的观点,最迟可以追溯到 1922 年 4 月 26 日。是日,胡适到"平民大学讲演《诗经三百篇》",有"结论三条"。其中,第一条是,"须用歌谣(中国的,东西洋的)作比较的材料,可得许多暗示"。第二条是,"须用社会学与人类学的知识来帮助解释"①。对于这一方法,胡适颇为自信。1925 年 6 月,当胡适看到顾颉刚在《歌谣周刊》上发表的《野有死麇》之后,立即给顾颉刚写了一封信,并提示说:"《野有死麇》一诗最有社会学上的意味。初民社会中,男子求婚于女子,往往猎取野兽,献与女子。女子若取其所献,即是允许的表示。此俗至今犹存于亚洲、美洲的一部分民族之中。……又南欧民族中,男子爱上了女子,往往携一大提琴至女子的窗下弹琴唱歌以挑之。吾国南方民族中,亦有此风。"此外,"研究民歌者当兼读关于民俗学的书,可得不少的暗示"②。

不过,让胡适想不到的是,这一新的观点却被周作人视为"老话"。周作人在写给俞平伯的信中说:"他(指胡适——引者注)说此诗有社会学的意味,引求婚用兽肉作证,其实这是《郑笺》的老话。"③ 当然,这一评语当时仅见诸私函,外界并不知晓。但不久之后,周作人即进行了一次公开的批评。

这还得从胡适于 1925 年 9 月在武昌大学的讲演讲起。在这次讲演中,胡适以《关雎》、《野有死麇》、《葛覃》、《嘒有小星》等为例,介绍了自己以民俗学、社会学的观点研究《诗经》的成果,并不无自信地说,"要懂得三百篇中每一首的题旨","必须多研究民俗学、社会学"④。这次讲演稿,经由刘大杰记录,发表在同年 12 月的《晨报副刊》上。

不久之后,周作人即在《京报副刊》发表了《谈〈谈谈诗经〉》。在此文中,周作人说:"古往今来,谈《诗经》最旧的见解大约要算《毛传》,最新的自然是当今的胡适博士了。"但是,"有些地方太新了,正同太旧了一样的有点不自然"。之后,则以《野有死麇》、《葛覃》、《嘒有小星》为例,对胡适的民俗学、社会学的观点进行了批评。最后,周作人还说:"守旧的固然是武断,过于求新这也容易流为别的武断。"⑤ 对于这一公开的批评,胡适并没有加以回复,还部分接受了其中的见解,而放弃了之前的观点⑥。

于今来看,胡适在以民俗学、社会学的观点解读《诗经》时,虽然闹出了一些所谓

---

① 胡适:《日记(1919—1922)》,《胡适全集》(第二十九卷),第 602 页。
② 胡适:《致顾颉刚》,《胡适全集》(第二十三卷),第 406 页。
③ 周作人:《启明先生与平伯书》,《古史辨》(第三册),第 286 页。
④ 胡适:《谈谈〈诗经〉》,《胡适全集》(第四卷),第 610—612 页。
⑤ 周作人:《谈〈谈谈诗经〉》,《古史辨》(第三册),第 389—390 页。
⑥ 参见朱孟庭:《先大胆假设,再求证删改——论胡适〈谈谈诗经〉的易稿异版》,《书目季刊》2012 年第 1 期。

的"笑话",但这一"治学的门径与取法"则是大体不错的,可说为后之研究《诗经》者提供了一个新轨则。

　　承前所述,胡适于1925年在武昌大学做了一次题为《谈谈〈诗经〉》的讲演。在这次讲演中,胡适说:"对于《诗经》的研究想要彻底的改革……应该拿起我们的新的眼光,好的方法……去大胆地细心地研究"。按之胡适的相关论述,这一所谓的"新的眼光",一是"文学的眼光",一是"历史的眼光"。至于"好的方法",一是"结账式的整理",或曰"普及"的方法;一是"科学的方法",或称之为"提高"的方法。在一定意义上,胡适正是"拿起"了这一"新的眼光"和"好的方法",从而对《诗经》的研究完成了一次"改革"——从"经学"到"科学"。当然,于今来看,胡适的这一学术"改革"并不"彻底",尚停留在初级阶段,但这一"转移一时之风气,而示来者之轨则"之功决不可淡然处之,甚至视而不见。

(作者单位:河北大学历史学院)

民国文学研究

从白话文学的整体视角重审诗之防御战
——以《诗之防御战》、《谭诗》、《再谭诗》为考察中心

徐文泰

长期以来，我们习惯于将纯诗和散文诗置于二元对立关系之下，强调它们的对立和界限。历史的后视效应又使得我们在价值排序上将纯诗置于散文诗之上。因此诗学发展的道路也就被概括成为由散文诗向纯诗演变，由社会现代性向审美现代性嬗变的过程。这一方面强化了诗学的本体意义，剥离了附着于诗之上的无关因素，另一方面却也固化了我们对于新诗的历史认知，形成了我们审视新诗发展方式的思维定式。事实上，中国新诗的发展从来就隶属于更大的白话文学范畴，而白话文学的发展又受到整个新文化运动的场域压力的影响。因此，用一种纯粹的、抽象的文学范畴来勾勒中国新诗的演变方式就很容易简化新诗发展的历史线索，忽略了新诗产生和嬗变的历史语境与倡导者的历史心态，更可能因为断裂性的洁化叙事忽略了似新实旧的理论暧昧和藕断丝连的历史延续。

因此，有必要引入一种白话文学的整体视角，看它所构成的语境压力对新诗发展的引导和规范作用。另一方面，新诗发展相较于小说、散文、戏剧遭遇到更大的社会阻力，因此它对自身质与形的反思和调整又对白话文学的整体走向和发展产生了微妙而复杂的影响。这种互为关联性视角有助于我们恢复历史的多副面孔。与这种整体视角互为补充的是透视历史的方向性问题，王汎森认为"在方法论上应该是顺着放电影"[1]，这有助于防止历史的后视陷阱所带来的理所当然。循着这一思路，我们重新切入这一场诗歌防御

---

[1] 康乐、彭明辉主编：《史学方法与历史解释》，中国大百科全书出版社2005年版，第79页。

战,从积累、延续、嬗变的思维重审早期白话新诗到中国现代诗发展过程中实践与理论的脱节、试错与经验的积累,我们会鲜明地发现,白话文学的整体发展为这场诗学理念的革命准备了必要的历史土壤,但它所形成的历史共识又构成了这场诗学革命的视野限制。因此,它的历史意义和历史局限性都必须放在更宏大的历史语境中才能得到更好的辨析。

一、一个缘起:早期白话新诗的突破与桎梏

早期白话新诗是白话文学整体发展战略的一部分,而白话文学又是思想启蒙的必要工具。因此,虽然早期白话诗的倡导者在方法论上讲求形式和内容的一致性,但是其重心却是偏向于内容的。茅盾在总结初期白话诗发展时认为"这说明了初期白话诗所达到的如许新形式,是依了新内容的要求而自然产生的,绝不是故意在形式上做功夫"①。胡适也认为"文字形式是文学的工具,工具不适用,如何能表情达意"②?因此,初期白话诗关注的中心是写什么而非怎么写,这一个重要的问题在胡适对他的文学八事的顺序调整中最为明显。他在给朱经农的信中将"不用典"排在首位,而在之后的《文学改良刍议》中,却把"须言之有物"放在首位。事实上,早期白话新诗是文学思想革命的工具,它要求用新鲜而富有活力的词汇和句法反拨古文陈腐而僵化的模式,进而启迪人的心智状态,因此傅斯年在《白话文学与心里的改革》中说:"白话文学的内心是人生的深切而又著明的表现,是向上生活的兴奋剂。"③ 这也间接决定了文学在社会与时代中的排序以及文学自身内部要素的价值链等级。成仿吾认为,新文学必须有三种使命:"(一)对于时代的使命,(二)对于国语的使命,(三)文学本身的使命。"④ 胡适在《什么是文学——答钱玄同》中认为"文学有三个条件:第一要明白清楚,第二要有力能动人,第三要美"⑤。通过这些排序我们可以发现,早期白话新诗的基本定位是立足于新鲜立诚的写实文学这一宏观范畴的,因此它对于诗的美学特质也更加强调用真实自然取代矫揉造作,力求打破古代诗歌由于过度追求格律和对仗导致的诗学精神的桎梏。1920年许德邻的《分类白话诗选》恰恰就是这样一种诗学原则的产物。它符合白话文学"为人生"的总体目标,要求用清新、自由的诗学空气涤荡已经陷入僵死的文学体裁和

---

① 茅盾:《论初期白话诗》,《文学(上海1933)》,1937年第8卷第1期。
② 胡适:《中国新文学大系·建设理论集》,上海良友图书印刷公司1935年版,第9页。
③ 同上,第203页。
④ 郑振铎:《中国新文学大系·文学论争集》,上海良友图书印刷公司1935年版,第176页。
⑤ 胡适:《中国新文学大系·建设理论集》,上海良友图书印刷公司1935年版,第214页。

——从白话文学的整体视角重审诗之防御战——

文学内容，由此打通重返现实社会的途径，毫无疑问这是具有历史进步意义的。

然而，在理论倡导与实践创作中却出现了严重的脱节和关注的错位。成仿吾在《诗之防御战》中指责早期白话新诗："这不说是诗，只能说是所见，倒亏他知道了。"① 从表面上看，似乎成仿吾和早期的白话新诗做了一次彻底的决裂，因而他的这篇《诗之防御战》也具有了标志性的意义。但是，问题并没有这么简单。比较胡适和成仿吾关于写实这一问题的探讨，我们发现事实上两者更多的具有理论共性，成仿吾借写实主义和庸俗主义的区别将这个问题更加引向了深入。他们共同面对的问题是古典诗歌的内蕴和生机被抽空，只剩下一堆空洞的语言碎片，而形式的僵化则更进一步束缚了诗歌的呈现方式和想象空间。因此，由虚化实，恢复词语的在地性就成为了新诗发展必须迈过的第一步。成仿吾在《写实主义与庸俗主义》中认为"文学由浪漫的变为写实的，是我们由梦的王国醒来，回归到了自己"②。在这一点上，它和早期白话新诗的倡导者们达成了共识，然而在如何写实这个实质问题上成仿吾做出了卓有成效的突破。关注现实而不被现实所束缚，描写现实而不仅仅做旁观式的罗列和记录，这是成仿吾对早期实践创作弊病的一次洞见。他不反对写实，但反对庸俗的写实，尤其反对流水账和点名簿对新诗园地的破坏，因而他号召要展开一场诗歌的防御战。事实上，早期白话新诗的实践问题，胡适自身也意识到了。他在《什么是文学——答钱玄同》中认为"这一类的文字，只有记账的价值，绝不能动人，绝没有逼人的力量，故也不能算文学"③。这一回望性的反思事实上和诗之防御战中有惊人的相似之处，然而胡适解决这一问题的方法却仍然采用了一套传统的术语，诸如"明白"、"逼人"、"美"等，以此区别于传统的碑帖铭文。显然，胡适虽然意识到了问题，却缺乏对于现代诗学的"质与形"的有效思考，因而理论的呼吁也就浮于表面。诗歌由虚化实只是完成了历史的第一步，要实现诗学的飞跃必须要再次由实化虚，用诗学的想象实现从现实真实到艺术真实的转变。成仿吾事实上就是在这个问题上对白话诗先驱产生了超越。"然而我们观察时，要用我们全部的机能来观察，要捉住内部的生命，而不为外部的色彩所迷。"④ 他要求用主观的生命情绪去点染客观之"实"，而不被这个现实所束缚。后来王独清在《未来之艺术家：破除"自然"底迷信》中也是沿着这个维度进行探索。这场诗歌防御战在白话文学的语境压力下自始至终都没有脱离现实这个维度，更没有仅仅对诗学的形式做出纯粹美学的讨论。论争者针对早期新诗过于注重"实"却不注重"写"，做出了符合历史语境的有效探索。

---

① 成仿吾：《诗之防御战》，《创造周报》1923 年第 1 期。
② 郑振铎：《中国新文学大系·文学论争集》，上海良友图书印刷公司 1935 年版，第 182 页。
③ 胡适：《中国新文学大系·建设理论集》，上海良友图书印刷公司 1935 年版，第 215 页。
④ 郑振铎：《中国新文学大系·文学论争集》，上海良友图书印刷公司 1935 年版，第 182 页。

"作诗如作文"是胡适提出的关于新诗的一项重大理论,也是引发争议的又一大命题。事实上,胡适提出"作诗如作文"这个命题是有它的历史语境的。他在《逼上梁山》中写道:"今日文学大病在于徒有形式而无精神,徒有文而无质,徒有铿锵之韵,貌似之辞而已。"① 因此他强调:"所以说要须作诗如作文,又反对琢镂粉饰的诗。"② 通过这一论述,我们可以发现胡适事实上是针对传统古诗中过于注重格律、押韵、对仗等形式因素而造成的诗质缺乏的问题,要以文入诗,放进新鲜的空气,打破粉饰雕琢的风气,使诗歌重新面向现实。事实上,这是一种用形式来倒逼内容的策略,用诗的散文化冲破格律的束缚,增大诗歌的容量,最终形成具有现代内容和现代形式的新诗。因此这一转变的关键在于运用散文的"自然"来匡正格律的"不自然",这也是建设白话文学的应有之义。事实上,胡适并非像后来的指责者指出的那样完全不顾及诗和文的界限,他对于诗和文在音节和韵律上的区别是相当清楚的,"现在攻击新诗的人,多说新诗没有音节。不幸有一些做新诗的人也以为新诗可以不注意音节。这都是错的"③。胡适在谈新诗时提出:"诗的音节全靠两个重要的分子:一是语气的自然节奏,二是每句内部所用字的自然和谐。"④ 他对于诗歌内在的音节和韵律事实上有着相当清楚的认知,后来新月派、现代派以及中国新诗派等诸多诗学流派均对这个维度做出了卓有深度的探讨。因此,诗歌防御战的论争在这个维度上事实上并没有相当的分歧,甚至还具有相当的同一性。

　　穆木天在《谭诗——寄沫若的一封信》中说:"中国新诗的运动,我以为胡适是最大的罪人。胡适说:作诗须得如作文;那是他的大错。所以他的影响给中国造成一种 Prose in Verse 一派的东西。他给散文的思想穿上了韵文的衣裳。"⑤ 事实上,这个问题才是这场诗之防御战的关键,也是他们超越早期白话新诗的价值所在。胡适将散文的句法引入诗歌中,又运用音节和韵律将诗歌和散文做出区分,事实上这只完成了诗学确立自身品质的第一步,这是形式层面的确立。更重要的是,面对现实所引起的情绪与经验,诗人如何用区别于散文的方式去呈现,这才是新诗得以确立自身地位的关键。当然,确立诗学与散文实质上的区别并非这一场诗学防御战的发明,早期白话新诗倡导者对于诗学理论与创作实践的反思事实上为这场诗之防御战提供了足够的准备,因此与其说它是一次诗学意义上的革命,不如说它是历史土壤生发出来的必然果实。1919 年俞平伯在《社会上对于新诗的各种心理观》中就曾论述:"作诗最怕平铺直叙没有包含,用无数句

---

① 胡适:《中国新文学大系·建设理论集》,上海良友图书印刷公司 1935 年版,第 8 页。
② 同上,第 8 页。
③ 同上,第 302 页。
④ 同上,第 303 页。
⑤ 穆木天:《谭诗——寄沫若的一封信》,《创造月刊》1926 年第 1 卷第 1 期。

子来表示一点简单肤浅的意思，读的人一看就知道，再看就索然，这种嚼蜡的诗大可少做。"①这是针对早期白话新诗干枯肤浅、成为众矢之的而提出的反思，很显然具有感性的敏锐。然而俞平伯的诗学观念仍然把写实和白描作为诗歌创作的重要方法，并没有触及诗和散文在思维与逻辑上的区别，因此他强调要让诗歌变得更加活泼，却又强调"大约幻想的最要不得，听来的勉强可以，目睹身历的最好"②。显然他仍然不能区别诗的具体性与现实的具体性之间的区别，因而反思的视野大大受限。被成仿吾抨击的康白情在诗与散文的区别上又比俞平伯更加前进了一步，他在1920年的《新诗底我见》中说："劈头一个问题，诗究竟是什么？"③他提出了诗和散文的分歧问题，"有诗的散文，也有散文的诗，本没有什么形式的分别。不过主情为诗底特质。音节也是表现于诗里的多"④。正因为对这个本质问题有着自己的见解，康白情对诗歌的审美特质也做出了有意味的修改，"含蓄并不是要隐晦，明了并不是不能含蓄"⑤。可以看出，他借助于中国传统诗歌中的"含蓄"表现手法，突破了早期白话新诗一味追求明白而造成的诗歌透明的弊病，但又无法跳脱出整个白话文学所要求的清新明了的整体特色，因此这一段似是而非的论述体现了渐变过程中诗学理论的暧昧性。到了《诗之防御战》、《谭诗》、《再谭诗》，诗论家们则在前辈的基础上以二元对立的方式划定了诗和散文的区别，成仿吾在《诗之防御战》中确立了"他的方法只在运用我们的想象，表现我们的情感"⑥，这是在诗的思维方式上强调在真实之上需要有想象来再现。穆木天在《谭诗——寄沫若的一封信》中强调"与诗的统一性相关联的诗的持续性"⑦。这就把诗歌作为整体的统一性与诗歌内在肌质作为一对范畴系统性地提出来。王独清在《再谭诗——寄给木天伯奇》中则提出了诗的"情、力、音、色"⑧，将诗学特质进一步细化。可以说，前期的理论积累到诗歌防御战产生了理论嬗变，诗终于从文的大概念中确立了自己的独立园地。

另一个被忽略的问题是：诗的精神是平民的还是贵族？周作人早期倡导平民文学隶属于新文化运动思想启蒙这一更大的范畴，要求发现人、研究人、复归人。因此，"我们不必记英雄豪杰的事业，才子佳人的幸福"⑨，"只应记载世间普通男女的悲欢成

---

① 俞平伯：《社会上对于新诗的各种心理观》，《新潮》1919年第2卷第1期。
② 同上。
③ 康白情：《新诗底我见》，《少年中国》1920年第1卷第9期。
④ 同上。
⑤ 同上。
⑥ 成仿吾：《诗之防御战》，《创造周报》1923年第1期。
⑦ 穆木天：《谭诗——寄沫若的一封信》，《创造月刊》1926年第1卷第1期。
⑧ 王独清：《再谭诗——寄给木天伯奇》，《创造月刊》1926年第1卷第1期。
⑨ 胡适：《中国新文学大系·建设理论集》，上海良友图书印刷公司1935年版，第211页。

败"①。俞平伯在《诗底进化的还原论》中则从艺术性的角度论证，应从贵族化到平民化，"把诗底本来面目，从脂粉堆里显露出来"②。事实上，这是人道主义思想在文学上的具体外化，它要求将文学的内容从帝王将相向底层大众转移，直面底层的血与泪；而在艺术手法上要返璞归真，以清新明晰的文风革除旧文学的雕琢粉饰。然而事实上，这种平民性从一开始就具有不彻底性，茅盾认为"描写社会现象的初期白话诗因为多半是印象的，旁观的，同情的，所以缺乏深入的表现与热烈的情绪"③。成仿吾也说："秀才人情是半张纸，这样浅薄的人道主义更是不值半文钱了。"④ 这事实上一针见血地道出了初期白话诗虽然在理论倡导上推崇诗的平民化，但背后仍然有着贵族化的根底。反思的背后并非要否定诗的平民化，而是要防止以平民化之名将诗歌降格到记账式的罗列和无关痛痒的同情。周作人在1922年就率先调整了其论述："我想文艺当以平民的精神为基调，再加以贵族的洗礼，这才能造成真正的人的文学。"⑤ 这一调和事实上是把早期的诗质从"真"向"善"和"美"转变，因而在诗的艺术层面的考量显然更加精进。康白情在《新诗底我见》中则详细论述了平民的诗和贵族的诗的区别："平民的诗是理想，是主义；而诗是贵族的，却是事实，是真理。怎么说呢，艺术行动底起，必得当人生底静观时候。"⑥ 到了诗歌防御战，诗人的贵族精神则真正得到了确立，"故我以为要求最好的诗，第一需要求诗人去努力修养他底趣味"⑦。从诗的平民化到诗的贵族化，这也是对诗学特质认识的一次深化。诗的平民化要求诗人重新面对现实，但这只是诗学革命的第一步。诗人必须用自己的主观感受去捕捉外在现实带来的情绪触动和灵魂震颤，更要用富有艺术特征的语言去表现这种丰富而微妙的情绪变化，这种感受和筛选的过程正是诗人艺术修养的体现，无疑这更需要诗学的贵族精神。

二、一种策略：诗之防御战的论战思维术

"当理解一个文化生产场的运行和这个场中产生的东西时，我们不能将（在场本身的运行和使它成为可能的基本幻想中找到其根源的）表达的冲动与场的特定逻辑分开，不能将其与场的各种客观可能性，以及既要限制又准许表达的冲动转化为特定解决方法

---

① 胡适：《中国新文学大系·建设理论集》，上海良友图书印刷公司1935年版，第211页。
② 俞平伯：《诗底进化的还原论》，《诗》1922年第1卷第1期。
③ 茅盾：《论初期白话诗》，《文学（上海1933）》1937年第8卷第1期。
④ 成仿吾：《诗之防御战》，《创造周报》1923年第1期。
⑤ 周作人：《贵族的与平民的》，《晨报副刊》1922年2月9日。
⑥ 康白情：《新诗底我见》，《少年中国》1920年第1卷第9期。
⑦ 王独清：《再谭诗——寄给木天伯奇》，《创造月刊》1926年第1卷第1期。

的一切东西分开。"① 回顾这场诗学防御战，我们可以清晰地发现，无论是成仿吾、穆木天还是王独清，经常在论述中出现自相矛盾的现象。顾左右而言他的理论暧昧显然很难在纯粹的美学理论中找到合适的解释方法。他们都强调诗歌要有自己的目的，强调审美的自足性，但成仿吾又强调："所以如果我们甘与时代精神背道而驰则已，否则我们是不能不把他当作古董看待。"② 穆木天也认为"国民文学的诗歌——在表现意义的范围内——是与纯粹诗歌绝不矛盾"③。类似的两歧性表达贯穿了这场诗歌防御战的始终，事实上这是诗歌之于自身的目的与诗歌对于时代、社会的目的的一次微妙的调和。即使被誉为贵族诗人的王独清也在一则通讯中表达道："我总有一个很固执的偏见：觉得艺术的创造，虽然不能立在功利的打算上，但至少总也有窥探与改革人心的责任。"④ 我们如果把这些理论上的暧昧放到更宏观的历史视野内，就会发现，这场诗歌防御战不得不受到整个白话文学的语境压力影响。白话文学的一个核心价值就是人的发现，既要"写这理想的生活，或人间上达的可能性"⑤，也要"写人的平常生活，或非人的生活，都狠可以供研究之用"⑥。因而他们始终不可能在纯粹美学的范畴内来探讨诗质何为，这也是这场诗歌防御战"曲线救国"的论证思维的历史由来。

  早期的白话新诗也是围绕表现人这一中心命题而展开的，不过它的侧重点在于从人的社会属性出发，展现人在社会中的真实处境。无论是胡适的《人力车夫》还是刘半农的《相隔一层纸》都寄予了白话诗先驱们的人道主义同情，尽管这可能是浅薄的同情。而诗歌防御战的作者们则从这个命题的背面切入这一中心命题，他们关注的重心从人的外在层面回归到人的内心，强调对国民灵魂与情绪的再发掘，因而他们能在这一折中的策略中既不脱离白话文学的中心命题，又从宏大的历史语境中析离，从而探讨诗歌之于其他文体的独特意义。穆木天在《谭诗——寄沫若的一封信》中认为"国民文学是交响的一形式。人们不达到内生命的最深的领域没有国民意识"⑦。王独清认为"我最近作诗，很爱用垒字叠句，觉得这是一种表人感情激动时心脏振动的艺术，并是一种刺激读者，使读者神经发生振动的艺术"⑧。从生命力、感觉、情绪而非人的社会身份、阶级属性出发，成仿吾、穆木天、王独清完成了诗学关注重心的转移，也深化了关于"人"的

---

① ［法］皮埃尔·布尔迪厄：《艺术的法则——文学场的生成与结构》（新修订本），刘晖译，中央编译出版社 2011 年版，第 246 页。
② 成仿吾：《诗之防御战》，《创造周报》，1923 年第 1 期。
③ 穆木天：《谭诗——寄沫若的一封信》，《创造月刊》1926 年第 1 卷第 1 期。
④ 王独清：《通信一则》，《创造周报》1923 年第 19 期。
⑤ 胡适：《中国新文学大系·建设理论集》，上海良友图书印刷公司 1935 年版，第 196 页。
⑥ 同上。
⑦ 穆木天：《谭诗——寄沫若的一封信》，《创造月刊》1926 年第 1 卷第 1 期。
⑧ 王独清：《再谭诗——寄给木天伯奇》，《创造月刊》1926 年第 1 卷第 1 期。

命题的思考。早期白话新诗由于浮光掠影式的观察和流于表面的人道主义同情，反而把最应该关注的人的情绪的真实呈现忽略了。照相式的再现和零散碎片的叠加也是成仿吾号召守卫诗学园地的现实原因。更重要的是，人的情绪具有不可捉摸性、无逻辑性、跳跃性，并且不受时空的约束，因而配合这样一种情绪的表达，迫切地需要一种新的诗学理念。这场诗之防御战更重要的成果是借助情绪的神秘性和无定性，引入了新的诗学逻辑和诗学思维。以穆木天的《谭诗——寄沫若的一封信》为例。由于诗学反映的是人的内在世界，它不同于外在现象的客观复写，因而"诗要有大的暗示能。诗的世界固在平常的生活中，但在平常生活的深处。诗要暗示出人的内生命的奥秘。诗是要暗示的，诗最忌说明"①。这就和早期白话新诗要求的明白、清晰划清了界限，也和以现象和理论为阐述对象的散文区别开来。"他官能感觉的顺序，他的感情激荡的顺序，一切的音色律动都成一种持续的曲线的。"② 诗作为内在整体的统一性是对早期白话新诗记账式的零散罗列的一次反拨，诗的整体统一和内在张力也蕴含着诗学现代性的因子。"心情的流动的内生活是转动的，而他们的流动动转是有秩序的，是有持续的，所以他们的象征也应有持续。"③ 诗的持续性和音乐的旋律性有着天然的相似性，讲究诗歌在情绪上的起伏和节奏上的韵律。这既对早期白话诗倡导的自然音节有着天然的延续，也蕴含了新的超越。可以说，这场诗歌防御战借由人的内面性的发现一并将新的诗学呈现方式输入诗歌中，在不违背时代命题的前提下加深了对诗歌审美表现方式的认知，明修栈道，最终暗度陈仓。

　　诗之防御战的另外一个重要的命题就是确立散文和诗之间的文体区别。透过这场火药味十足的辩论，我们不难发现成仿吾、穆木天、王独清不约而同地采用了预设立场、二元对立的论证思维，甚至不免有些意气之争。然而，当我们把这场论战放到整个新诗发展的纵贯线上就可以发现，早期白话诗形成的作诗如作文的理念以及由此产生的创作大潮给诗之防御战的倡导者们形成了巨大的语境压力。当散文诗逐渐成为天经地义时，必须采取二元对立的决绝手段反驳抹清它们界限的任何可能，诗歌才能真正确立自己的天地。1922年《文学旬刊》连续刊载了一组关于散文诗的看法，包括西谛的《论散文诗》、王平陵的《读了"论散文诗"以后》、滕固的《论散文诗》。这组评论事实上典型地展现了当时文学评论家对散文诗的看法。西谛确立了散文和韵文从形式上本来没有什么清楚的分别，并且认为"在理论上，散文诗的立足点，也是万分的稳固。并且我们固不坚执的说，诗非用散文不可，然而在实际上，诗确实已有由韵趋散的形式了"④。而王

---

① 穆木天：《谭诗——寄沫若的一封信》，《创造月刊》1926年第1卷第1期。
② 同上。
③ 同上。
④ 郑振铎：《中国新文学大系·文学论争集》，上海良友图书印刷公司1935年版，第301页。

平陵在《读了"论散文诗"以后》中开篇就下结论:"散文诗和韵文诗的争执,已是文学史上过去的陈迹了,不料在现今文艺复兴的文坛上,还有人走原路,在这个问题上的滔滔不休,真是文坛上的厄运。"① 最值得关注的是滕固的《论散文诗》。他将散文和诗作为两个圆圈,互相重叠的部分就是散文诗,因此诸如郦道元的《水经注》、苏轼的《记承天寺夜游》也可以称作散文诗。正是因为作诗如作文的倡导成为了不可阻挡的趋势,诗和散文的界限似乎也就被人熟视无睹了。因此要让这个不成为问题的问题重新登上历史舞台,确立诗学的独立品格,二元对立的决绝立场和非此即彼的论证思维是可供选择的最佳辩护策略。

成仿吾在《诗之防御战》中将诗和散文的对立等价为了情感和理智的对立,并且认为"诗的职务只在是我们兴感 to feel 而不在是我们理解 to understand"②。他同时又强调:"诗也要人思索,根本上便错了。"③ 事实上,他是想急切确立散文和诗的两种不同呈现方式,一者具有直观明了性和陈述的逻辑性,一者侧重想象和暗示,具有情感的跳跃性。他以情和智两种不同思维术的对立,确立诗歌和散文之间不可动摇的界限。事实上,成仿吾自己也认识到这种二元对立所带来的思维短视。因此,他不无辩解地说:"哲理与真情调和,亦并非不可能之事。不过这是进一步的说法,就一般而言,我在上面所说的话,是可以成立的。"④ 由此可见,成仿吾明白,这场二元对立的"诗之防御战"事实上只是权宜之计,它的历史意义在于反拨抹杀了诗和散文界限所带来的流水账式的记录和抽象概念的叠加。这是借助浪漫主义精神对早期白话新诗的一次历史性反思,而智慧与情感的融合需要在诗学园地确立了自足性的前提之下才有可能展开有意义的深化。因此,历史地看这篇二元对立式的宣言书,无异于对当时诗坛一次振聋发聩的提醒。因此,1926 年一粟在《评(?)诗(?)》中不无赞扬地说:"自'诗之防御战'出世后,果然小唱儿,无聊,点名簿的诗渐渐少了好些,这是要深深感谢成仿吾先生的,为诗的本身着想。"⑤ 穆木天则进一步在诗的逻辑术和思维术上确立散文和诗歌的界限。他说:"诗要有大的暗示能。诗的世界固在平常的生活中,但在平常生活的深处。诗要暗示出人的内生命的奥秘。诗是要暗示的,诗最忌说明。说明是散文的世界里的东西。诗的背后要有大哲学,但诗不能说明哲学。"⑥ 这个二元对立确立了诗和散文在呈现方式上的差异,散文适用于说明,宜用明了的语言,诗歌呈现人的情绪,适合用象征和暗示。当然

---

① 郑振铎:《中国新文学大系·文学论争集》,上海良友图书印刷公司 1935 年版,第 301 页。
② 成仿吾:《诗之防御战》,《创造周报》1923 年第 1 期。
③ 同上。
④ 同上。
⑤ 一粟:《评(?)诗(?)》,《白露》1926 年第 2 期。
⑥ 穆木天:《谭诗——寄沫若的一封信》,《创造月刊》1926 年第 1 卷第 1 期。

穆木天在这个问题上走得更远，他说："把纯粹的表现世界给了诗歌的领域，人的生活则让给散文担任。"① 这一段让人匪夷所思的论述引发了穆木天似乎背离了现实和人生这两大主题的争议，当然这不无道理。但当我们仔细辨析这段话的上下文语境时，我们可以发现，穆木天其实是在区分艺术的真实和现实的真实。诗歌不同于散文，它更强调用幻想和虚构去点染和改造现实真实，因而诗歌的真实是想象的真实，它需要对现实进行一次再造。早期白话新诗事实上始终存在离现实太近的问题，缺乏审美的距离感和静观。穆木天强调将诗的世界和人的世界二元对立，事实上正是在反驳传统诗歌现实有余而想象力不足的弊病，这种决绝的心态背后是将审美考量置于真实考量之上而产生的认识深化。

　　早期中国的白话新诗也像新文化运动一样受着现代性的诱惑，传统作为现代的对立面是需要被超越和克服的。陈独秀在《文学革命论》中强调道："际兹文学革新之时代，凡属贵族文学，古典文学，山林文学，均在排斥之列。"② 既然传统作为雕琢粉饰没有生命力的象征，理所当然处在被革新的行列。空间上的西方与东方之别嫁接成为了时间序列上的先进与落后，因而在文学的借鉴策略上也就理所当然地选择学习西方。胡适在《建设的文学革命论》中说："因为西洋文学真有许多可给我们做模范的好处，所以我说，我们如果真要研究文学的方法，不可不赶紧翻译西洋的文学名著做我们的模范。"③ 在审视世界的眼光上，早期新文化运动的先驱们也多采用世界主义的眼光，摒弃地理的、民族的隔阂。周作人在《新文学的要求》中认为"这文学是人类的，也是个人的，却不是种族的，国家的，乡土及家族的"④。诗之防御战的作者们虽然也大都留学西洋，深受西方文明的洗礼，但他们却不约而同地从传统与现代的简单二元对立中走了出来，并且更加强调续接民族传统。成仿吾在《诗之防御战》中提出"文学只有美丑之分，原无新旧之别"⑤，这已经隐含了历史的先声。1924 年，另一位创造社的成员郑伯奇在《京报副刊》上说："我们要追怀古代的光荣，我们要夸我们民族历史的真实呀，我们民族历史的滚滚浩荡！"⑥ 事实上，他们续接民族传统有着特殊的历史原因。创造社的成员成仿吾、穆木天、王独清都有留学国外的经历，国外民族的压迫与国内殖民地的耻辱，从内外两个层面刺激着他们的民族自尊心。因此，他们只好从民族的光荣传统中去寻找精神的慰藉，贵族的精神使他们从远古的贤先汲取力量来战胜现实的自卑。穆木天在《谭诗

---

① 穆木天：《谭诗——寄沫若的一封信》，《创造月刊》1926 年第 1 卷第 1 期。
② 陈独秀：《文学革命论》，《新青年》1917 年第 2 卷第 6 期。
③ 胡适：《中国新文学大系·建设理论集》，上海良友图书印刷公司 1935 年版，第 139 页。
④ 郑振铎：《中国新文学大系·文学论争集》，上海良友图书印刷公司 1935 年版，第 303 页。
⑤ 成仿吾：《诗之防御战》，《创造周报》1923 年第 1 期。
⑥ 郑伯奇：《论国民文学的三封信：二复穆木天的信》，《京报副刊》1925 年第 80 期。

——寄沫若的一封信》中说:"我要抹杀唐代以后的东西,乃超要进还要古的时代——先秦!先汉?听我们的心声,听我们故国的钟声,听先验的国里的音乐。"① 正是因为他们要从故国的历史中寻找力量的来源,因而这些诗论家们便不再把传统文学作为需要超越的对立面。传统文学不仅可以和现代文学并存,并且具有生发创造性的转化因子。所以,穆木天才认为"七绝至少有七绝的形式价值,有为诗之形式之一而永久存在的生命"②。当然,他们眼中的传统事实上不是文化和历史领域的传统,而是想象、先验的传统,是借助异域的眼光进行的一场折光透视,文化乡愁所带来的对传统的溢美之词遮蔽了理性重估传统的可能。因此,这更像是一种借传统之名吐心中块垒的权宜之计。真正对传统自尊自信的嫁接需要新诗的后继者们来完成。

三、一个借鉴:对法国象征主义的过滤与提纯

朱自清在《中国新文学大系·诗集·导言》中说:"后期创造社三个诗人,也是倾向于法国象征派的。"③ 在《谭诗——寄沫若的一封信》和《再谭诗——寄给木天伯奇》中,穆木天和王独清也反复提到法国象征诗派拉马丁、拉佛格、波德莱尔、魏尔伦、马拉美等人对他们诗歌创作的影响。然而问题的关键并不在于借鉴是否发生,而在于中国的语境对法国象征主义的过滤与提纯。"我真正的理论兴趣在于中国文学话语中'现代'与'西方'的合法化过程,以及在这些符号意义介入的(mediated)合法化过程当中中国人的能动作用的暧昧性。"④ 因此,对外来文化的借鉴本身就是一次文化的再创造过程。成仿吾在《新文学的使命》中说:"我们是时代潮流中的一泡,我们所创造出来的东西,自然免不了要有他的时代的色彩。然而我们不当止于无意识地为时代排演,我们要进而把住时代,有意识地将他表现出来。"⑤ 整个白话文学从诞生之日起就和中国现实保持着密切和暧昧的联系,返回艺术的象牙塔孤芳自赏或者营造虚幻的海市蜃楼始终不被主流价值所认可。因此文学的译介也必须从现实的土壤中寻找它存在的合法性。白话文学作为思想启蒙的先锋,始终承担着"立人"的目标,形式与内容的二分法中对内容的偏重也决定了孤立地谈论艺术形式始终有点理不直气不壮。传统的土壤中氤氲的士大夫的入世精神被巧妙地转化为新知识分子对于时代的使命,因而超验的、出世的价值就

---

① 穆木天:《谭诗——寄沫若的一封信》,《创造月刊》1926年第1卷第1期。
② 同上。
③ 朱自清:《中国新文学大系·诗集·导言》,上海良友图书印刷公司1935年版,第139页。
④ 刘禾:《跨语际实践——文学,民族文化与被译介的现代性(中国,1900—1937)》(修订译本),宋伟杰等译,生活·读书·新知三联书店2008年版,第6页。
⑤ 郑振铎:《中国新文学大系·文学论争集》,上海良友图书印刷公司1935年版,第177页。

显得与主流价值方枘圆凿。可以说，中国的历史土壤、现实语境和知识分子自身的经历决定了白话文学运动的经历者们对外来文学的选择、借鉴和再创造。

"我们自己知道我们是社会的一个分子，我们自己知道我们在热爱人类——决不论他的善恶妍丑。"① 王独清也在强调艺术本身目的的同时，关注艺术对于社会的使命。可以说，由于诗人始终密切地关注现实，所以超验的、脱离时代的艺术追求就理所当然地成为第一重被过滤的因素。事实上，法国象征主义就"象征"这一内涵而言，包含着许多神秘和超验的因素，因此象征意味着人世间的至美与超验的天国之间的应和关系。波德莱尔认为"正是这种对于美的令人赞叹的、永生不死的本能使我们把人间及人间诸事看作是上天的一览，看作是上天的应和。人生所揭示出来的、对于彼岸的一切永不满足的渴望最生动地证明了我们的不朽"② 当我们把目光投向同时期对于象征主义的介绍性文章，我们就可以注意到这些介绍者本身就在用中国语境对其进行改写。田汉在《新罗曼主义及其它：复黄日葵兄一封长信》中写道："新罗曼主义便是想要从眼睛看得到的物的世界去窥破眼睛看不到的灵的世界，由感觉所能接触的世界去探知超感觉的世界。"③ 事实上无论是穆木天还是王独清，他们所强调的都是有外物所引发的灵魂震颤，用诗学的象征和暗示去表现潜意识微妙而复杂的情绪变化。王独清提出："诗，作者不要为作而作，须要感觉而作。"④ 事实上，他所强调的仍然是借助客观之形去把握主观的无定，因此并不具备所谓超验的内涵。即使穆木天提到了先验这一名词，他也并不是指向西方意义上的天堂和彼岸，而是象征中国的民族贤先和故园之美。可以说，稀薄的超验元素是中国语境对象征主义的一次鲜明的过滤。其次是对智性思考的忽略。"纯诗的思想，是一种不可思议的典范的思想，是诗人的趋向、努力和希望的绝对境界的思想。"⑤ 事实上，法国象征主义不仅追求寻找客观对应物来表现灵魂丰富的痛苦，更强调从哲学层面对人生进行智性的思考。然而这场诗歌防御战在将象征诗派引入中国的时候却只借鉴了诗歌感性的呈现方式，忽略了背后哲学的求索。因而它更像是一场浪漫主义的深化，田汉将象征主义翻译成为"新罗曼主义"也正是基于这样的思考。朱自清在《中国新文学大系·诗集·导言》中说："但王独清氏所作，还是拜伦式雨果式的多，就是他自认为模仿象征派的诗，也是豪胜于幽，显胜于晦。"⑥ 这场诗歌防御战虽然借鉴法国象征主义却具有鲜明的浪漫主义色彩其实有着深刻的历史原因。成仿吾、穆木天、王独清之所

---

① 郑振铎：《中国新文学大系·文学论争集》，上海良友图书印刷公司1935年版，第191页。
② 黄晋凯、张秉真、杨恒达：《象征主义·意象派》，中国人民大学出版社1989年版，第5页。
③ 田汉：《新罗曼主义及其它：复黄日葵兄一封长信》，《少年中国》1920年第1卷第12期。
④ 王独清：《再谭诗——寄给木天伯奇》，《创造月刊》1926年第1卷第1期。
⑤ 黄晋凯、张秉真、杨恒达：《象征主义·意象派》，中国人民大学出版社1989年版，第71页。
⑥ 朱自清：《中国新文学大系·诗集·导言》，上海良友图书印刷公司1935年版，第8页。

以要打响这场保卫战，是"要治中国现在文坛审美薄弱和创作粗糙的弊病"①。它直接针对了早期白话诗出现的流水账式的记录和小哲理诗中抽象概念的演绎，强调用具体的客观对应物来呈现灵魂的灵动跳跃，因而在重情的同时不约而同地对智有着忽略和排斥。当然它对于确立诗学园地的自足性，反拨早期白话新诗偏重于复写而带来的创作枯竭，毫无疑问具有历史的进步意义。但是将智和情做一种二元对立式的划分，排斥智而强就情的策略却限制了理论家们的思维，使他们并未走出感伤主义的基调。因此，如何将情绪的波动与人在历史文化中的理性思考相结合，就成为了中国新诗必须跨越的难题。第三，法国象征派从来就不将语言视为工具，而将它上升到本体的地位，它们区别日常语言和诗学语言的不同特性。日常语言具有平庸性和惰性，由于约定俗成而形成了思维定式，语言本身附着了太多历史文化带来的无关因素，因而它本身所蕴含的创造性魅力就无形之中被遮蔽了。诗学的语言本身具有陌生性、新奇性和创造性，它要抖落词汇身上的历史重负，还原语言本身的质感，因为语言就是我们感觉的外化。所以瓦雷里强调："不提纯诗，也许绝对的诗的说法更正确。绝对的诗在这里应当理解为：对于由词与词的关系，或者不如说由词的相互共鸣关系而形成的效果，进行某种探索。"② 这毫无疑问是把语言上升到了存在层面。然而从早期白话新诗开始，先驱们虽然都认为形式与内容是相互统一的，但语言始终是作为一种传情达意的工具而出现的，它并非具有本体的意义。胡适在《逼上梁山》中说："一部中国文学史只是一部文字形式（工具）新陈代谢的历史，只是'活文学'随时起来代替了'死文学'的历史。"③ 这鲜明地道破了白话文学先驱们对于白话的历史定位。白话文学作为思想启蒙的一部分，承担着打破僵死古文的重任，因而语言本身的质地就不可能成为他们着重关心的话题。而诗歌防御战的作者们着重关注的是诗和散文之间的界限，因而它们关心的是诗和散文在表现对象和呈现方式上的差异，语言命题作为一个二级命题自然也就被他们有选择性地忽略了。

　　刘延陵在 1922 年介绍法国象征主义的文章《法国诗之象征主义与自由诗》时说："象征派是注重书写情调表现自我的了。若论如何表现书写，他们则以为应当借手于客观界的事物。他们说外界有许多虽暗晦模糊而却能表示我们的情调的东西，诗人应当去捉住这些象征用以表现内心底情调。"④ 这篇介绍性的文章和诗歌防御战的作者们的侧重点不谋而合，他们首先关注的重点就是借助客观对应来表现情感的波动和情绪的震颤。事实上这和创造社的成员们的共同经历有着密不可分的联系。无论是成仿吾、穆木天还是

---

① 王独清：《再谭诗——寄给木天伯奇》，《创造月刊》1926 年第 1 卷第 1 期。
② 黄晋凯、张秉真、杨恒达：《象征主义·意象派》，中国人民大学出版社 1989 年版，第 65 页。
③ 胡适：《中国新文学大系·建设理论集》，上海良友图书印刷公司 1935 年版，第 9 页。
④ 刘延陵：《法国诗之象征主义与自由诗》，《诗》1922 年第 1 卷第 4 期。

王独清皆遭受着双重的幻灭,理智的破产使他们走上了情感反拨的道路,而这恰恰也是早期白话新诗中最稀薄的元素。成仿吾在《诗之防御战》中认为"文学是直诉于我们的情感,而不是刺激我们的理智的创造"①。穆木天认为"一个有统一性的诗,是一个统一性的心情的反映,是内生活的真实的象征"②。王独清则把诗分为四大元素,即"(情+力)+(音+色)=诗"③,并且将情放置在第一位。应该说,早期白话新诗的干枯无趣为他们以情反动创造了契机,国内、国外的双重失望进一步刺激了他们情感的勃发,因而这一场诗学防御战将着力点放置在以情感人也就有了社会和文学的原因。事实上法国象征诗派对于情感的副作用是有着清醒的认识的。波德莱尔认为"心的敏感不是绝对地有利于诗歌创作。一种极端的心的敏感甚至是有害的"④。情感的过度膨胀会使作者丧失沉着的思考和静观的可能,更不能为情绪的感性状态赋予合适的客观形态,诗歌内部的张力也会随之瓦解。因此这种不完整的借鉴也蕴含着感伤主义的危机和被超越的可能性。

其次,是对音乐性的借鉴。事实上,音乐性自始至终是白话新诗关注的一个重点,它要求用诗内部自然的抑扬顿挫和音节连缀之间形成的自然韵律去突破古典诗歌中被平仄、押韵僵化的诗学体系。刘半农甚至谋求从江阴民歌中去借鉴歌谣体的长处,用瓦釜去冲击居于庙堂之高的黄钟。可以说,在自然的韵律和音乐的流畅性这一个维度上,这场诗学防御战的作者们和早期白话新诗的先驱们有着鲜明的共识。音乐的波动性和情绪的波动性又有着天然的相似性,因而这也成为了他们随物赋形的利器。成仿吾认为"诗的本质是想象,诗的现形是音乐,除了想象和音乐,我不知道诗歌还留有什么"⑤,这为诗歌的表现形式确立了规范。穆木天则借助"诗的统一性和诗的持续性"⑥ 来强调音乐对于诗歌构造整体张力的重要性。王独清在法国留学时曾经重点学习魏尔伦,因而他对音的强调更上了一个台阶。他认为"在艺术方面,即是所谓'音画'。我们应该努力要求这最高的艺术"⑦。然而我们也不得不说,虽然法国象征派的马拉美也极力推崇诗歌的音乐性,但是他关注的重点却和成仿吾、穆木天、王独清有着微妙的差异。"以线条十分清晰见称的乐调已经成为过去,代之而起的是一种无穷无尽的破碎的乐调,它丰富了音乐的内容,同时又使人不会感到音调的抑扬顿挫太着痕迹。"⑧ 马拉美强调的是音乐的复调

---

① 成仿吾:《诗之防御战》,《创造周报》1923 年第 1 期。
② 穆木天:《谭诗——寄沫若的一封信》,《创造月刊》1926 年第 1 卷第 1 期。
③ 王独清:《再谭诗——寄给木天伯奇》,《创造月刊》1926 年第 1 卷第 1 期。
④ 黄晋凯、张秉真、杨恒达:《象征主义·意象派》,中国人民大学出版社 1989 年版,第 8 页。
⑤ 成仿吾:《诗之防御战》,《创造周报》1923 年第 1 期。
⑥ 穆木天:《谭诗——寄沫若的一封信》,《创造月刊》1926 年第 1 卷第 1 期。
⑦ 王独清:《再谭诗——寄给木天伯奇》,《创造月刊》1926 年第 1 卷第 1 期。
⑧ 黄晋凯、张秉真、杨恒达:《象征主义·意象派》,中国人民大学出版社 1989 年版,第 8 页。

性,不同层面、不同维度的情绪撞击着诗人的心灵,诗人运用类似多声部的交响乐去反映人的情绪的多元性和破碎性。中国的诗人们侧重的却是音乐的持续性和统一性,强调在起承转合中展现情绪的变化,事实上这也暗合了中国哲学的整体文化观。同中有异,这是不同的文化土壤对同一命题的有意味的呈现。第三,查尔斯·查德威克认为"象征主义的这种表现既不是直接将思想和情感描述出来,也不是通过与具体的意象进行明显的比较而给它们以限定,而是暗示出这些思想和情感是什么,并通过不加解释的象征符号,在读者心里将它们重新创造出来"①。象征主义的一个最重要的特征就是借助合适的客观对应物来暗示主观复杂多变的情绪,这一点也很自然地被诗歌防御战的作者们拿来借鉴使用。早期白话诗的创作多注重白描和客观复写,导致诗歌如透明的玻璃球,缺乏应有的韵味。因而借助于象征和暗示来委婉曲折地呈现情感的无定型也就成为了应有之义,这也是区分诗歌和散文表现方式的重要界限。另一方面,象征和暗示的表现手法和古代诗歌中的比兴手法又有着天然的契合点,民族传统又为它的接受提供了必要的文化土壤。周作人在《扬鞭集序》中说:"新诗的手法我很不佩服白描,也不喜欢唠叨的叙事,不必说唠叨的说理,我只认抒情是诗的本分,而写法则觉得所谓'兴'最有意思,用新名词来讲或可以说是象征。"② 事实上,正是现实和历史的两方面准备使得象征和暗示这一呈现手法迅速被接受,成为诗歌创作的金科玉律。因此穆木天在《谭诗——寄沫若的一封信》中说:"事事要暗示出人的内生命的奥秘。诗是要暗示的,诗最忌说明。"③ 当然,法国象征派借用象征和暗示是想接通此岸和彼岸,更是想重建现实世界和理想世界之间的桥梁。而中国的接受者们却过滤了它的超验成分,只把它单纯地当作一种诗歌呈现的手段,中国语境催生了中国式的象征表现手法。

(作者单位:武汉大学文学院)

---

① [法]查尔斯·查德威克:《象征主义》,郭洋生译,花山文艺出版社1989年版,第2页。
② 周作人:《扬鞭集序》,《语丝》1926年第82期卷。
③ 穆木天:《谭诗——寄沫若的一封信》,《创造月刊》1926年第1卷第1期。

民国文学研究

《文学季刊》和 20 世纪 30 年代的"学院"与"文坛"

徐旭敏

现代文学史中,"学院"和"文坛"具有密切的关联。新文学运动的早期发起者,大多具有高校教师或学生的"学院"身份。大学校园也因其文化资源和氛围上的优势,成为推动新文学的重要阵地。其原因之一,是新文学运动的发生地北京具有教育资源上的优势地位,成为文化和思想潮流的推动器。然而,"五四"落潮后,新文化运动迎来了内部的分化和重新整合——从发端时期的社会改革、学术和文学的混沌、融合状态,转向一种专业性的分化和分工。最典型的,是陈独秀、胡适、钱玄同、周氏兄弟等新文学运动的发起者因志业不同而转向专门性的革命、学术或文学事业。"学院"和"文坛"也迎来合而分的过程:从发端期的"大学"和"文学运动"这样一种动态性的概念,逐渐固定为"学院"和"文坛"的专业性场域。事实上,"学院"和"文坛"概念本身的形成,正是这种专业性分工下的产物。

"学院"和"文坛"的分化伴随着聚焦中心的分离,迎来现代文学史上的"双城记"时期。20 世纪 20 年代后期,政治和新文化中心向南方迁移,上海成为当时"文坛"的主要聚焦地,成为各种文学论争、思潮和运动发酵的中心,并代表性地成为左联和革命文学家的聚集地。而保留了教育资源的北京,吸引了一批专业化、精英化的学者,成为学院派知识分子的聚集地。学院派和左翼,背靠"学院"和"文坛",相较新文化运动早期学术思潮同社会运动相辅相成的局面,此时两者的关系,也随着惯习和思想道路的差异性,呈现出更为复杂的态势。相较于用革命思潮和自由主义思想的对立纠合来描述

124

——《文学季刊》和 20 世纪 30 年代的"学院"与"文坛"——

20 世纪 30 年代①的文化界，或许从分析其各自倚靠的"学院"和"文坛"的视角切入，会观察到别样的风景。《文学季刊》是 20 世纪 30 年代著名的大型文学杂志，创刊于北京，而同时与学院派和左翼作家有密切关系，也同双方倚靠着的"学院"和"文坛"有斩不断的联系，在这个问题下，是一个颇为合适的考察视点。

一、郑振铎的设想

《文学季刊》（以下简称《季刊》）的主编是郑振铎、靳以、巴金。起初是靳以受立达书局之邀，从上海来北京办刊，因为担心经验和人脉不足，就约请郑振铎来合办刊物。靳以是在向郑振铎主编的《小说月报》投稿时与之相识的。此外，郑振铎在上海复旦大学兼职任教时，靳以是复旦学生，旁听过郑的课，可以算作郑的学生。后来巴金也加入编辑部。三个主编中，靳以和巴金都刚从上海过来，巴金此时因小说《萌芽》刚被查禁颇受当局注意，靳以则是刚毕业的大学生。而郑振铎是经历过"五四"的作家和学者，此时是北京大学和清华大学合聘教授，之前在上海主编《小说月报》，办刊经验丰富。所以，在刊物创办之初，从经验、地位和人脉上看，郑振铎无疑是最适合负责整体决策和引导工作的人。

在靳以的回忆里，郑振铎爽快答应自己的要求，是考虑到《文学》在上海的处境日益艰难，想要在尚未受当局注意的北京开辟一个新阵地②。抛开这一说法里较浓厚的政治色彩，靳以指出了郑振铎欲沟通上海和北京文化界的想法，这成为郑振铎办刊的整体方针。从创刊号的栏目设计中可以看出这一点。除了小说、诗歌、散文等创作栏外，最令人瞩目的，是里面的论文栏和书报副刊栏。论文栏刊登学术论文，书报副刊栏则刊登中外文艺作品的书评和介绍。在文学杂志里开辟论文栏，是郑振铎作为"学者式编辑"的特有风格。显然，这一栏目主要面向的是北京的教授、学者们。只创刊号一期，就一口气刊登了 13 篇论文（包括一篇被检查删除的，存目），绝大多数来自北京学者，其中有黎锦熙《近代国语文学之训诂研究示例》、吴晗《金瓶梅的著作时代及其社会背景》、郭昌鹤《佳人才子小说研究》、吴世昌《诗与语音》、李长之《王国维文艺批评著作批判》等，学术气息十分浓厚。与此同时，《季刊》也显示出对上海左翼文坛的关注。创刊号的书报栏目里，刊登有对茅盾的小说《子夜》、丁玲的小说《夜会》的书评，两部

---

① 这里的 20 世纪 30 年代，主要指现代文学史"第二个十年"，即是自 1928 年革命文学论争起，到 1937 年全面抗战以前的历史时期。

② 参见靳以：《和振铎相处的日子》，王莲芬、王锡荣编《郑振铎纪念集》，上海社会科学院出版社 2008 年版，第 87 页。

小说都是上海左翼作家近两年的重要作品。此外，在小说、诗歌、散文等创作栏目中，上海的革命作家作品和北京学院派作家的作品，都占有很大比重。

从郑振铎的文化身份来看，他既是北京高校的学者，又是同上海左翼作家密切联系的文学编辑，并且先后在上海、北京两地停留，对两地的文化环境都有过长时间的接触和体会。因而，郑振铎倾向于用整体性的考察视野，去思考两地文化环境的差异性和各自特征。相较而言，20世纪30年代，因文化中心和出版业南移，北京文化界的凝滞和沉静，比起上海文坛出版业的兴盛，以及虽鱼龙混杂，但保持着多样性和流动性的状态，更令他想要改变。在《季刊》之前，北京只有《骆驼草》、《大公报·文艺副刊》这样的小型纯文学刊物，并没有合适的施展空间。《季刊》的容量使之具有改变北京文化空气的可能性。结合之前主编《小说月报》的经验，郑振铎对这份刊物倾注了不少心血。朱自清在1933年8月31日、9月15日、10月3日、11月18日和12月29日的日记里，都记录下郑振铎为《季刊》约稿而宴请北京文化人之事①。鲁迅这时期与郑振铎合作印行《北平笺谱》，在与郑的通信中也多次答复郑为《季刊》约稿的事情②。鲁迅共计为《季刊》撰文两篇，分别是发在创刊号和第1卷第3期上的杂文《选本》和《看图识字》。瞿秋白以"商霆"为笔名发在创刊号上的《读房龙的地理》一文，也是鲁迅帮助约来的稿。

所以，《季刊》在创刊之初，就显示出其栏目的多元化和稿件的高质量，主要功劳应该归于郑振铎。他既属学院派又靠近左翼，令他在思想观念上趋于调和二者，并欲借创办《季刊》的契机，打破北京和上海的隔阂，将学者和作家都引入这份刊物中，形成两地文化界的交流。

然而，两地的学者和作家，由于文化身份，以及随之而来的观念、见解的不同，出现在同一文化空间内，其沟通交流并不一定能够像理想中那么融洽无间，刊物也未必能够沿最初设计的道路平稳前进。实际上，在刊物创办后不久，编辑内部就产生了一次冲突，使郑振铎的设想在一定程度上落空了。

二、批评家的立场

《季刊》创刊号有三个版本：一个是未经检查和删除的样本；一个是经过检查和删

---

① 参见朱乔森编《朱自清全集》（第九卷），江苏教育出版社1998年版，第245、248、254、263—264、271页。

② 参见鲁迅：《331027 致郑振铎》，《鲁迅全集》（第十二卷），人民文学出版社2005年版，第469页；《331111 致郑振铎》，《鲁迅全集》（第十二卷），第488页；《340224 致郑振铎》，《鲁迅全集》（第十三卷），第32页；《340524 致郑振铎》，《鲁迅全集》（第十三卷），第122页。

——《文学季刊》和20世纪30年代的"学院"与"文坛"——

除后的原始创刊号；还有一个是创刊号再版的版本。这最后一个版本，除了删去部分广告和封底的编委会、特约撰稿人名单，颇引人注目的是，巴金把原始创刊号上季羡林评丁玲《夜会》的书评给抽去了。这引发了编辑之间的矛盾，并引起系列反应。

在三个主编以外，《季刊》有负责各栏目的专门编辑。其中，书报副刊栏由李长之负责——李长之出身清华，是郑振铎的学生，经由郑的引介成为《季刊》编辑。季羡林是李长之的同学和友人，创刊号上的那篇书评是李长之约来的稿子。巴金未得到李的同意，将其负责的栏目中的文章擅自抽去，这就引发了李的不满。

季羡林的这篇书评，不限于评价丁玲的一部小说，而是给出自己对丁玲的一种整体观感。季羡林认为丁玲终究是"小资产阶级少女"的精神内核，却要跟趋革命潮流，结果造成艺术上的暗淡。季在行文中颇显出对此的不以为然，认为丁玲转向后的作品显示一种"黏质的惰性"，无论当初穿"旗袍或马夹"还是现在穿"蓝布裤褂"，都被"她"的自我拖着，没有本质的变化，且因所写脱离自己的实际生活，只能是一种"幻想的结果"。季谈到上海文坛的革命文学潮流，则用讽刺的笔调，称大部分革命文学家感受的革命气息，是在上海"跳舞厅"喝了"香槟酒"后"醉眼朦胧的那一刹那间"得到的①。季羡林的措辞，很容易令人联想到1928年革命文学论争中，后期创造社和太阳社"围剿"鲁迅时发表的言论。两者显示出惊人的一致性——只是批评对象从"革命落伍者"鲁迅，变成了革命文学家本身。这种对照颇为有趣，特别是联系到作者身份——激进的革命文学倡导者和秉持自由主义的"学院派"知识分子——之间的显著差异。两者的话语方式和推演逻辑，都因包含了某种宗派情绪，显示出相同的偏激性。

这种表述引起巴金的不满是很正常的，联系到丁玲在1933年5月被捕，此时还处于"失踪"状态，这种对立情绪就更易被激发。从巴金的视角看，当作家正遭受迫害时，还以这种"超然事外"的精英姿态来批评其作品，即使并非落井下石，也显示出对社会和现实漠不关心的态度。创刊号的补白中，刊有巴金以"余七"为笔名作的杂感《批评家》，批评文坛上"印象式的读后感"泛滥。文中说："批评一篇文学作品，不去理解它，不去分析它，不去拿一个尺度衡量它，单凭自己的政治立场，甚至单凭自己的一时的印象，这决不是批评，这只是个人的读后感。事实上也许这个人根本就不懂得文学和艺术，也许这个人根本就不曾体验过生活。"② 此文原本并不具体针对某个人或某件事，而是一般性地针砭文坛弊病。不过，在季羡林的印象式书评刊出后，巴金就追加性地表

---

① 季羡林：《夜会》，《文学季刊》创刊号，1934年1月1日。
② 余七（巴金）：《批评家》，《文学季刊》创刊号，1934年1月1日。

达出对此事的讥刺,将此文拿去给李长之看,遭到李的反唇相讥①。

可以看出,双方矛盾的焦点一开始就没落在文学和艺术性上,而是关联着作家的派别立场和政治态度。季羡林的文章鲜明地表达出学院派知识分子对当时革命文学潮流的怀疑态度,显示出"学院"场域内根据其知识生产的自有逻辑衍生出的惯习及其外在表达。其主要特征,就是要尽量不受当前的社会政治影响,秉持一种自由中立的立场,去从事学术研究和文学批评。在文学批评中,要站在文学本位的态度,将艺术性作为最重要的评价标准(讽刺的是,季羡林的文章恰恰违背了艺术性原则,成为一种政治立场的表达,在措辞和情绪上贴近他所反对的革命文学倡导者)。艺术性原则在这里成为对场域内成员立场的符号化"标识",而向与之相反的维度靠拢。这就能够解释,为何季羡林原本是要用艺术性原则,来批评政治性对丁玲创作的损害,而行文却处处显示出一种"非艺术"的政治化色彩。

巴金对这一点的感知是敏锐的,他的回应指出了季羡林的批评是出于一种"政治立场"的表达,而不是分析作品内容和艺术后的"质实"的批评。延伸开去,巴金对北京学院派埋首学术、脱离社会和政治的生活方式,也表达了他的反感。在《季刊》第2卷第4期上,他再次以"余七"为笔名发表了杂感《一阵春风》。在文章里,巴金讽刺北京的教授学者们在"文化城"里靠"文化"吃饭,在大时代中,用"整理旧籍,翻印古书"来"麻醉青年"②。巴金运用的是与季羡林同样的政治化逻辑,代表了上海左翼作家所处的位置及其话语方式。这篇文章的价值在于,在"学院"以外的位置上,指出学院环境内部逐渐固化的学术生产机制,已经生成封闭自足的"场域",逐渐远离早期新文化运动中学术思潮那种鲜活的思想性与批判性。作为由上海过来的作家,巴金的敏锐和不满,或许来自于他所熟悉的"文坛"环境。当时的"文坛"聚焦于大都市上海,左翼文学在上海的开放性和混杂性下能够在压迫和反抗中生存。在都市环境下,伴随兴盛的出版业以及文学论争、口号、创作和各类消息,"文坛"的复杂性和包容性,与北京这座文化古城中业已形成规范和等级的、走向封闭的学术场域,处于天然的排斥状态。巴金和季羡林、李长之的冲突,是"文坛"作家和"学院"学者的格格不入与各行其是。

当事人以外,朱自清以旁观者立场在1934年3月25日的日记中记录下此事:"下午振铎兄见告,靳以、巴金擅于《季刊》再版时抽去季羡林文;又不收李长之稿,巴金曾讽彼为'即成式评家',见《季刊》中;李匿名于《晨报》中骂之云。"③ 其于言辞间表

---

① 这一冲突的具体过程,可以参看于天池、李书:《李长之的编刊生涯》,《新文学史料》2003年第1期。
② 余七(巴金):《一阵春风》,《文学季刊》第2卷第4期,1935年12月16日。
③ 《朱自清全集》(第九卷),第287页。

露出不满。在郑振铎、朱自清等局外人看来，青年作家间的这种冲突无补于实际工作的开展，是对精力的无谓消耗。经过了此次争执，李长之和巴金也难以合作下去，故而李长之主动脱离了刊物，连同他的同学季羡林、林庚，也不再出现于《季刊》上。而郑振铎通过这个事件，认识到观念立场间的冲突难于调和，他对刊物的构想过于理想化了。朱自清在1934年3月24日的日记中记录："铎兄辞《季刊》编辑。"① 此后，郑振铎不再制定编辑方针，而是完全放手给青年编辑们负责。《季刊》风格随之发生转变。

三、"书斋生活"和"实际生活"

《季刊》的发刊词是郑振铎撰写的，表述了全体同人的办刊理念：

> 我们这一部分人，——列名于下面的本刊编辑人名录里的百十个人，虽然作风未必完全相同，观点未必绝对的无歧异，却也自有一个共同的倾向，那便是：以忠实恳挚的态度为新文学的建设而努力着②。（原文加点）

这一说法并无特别之处，不过，接下来郑振铎为杂志规划的五项具体工作值得注意：

一、旧文学的重新估价与整理；
二、文艺创作的努力；
三、文艺批评的理论的介绍与建立；
四、世界文学的研究介绍与批评；
五、国内文艺书报的批评与介绍③。

重要的是，在这份规划中，旧文学的研究也被纳入方案设计里，和创作、译介一起，共同服务于"新文学建设"这个整体目标，并且没有轻重、缓急之分。在郑振铎的构想中，学者和新文学作家、译者，恰好能在专业分工的前提下，相互合作与互补，为新文学建设而共同努力。这种思维方式带有典型的"学院"色彩。相较而言，在左翼作家眼中，根据对思想革命和社会改革的开放程度，文化事业之间有明显的等级划分。相比于象牙塔里的学问，新文学创作显然更具有时代优先性。这种理念的分歧，集中体现在

---

① 《朱自清全集》（第九卷），第287页。
② 《发刊词》，《文学季刊》创刊号，1934年1月1日。
③ 同上。

《季刊》风格的前后变化上。《季刊》的创刊号带有郑振铎鲜明的"学者式编辑"风格,学术论文、文学创作和中外文学译介都占有重要比例。郑振铎辞职以后,由靳以、巴金主编的《季刊》,小说——尤其是左翼小说——的比重明显增加,而旧文学论文则基本消失①。这样,《季刊》就从早期的学术文艺综合性刊物,向文学性刊物转变,并加深了"左"倾色彩。

刊物风格转变,不仅是人事调动的体现,还内在包含着思想观念间的紧张态势。首先,巴金已经明确表达出对北京教授、学者的不满,郑振铎的办刊理念显然不被他认同。此外,部分青年作家,作为《季刊》的来稿和读者群体,也认同这种转变。萧乾这样评价《季刊》:"从内容上说,最初季刊的'广博'是不相宜的。曾经有一些时期,每位作者皆好谈谈国故;于是,每个文艺刊物也必要登些国故文章。那个时期已过去了。当今青年们更关切的是现在与将来的一切了。国故仍须整理,却不宜放在一个属于大众的刊物里。应该腾出那地方来安排新的创作和消化了的理论。后期的季刊之虎生生也即是由于这个有灼见的转变。"②萧乾是燕京大学学生,身处"学院",而思想上与左翼作家更有认同感——同季羡林、李长之等青年学者对照,显示出北京高校学生之间的思想分化。

刊物风格转变,背后还关联到左翼青年作家对学院派知识分子生活道路的诘难。在巴金等人的眼中,学院派的"书斋生活"和大时代中的"实际生活"毫不相干,且因为他们大多占有"教授"的头衔,具有"导师"的资格,容易在青年群体中造成消极影响——巴金的《一阵春风》,立意就是要批判他们负有"麻醉青年"的"罪责"。所以这种情绪对峙的原因,主要是出于争取青年知识群体的考虑,认为学院派的活动,已经对青年走到"实际生活"中来构成干扰——包括在《季刊》上刊登旧文学论文,也是其中的一个表现。

整体而言,围绕《季刊》产生观念对立的双方具有一种"代际"差异。青年作家人生道路的不确定性更多,对社会变革有着更强的热情和参与意识。而北京学院派学者大多步入文化界较早,业已完成人生志业的选择,进入思想、事业的稳定阶段。而他们选择的"志业"——学术研究,以现代教育体系和现代学科机制为依托,是配合西方的现代社会建制产生的。学院派构想的合理社会,尊重个体的自由选择权、思想自由和言论自由。面对青年作家的批判,保持超然的态度,冷静规避,这从另一向度反映出他们追

---

① 实际上,旧文学论文只在创刊号上"昙花一现",像黎锦熙、杨丙辰、吴晗、郭昌鹤等北京高校学者的名字,在第1期后再未出现,反映了随着郑振铎辞去主编,北京的教授学者整体性退出《季刊》这一事实。不排除他们起初就是被郑振铎的人情拉来的。假设如此,也恰好反映出他们对自我的学术"圈子"认定,以及与"圈子"以外的文学团体保持距离的态度。

② 萧乾:《悼〈文学季刊〉》,天津《大公报·文艺》1936年2月9日。

求的个体言论自由——有言说的自由，也有不言说的自由。不过，经历过后现代主义的批判性思考，特别是福柯对知识实践和权力资本之间关系的反思，我们已经可以指出，这种自由权并非不言自明的①，它与现代知识体系的权威等级划分密不可分。而身处混杂"文坛"的青年作家，在"教授""学者"代表的文化秩序中处于"边缘"位置，他们对自我身份的定位和认同，就需要借由与权威的对立和抗争来完成。将"学术"和"革命"、"书斋生活"和"实际生活"二元对立并否定前者，就是一种具体的表现。这令人联想到20年代的"整理国故"热潮以及"导师"和"青年"之争②，尽管30年代的学者们不再像胡适这样热衷于做指导青年的"精神界领袖"，然而因为知识背后的权力关系，这一"代际"间的冲突不会消失，并且会被一次次地标识和指认。可以说，双方在《季刊》上的"遭遇"，类似一次条件触发，引起各自的言动，为我们提供了一个有价值的切入视角。

新文化运动在内部分化后进入"常态化"，不同团体构成相对稳定的态势。在不同的志业选择下，学院派学者和左翼作家似乎在各自占据着的城市空间里各行其是。专业化分工下的"学院"和"文坛"，也不再像新文学运动初期在混沌交融中相辅相成，这可能是一种运动进入稳定期后的自然结果。然而，在特定的年代，现代知识分子的个人选择都或多或少关联着对中国未来出路的思考和探索，这构成学院派学者和左翼作家交汇、沟通以及对峙的基础。因而，一种潜在的紧张态势，依旧存在于分化后的"学院"和"文坛"之间，并因某种条件的触发而荡起波澜。《季刊》就是这样的一个条件。办刊者抱着沟通两地文化界的初衷，然而在合作之外，观念、立场间的交锋对峙，造成更为复杂的局面，令刊物走向一定程度地偏离了最初的设计，显示出空间场域自身的运行规则。以《季刊》为对象考察20世纪30年代两地的文化界，也就能得到文学史以外更丰富的历史细节。

（作者单位：浙江大学人文学院）

---

① 这种个体的自由权利并非人人能够使用，而是以对"理性人"的设想为前提，"只属于那些有能力、有资格参与理智运用和求知活动并负责地使用这种自由的人"，这就是专家阶层的崛起，以及专业权威在大众间受到普遍承认。参见［印度］帕沙·查特吉：《我们的现代性》，杜可柯译，张颂仁等主编《我们的现代性：帕沙·查特吉读本》，上海人民出版社2013年版，第80页。

② 有关20年代"整理国故"热和"导师"与"青年"之争反映的"代际"冲突，可以参考姜涛：《公寓里的塔：1920年代中国的文学与青年》第六章《"教训"与"反教训"——1920年代文坛上的"导师"与"青年"之争》，北京大学出版社2015年版，第236—275页。

民国文学研究

现代文学家的词体变革之争及其文学史意义
——以"词的解放运动"为中心

孙启洲

20世纪30年代初,曾今可和柳亚子等聚集上海的文人,发起了一场"词的解放运动"。他们借助《新时代月刊》出版"词的解放运动专号",发表了包括曾今可、柳亚子、郁达夫、张资平、余慕陶、张凤和董每戡等现代文人有关词体变革论的诸多文章,在当时的海上文人圈中引起不小的震动。据曾今可本人回忆,"'词的解放运动'是偶然发生的,其初不过是和柳亚子先生在辣斐德路上一面走一面随便谈谈,后来文艺茶话会曾在世界学院开了一个词会,于是产生了柳亚子先生的《词的我见》。正好这个时候,刘海粟先生要我替美专二十周年纪念刊写一篇《二十年来的诗词》,因为该纪念刊须半年后方能出版,所以我就把那篇文章分成两篇给《星期学灯》和《时代文艺》发表了,即《词的解放运动》和《诗与诗人》。后来引起了张凤先生等多人的兴趣,对这问题加以讨论,我才预备出这么一个专号"①。为了壮其声势,他还曾致信因"诗体解放"而名声在外的胡适,以约其稿,然而胡适似并未予以回应②。随后,加入论争的还有萧友梅、白蕉等现代学人,以及以《申报·自由谈》为阵地的左翼文人,如鲁迅、茅盾、郑振铎、曹聚仁和钱歌川等。

他们从词体形态特质、表达内容以及文学功能等诸多视角出发,阐述其对于词体变革所持的不同立场。其中,曾今可、柳亚子和章石承等人持词体半解放的观念,主张部

---

① 赵景深、曾今可:《"词"的通信》,《新时代月刊》1933年第4卷第3期。
② 杨传庆:《词学书札萃编》,南开大学出版社2015年版,第479页。我们并未在"词的解放运动专号"中发现胡适的文章。

分保留词的形式,加之以新事物、新感情,创作新词;张凤、萧友梅以及同属歌社的龙榆生,则主张全解放,提倡活体诗或新体乐歌,使诗歌再度音乐化;茅盾、郑振铎和曹聚仁等人,则主张词体已经终结,无须解放,但仍具研究价值。因此,结合他们的现代文学观念,将其放在现代诗歌流变史中,来考察这场关于词体变革的论争,利于我们突出其所具有的文学史意义,重新审视30年代的新诗体理论发展的丰富样态。

一、旧词牌与新情调:词体的半解放

曾今可《词的解放运动》一文发表于1932年11月20日的《星期学灯》上,吹响了"词的解放运动"的号角。其后,又将其重刊于《新时代月刊》上,并同时发表多位学人的词体解放论文章,以扩大影响。在这篇文章中,曾今可正式提出其"三分之一五"的词体解放论,即词体半解放的观念。同时持此观点的,还有柳亚子、郁达夫、董每戡、刘树堂、余慕陶、褚问鹃、章石承和李词傭等人。

首先,他们都坚持保留词谱。在曾今可看来,"'词'一定要有谱。否则与诗无异"①。其所言"词谱"则包含调名和平仄两部分,虽然词须解放,但词谱作为词与其他文体区别的根本特征,则不能解放,还是应该按照词谱的基本格式来填,"词谱上没有注明可通融的地方则不能随便"②。褚问鹃说:"可知词的好处是生动的精神,不是工整的格律,不过有了调的形式上的限制,使得句子的抑扬,声调的缓急上更增加他的'音乐性'与美的成分就是了。"③因此她主张应该保留词的调子和外形的大部分,在保证声调美的基础上可以适当放宽平仄的范围。郁达夫、柳亚子和董每戡都曾将新词人分为两类,一类是不借用词调而随意创造的词人,则不必拘守词谱,但是另外一类袭用旧词调名的词则须谨守词格的基本体式。

郁达夫是创作旧体诗词较多的新文学家。这类新文学家在论诗歌创作的时候,多持广义诗学观,即将旧体诗词,甚至赋在内,与新诗合论。他所理解的诗有内、外两重要素,即诗内在的情绪和诗外形的韵律原则,"凡具此两重要素的作品,有时候形状上虽不是诗,如中国的有韵的词赋之类,然实际上已经是诗了"④。他非常重视诗歌的韵律,发表在"词的解放运动专号"上的《唱出自己的情绪》一文中就明确表示"既写了词,则

① 曾今可:《词的解放运动》,《新时代月刊》1933年第4卷第1期。
② 柳亚子、曾今可:《关于平仄及其他》,《新时代月刊》1933年第4卷第1期。
③ 褚问鹃:《保存与改革》,《新时代月刊》1933年第4卷第1期。
④ 郁达夫:《诗论》,《郁达夫全集·第十卷 文论(上)》,浙江大学出版社2007年版,第185—186页。

呆板的死律，也还须守着一二才好"①。在他看来，诗歌的旋律韵调并不是作诗的机械的规则，抑扬、音数和押韵都是与诗人的情绪节奏相适应的一种美的形式，不可抹杀亦不必死守，充分考虑到诗歌的音乐性与抒情性的结合。

其次，平仄可宽，音韵须用现行国音。这是对上一个问题的深入阐述，讨论词体解放过程中具体的创作问题。据上文所引可见，曾今可等人虽坚持保留词调，但对于词格中平仄、韵律的要求与前人相比持论较宽。柳亚子曾言："我主张平仄是要的，而阳平阴平和上去入的分别，应该完全解放；这一点也是和若辈词人的见解根本不同的。"② 章石承则具体说明解放词之四声与清浊的原因："词之所以讲求四声和清浊完全是为着音乐和歌唱的原故，可是现在能供音乐和歌唱所用的谱，却在哪儿呢？……况且四声和清浊，在在的给予作者们很多无聊的束缚，因此要谈到解放词，必定先要把词的讲求四声和清浊这种关头打破。"③ 关于词韵，他们大多主张使用当时教育部颁行的国音韵④，不用古韵和方言韵。这既符合现代人的发音标准，也便于统一用韵，利于广泛传播。

同属平声调或仄声调的字音虽可不必斤斤计较，但平仄音调之间却难越雷池。词谱中平仄调的安排自是符合优美的音律效果，如果完全打破词调的格式，一方面，词的体式不复存在，另一方面，则音调配合拗口，难以卒读。因此这些提倡词的半解放的学者，依然固守着词调中原有的平仄格式。所以他们对于章衣萍的出格之作颇有微词。柳亚子评其《看月楼词草》说："平仄和押韵常常要发生问题"，"这种袭用旧词调的调名而平仄和押韵时有出入的东西，我以为简直是要不得"⑤。他认为，词谱中可平可仄之处已然标出，其余均应按平仄规则填词，否则音调不协。

第三，活用句式，以浅近的文言或白话写新事物与新情调。坚持词体半解放的学人，虽极力保留词谱，遵守词的调式，但也主张在具体创作的过程中句式灵活变化。曾今可在与柳亚子论词时，提议六字句中以二二二成句的可改为三三句式，他自己所填之词亦是如此。正如章石承评其《落花》集中《荆州亭》一词时所言，"如'好像是愁人泪'，'午睡的他刚起'与'把乱发当窗理'三句，句法应为二二二，作者改为三三，亦很自然"⑥。董每戡更进一步作解放的尝试，除了句式上"三四读径可改作四三或二三二读"，他还提出"有时我们可以仅填全阕之半片，不必强凑成全阕，或删其音律不佳处而和别

---

① 郁达夫：《唱出自己的情绪》，《新时代月刊》1933 年第 4 卷第 1 期。
② 柳亚子：《词的我见》，《新时代月刊》1933 年第 4 卷第 1 期。
③ 章石承：《论词的解放运动》，《新时代月刊》1933 年第 4 卷第 1 期。
④ 1932 年 5 月，由当时中华民国教育部国语统一筹备委员会编，商务印书馆发行《国音常用字汇》。
⑤ 柳亚子：《词的我见》，《新时代月刊》1933 年第 4 卷第 1 期。
⑥ 章石承：《读〈落花〉》，《新时代月刊》1933 年第 4 卷第 2 期。

一调的佳处混合起来，另成一调，改易原有之词牌名"①。这种对于词的句式的灵活变革，甚至改易词牌的方式，理论上使新词的创作更加自由而不拘束，为现代白话和新事物、新情调的渗入准备了条件。

主张以现代白话创作的文学革命由来已久，而胡适等人倡导的白话新诗更是影响深远，这种影响遂而波及词学领域。其实新文学家们在诗体革命之时也本然地与词体革命发生着关系。提倡词体解放的现代学人，自然将白话入词作为其词体变革理论的重要组成部分，这也利于现代词人书写现代情感，"所以在词的内容方面，我们应该灌进新的生命，写我们今日的事，说我们今日的话，无论是浅近的文言，或是赋有词意的言语，只要有生命，总可以写入的"②。以现代白话入词，书写现代人在现代生活中所见的现代事物和所感受的现代情调，真正成为现代词。朱右白评价李词傭的《槟榔乐府》道："以新思想入旧风格，以旧风格组缀现代之材料。"③ 旧格式装饰新情调为其词胜人之处。

第四，崇唐五代词，尚自然婉约之风。主张词体半解放的学人，大多推崇唐五代之词。柳亚子虽然将自己的词分为缠绵悱恻和慷慨激昂两种风格，但在他看来，唐五代的词最好，北宋次之，而南宋最下。他认为唐五代词，无论在语言还是情感表达上，都以自然之风见长，即使辞藻华丽，也无雕琢之感。唐五代词向以词风婉丽媚艳传世，而崇尚此时代词的学人，其作品自然不免带有这类词风。柳亚子发表在《新时代月刊》上的作品，也确是类似唐五代词以小令为主，且词风婉约的特点。龙榆生评其弟子章石承的词"温靡绵丽，有纳兰容若之风"，"缠绵凄怨"④。郁达夫主张解放的词要能唱出自己的情绪，而其人忧郁的性格，也造就了其词"言情状物，略似柳永与纳兰容若，而沉郁过之"⑤，且"带着浓厚的感伤情调"⑥ 的风格。引来诸多非议的是曾今可的那首《画堂春》：

一年开始日初长，客来慰我凄凉。偶然消遣本无妨，打打麻将。都喝干杯中酒，国家事管他娘。樽前犹幸有红妆，但不能狂⑦！

---

① 董每戡：《与曾今可论词书》，《新时代月刊》1933 年第 4 卷第 1 期。
② 章石承：《论词的解放运动》，《新时代月刊》1933 年第 4 卷第 1 期。
③ 朱右白：《槟榔乐府·序》，李词傭《槟榔乐府》，长风出版社 1936 年版，第 3 页。
④ 林葆恒辑、张璋整理：《词综补遗》（第三册），上海古籍出版社 2005 年版，第 2004 页。
⑤ 刘海粟：《郁达夫传·序》，郁云《郁达夫传》，福建人民出版社 1984 年版，第 5 页。
⑥ 郭沫若：《郁达夫诗词抄·序》，周艾文、于听编《郁达夫诗词抄》，浙江人民出版社 1981 年版，第 2 页。
⑦ 曾今可：《画堂春》，《新时代月刊》1933 年第 4 卷第 1 期。

此类俚俗粗鄙的词句和柔靡的词风，无怪乎遭他人攻击。余慕陶虽然从当时所处的社会与时代环境出发，认为"时代动乱无出路，都来陶醉在恋爱方面，或追回过去的梦影"①，是这些文人创作婉约词的主要原因，但他本人也极力提倡在民族沦亡之时，更应创作以苏、辛为代表的豪放词风的作品，鼓舞战斗士气。国难之时，却以戏谑柔弱之风填词，这也是以《申报·自由谈》为阵地的文人嘲讽"词的解放运动"的首要理由。

二、从活体诗到新体乐歌："词"的再度音乐化

在"词的解放运动专号"中，张双红、张资平和张凤等人主张全解放，即解放词谱，另创可歌的新词，实现"词"的再度音乐化，这就完全摆脱了词体固有的格式规范，而是一种全新的自度腔。张凤创作的活体诗，萧友梅和龙榆生等歌社成员倡导的新体乐歌，就是这种新式自度腔。一方面，是歌词与音乐结合的又一次尝试，是对词体本质特征的一次回归；另一方面，在现代审美意识变革的发展中，重估旧体词的审美表现形式的有效性限度，是从旧体文学传统内部发动的对于词体形式的革新和新诗体创作的尝试。

张双红《谱的解放》一文中明确提出："既要解放'词'，那末'词'的'谱'，也不妨得尝试解放一下。"② 因为在他看来，依谱填词，长短句读和平仄都受到严格的限制，有碍于词人抒写性灵，这是词始终未能彻底解放的原因所在。他以古人由诗创词的文体变革精神，为现代新词的创作张目，鼓励今人创作有现代精神的自度腔，只要是音节和谐、平仄叶韵的长短句，就可以认为它是词。张资平从文体与音乐关系的角度分析，认为词体半解放"只是把文字媒材从文言改变成白话，或由艰深的字句改为浅白的字句而已"，只有和声乐专家合作，对律动和旋律有相当的研究之后，"从音律——即曲谱——的媒材入手"③，才有可能成功。

张双红和张资平还停留在理论倡导阶段，而张凤则对具体的创作方法作了更为细致的阐述，并且付诸实践。在他看来，"词的曲子虽然没有传下，而我们偏生要做和谐的句调，'兴灭，继绝'，非异人任……"④，现在即使按词牌填词，也无曲子可唱，徒劳无益，因此他更坚持自己提出的活体诗的概念。所谓的"活体诗"，是相对于死体诗和试帖诗而言，不似填词作曲般的字字照填，而是创作一种有名无格，句子长短不一，且可

---

① 余慕陶：《论旧诗与词》，《微音月刊》1933 年第 2 卷第 9 期。
② 张双红：《谱的解放》，《新时代月刊》1933 年第 4 卷第 1 期。
③ 张资平：《"词的解放"之我见》，《新时代月刊》1933 年第 4 卷第 3 期。
④ 张凤：《词的反正》，《新时代月刊》1933 年第 4 卷第 1 期。

以歌唱的新诗。其实早在"词体解放运动"之前,张凤就已经提出创作"能唱的诗",不愿再迁就词曲的格律。他将诗的唱法分为平唱和出声唱两种,平唱"是轻轻唱道,要连续,要团结",出声唱则"重重唱出,要分明,要沉着"①。单字音或平或仄,双字音或中平或中仄("中"即可平可仄的字),四个式子互相组合,只要不自身叠用,均可作成可唱之词。其中,唱句的韵,可四声连押而不拘一韵。其活体诗,不求过分和谐,太和谐反而没有回味,主张句法自然,以避免词句纤巧,以重复句调增加节奏感,用生硬而不经用的字面,取新题材②,以寻求陌生化的效果。

张凤创作活体诗,不仅仅是一种形式上的解放,也追求诗歌对于社会现实的反映,注重其所具有的"撄人心"的文学功能,而不局限于一己情感的发泄。如其诗《出发》:

头可断!血可流!整个的江山谁肯丢!皇天,后土,先烈,先祖,血迹在上头。破我釜!沉我舟!片刻的安乐不要偷!

花鸟怨,草木愁,全国的士气不干休!喑呜,叱咤,波涛起伏,出发东海头!平四国!沉九洲!杀尽那倭子草不留!③

此诗发表在专栏《歌录》上,此栏所录之歌词,一方面以备作曲者选择制谱之用,另一方面,更多地鼓励创作雄壮之歌词,以配合砥砺民众、激励士气之用。张凤全诗,句式多变,二三四五八字句间用,而以二三字短句为多,读起来便有情势急迫之感。既有仄声韵亦有平声韵,用韵灵活,随时换韵。全诗急促,慷慨激昂,表现家国危亡之际,宁死不屈、绝地反击的昂扬斗志和坚定信念。

萧友梅、龙榆生和张凤都是歌社④的成员,萧、龙二人主张创作新体乐歌,即以新的歌词配合新谱的乐曲。前者是现代音乐大家,后者为现代词学奠基人,两人相约创制新歌,以寻现代诗歌的发展新路。萧友梅在《为提倡词的解放者进一言》中,明确地提出旧词牌已无曲谱可考,故不必按照其格式填词,但他认为词句依然要平仄相间以合音节,韵脚平仄通用,且可换韵;主张创作新歌,并按歌词内容各创民歌和艺术歌⑤,采用不同的创作形式和创作方法,服务于不同的受众群体。

---

① 张凤:《能唱的诗—乐音化的诗句》,《暨南月刊》1926年第27期。
② 张凤:《张凤活体诗话》,《国民文学》1935年第1卷第5期。
③ 张凤:《出发》,《音》1931年第17期。
④ 据龙榆生《乐坛怀旧录》和今人张晖的《龙榆生先生年谱》、曹辛华《民国词社考论》等记载,1931年,龙榆生、萧友梅、叶恭绰、易大厂、曹聚仁、张凤、胡怀琛和傅东华等人,在上海成立歌社。
⑤ 萧友梅:《为提倡词的解放者进一言》,《音》1932年第29—31期合刊。

在此之前，萧友梅已有此主张。龙榆生回忆说："他（萧友梅）极力反对我们依旧谱填词，主张我们自由作成长短句，交给他们来制新谱，这是非常合理的。当时我们的计划，是希望音乐院和暨大的文学院合作，来为中国音乐界和诗词界打开一条新路。"①由此，萧、龙二人就组织同道成立歌社，并发表《歌社成立宣言》。他们从音乐歌词创作的角度，历数旧体诗词和现代新诗的不合时宜之处，并提出创作新体歌词的几点主张：首要一点，作愉快活泼、沉雄豪壮之歌，以改造国民情调；以《诗经·国风》为标准，兼采各国民歌新形式，组织新体乐歌的章法，而句读要长短参差，不可呆滞；歌词须浅显易懂，易于流传；至于用韵，讲求灵活，四声通叶，可换韵；努力采用各种新名词，去表现现代人的生活②。

他们比曾今可等人更为高明之处，就在于其主张并未停留在词调格式的变革，以及一己情感的倾泻。作为有知识分子良知的音乐家和词人，他们重新创作新歌词的目的，除了要探索诗歌发展的新方向之外，更重要的是关注音乐与文学的社会功用。当时日本侵华战争全面爆发，中国军队节节败退，城池相继失守，整个中国社会笼罩在一片恐慌之中，因而他们更强调新歌与新曲的结合所具有的移风易俗的作用，鼓励新诗人和作曲家合作，创作雄壮的歌词和发扬蹈厉的音乐，希望这样的新歌曲可以流行到社会民众中间，以改造奄奄不振的国民精神。龙榆生曾言："吾人今日学词，不宜再抱'只可自怡悦，不堪持赠君'"，而应"发我至大至刚之气，导学者以易知易入之途"，要"以堂堂之阵，正正之旗，拯士习人心于风靡波颓之际"③。民国时期"词"的再度音乐化与数百年前南宋格律派词体音乐论的内在旨趣大相径庭。隋唐之际，词体初兴，赋乐而生于民间，文人填词趋于诗化，遂成案头之物，尤至南宋而词谱渐失。北宋末，周邦彦精通音律，提举大晟府，谱曲填词，以供宫廷唱乐。南宋姜夔、张炎有周氏遗风，词合乐可歌，字句雕琢，词风清雅。这一时期词的创作皆属文人精英化的产物，词的音乐性诉求已不再是词的通俗化和大众化，更多的是士大夫个人情感的抒发，词风趋于柔婉，而与现代词学家还乐于词，以求普及大众、救国于危难之际，不可同日而语。

为此，龙榆生还发表《诗教复兴论》一文，寄希望于借助官方的力量，扩大国立音乐学院之组织，使精通音律的学者和涵养有素的文人通力合作，借鉴西方作曲之法，创作富有中国风味的乐谱，创作振发人心之歌词，最终将其颁行各级学校，设置课程，从而可收美育之效④。龙榆生也为此理想竭尽一己之力，从词人转变而为新歌者。他对于

---

① 龙沐勋：《乐坛怀旧录》，《求是》1944 年第 1 卷第 2 期。
② 萧友梅、龙沐勋：《歌社成立宣言》，《音》1931 年第 13 期。
③ 龙沐勋：《今日学词应取之途径》，《词学季刊》1935 年第 2 卷第 2 期。
④ 龙沐勋：《诗教复兴论》，《同声月刊》1940 年创刊号。

新体乐歌的创作也有诸多具体的设想。他分析了从《诗经》到宋元词曲的文体形式特征，与现代新诗借鉴西方形式理论的主潮不同，更强调从旧体歌词中吸收借鉴其声韵组织之法，要求声调的和谐美听、句读的长短相间，以及押韵与词情的配合等诸多方面①。直到20世纪40年代，他仍坚持其新体乐歌的理念，发表《创制新体乐歌之途径》一文，总结新体乐歌的创作经验，重申新歌的篇章结构取法《诗经》、《楚辞》，句式则取词曲长短参差之法；歌词须叶韵，且一章之中必须有若干韵脚；既可采用为人所熟知的古诗词曲的字面，亦可采用现代新语，表现新时代与新思想；这样的歌词既与西方音乐相适应，又体现中国独特的民族性，最终形成一种新国乐②。这样一种以中国文学传统体裁为根基，融西方音乐于一炉的新体乐歌，确为探索具有"中国性"的现代新诗的一种有益尝试，不同于新文学家以西方诗歌理论为参照的创作模式。

三、词体终结论——何必解放

对于曾今可所发起的"词的解放运动"，左翼文人则是持冷嘲热讽之态。他们以《申报·自由谈》为主要阵地，发表数篇批评文章，这其中就包括茅盾、鲁迅、曹聚仁、钱歌川和张梦麟等人。他们或主张旧体词作为传统文学已经失去了活力，再无解放的必要，且不鼓励现代人填词；又或认为宋人已将词体解放，何谈再解放。另一方面，在当时国家处于战乱的境地，社会动荡不安，士气低迷，左翼文人更看重文学的现实性及其社会功用，尤其是文学的战斗性。因此曾今可戏谑柔靡的词风、游戏文学的态度，也是其被左翼文人夹攻的重要原因。

率先在《申报·自由谈》上发难的是茅盾。他先是抄录曾今可的《画堂春》和《卜算子》二词，并押其《画堂春》词韵作打油诗，极尽挖苦讽刺之能事③。之后，《新时代月刊》有人署名阳春，为曾今可辩诬。茅盾继续以阳秋之名予以反驳，他将攻击的重点放在曾今可的两首词上，而非其词体解放的理论主张。在他看来，当下山海关正为日军攻陷，中国军人正与敌军浴血奋战，正是全民族需要"反抗，斗争，以血洗血，以牙还牙"④之时，曾今可却填此类词作，实是"色情狂的堕落青年"⑤形象。而其词中居然还有"打打麻将"、"管他娘"一类的过于粗俗之语，更是难以容忍。之后，茅盾又第

---

① 龙沐勋：《从旧体歌词之声韵组织推测新体乐歌应取之途径（上、下）》，《音乐杂志》1934年第1期和第2期。
② 龙沐勋：《创制新体乐歌之途径》，《真知学报》1942年第1卷第1期。
③ 阳秋：《读〈词的解放运动专号〉后恭感》，《申报·自由谈》1933年2月7日。
④ 阳秋：《把握住几个重要问题》，《申报·自由谈》1933年2月24日。
⑤ 阳秋：《阳秋答阳春》，《申报·自由谈》1933年3月1日。

三次发文,他提出文艺上的"解放运动",应是由新的时代思想内容催生出其新的表现形式。他指责曾今可的词仍是"封建思想的蚂蚱子"①,根本称不上解放。

在这一点上,鲁迅的批评更是咄咄逼人。其《曲的解放》② 一文以模仿"词的解放"为由头而作,填曲一首,押曾今可《画堂春》词韵,而全文的矛头直指国民党军队在热河失守中的耻辱表现。一曲双关,既讽如曾今可一般置国难于不顾的文人,亦讽国民党当局的消极抗战。在曾今可刊出其《画堂春》之前,鲁迅亦作《二十二年元旦》一诗:

> 云封高岫护将军,霆击寒村灭下民。
> 到底不如租界好,打牌声里又新春③。

此诗通过两种境况的强烈对比,正是对国难之时,军人不战、文人不管的讽刺。鲁诗和曾词所传递出的内涵意旨,高下立现。此后,鲁迅再次在《申报·自由谈》发表《序的解放》,讽刺曾今可冒友人之名为自己词集作赞序④。白曙曾回忆鲁迅指导他写诗时的要求道:"能吸取民间形式,学些民歌,也是个办法,勿写得令人莫名其妙,或苦涩难读,要大致押韵,做到通俗,可唱,就有阵地,至少比什么'国事管他娘'那种歪诗强得多。"⑤ 如此看来,鲁迅对曾今可的不满,自是不难理解。早在《摩罗诗力说》中,他就已将诗歌看作是具有战斗性的利器。诗人是精神界的战士,他们的作品更应有刚健雄壮之风,有一种在逆境中的反抗精神,动吭一呼而足以振人。但这并不意味着鲁迅不重视诗歌的形式特征,他也曾反复强调诗歌的音乐性,更欣赏可唱的诗,"新诗先要有节调,押大致相近的韵,给大家容易记,又顺口,唱得出"⑥。这也是在词体变革的论争中,诸位学人观点一致之处。

在曹聚仁看来,词在宋时早已解放,苏轼词从形式和意识方面均已突破唐五代之词,反倒是曾今可的解放词"形式自'苏辛'解放为'苏辛',意识则自'苏辛'解放而为'五代'"⑦,即讽其词风淫靡,有复古之嫌。更进一步而言,他认为词既已"年老寿

---

① 玄:《何必"解放"》,《申报·自由谈》1933 年 3 月 10 日。
② 鲁迅:《鲁迅全集第五卷·伪自由书》,人民文学出版社 2005 年版,第 58 页。
③ 鲁迅:《鲁迅全集第七卷·集外集》,人民文学出版社 2005 年版,第 155 页。
④ 鲁迅:《鲁迅全集第五卷·准风月谈》,人民文学出版社 2005 年版,第 231 页。
⑤ 白曙:《回忆导师鲁迅二三事》,柳亚子等《高山仰止:社会名流忆鲁迅》,河北教育出版社 2000 年版,第 327 页。
⑥ 鲁迅:《鲁迅全集 第十三卷·书信》,人民文学出版社 2005 年版,第 249 页。
⑦ 挺岫:《词的解放专号礼赞》,《涛声》1933 年 3 月 25 日。

终",已不需再解放①。张凤所倡导的活体诗,大概是曹聚仁所看好的一种旧体诗词解放的形式。他认为张凤的活体诗创作,应首先"训练新词语",尝试使用口语;其次是"训练新的韵律",做到"流放口吻,悦于耳听";第三点是"分解新感情",抒写现代诗人的情绪②。他更欣赏具有民间歌谣特点,且音调自然、内容警辟的讽刺诗,此类诗更接近普通大众。

钱歌川、张梦麟也批评曾今可虽言词体解放,却仍然保留词牌和韵脚,实则是一种复古运动③。就连曾支持词体半解放的柳亚子,后来也说:"关于词的话,我现在不愿意多讲,怕被人家拉入什么'运动'之类。我更没有'昌明词学'的野心和企图。我以为'词'的确是落伍了,已成为没落的尸骸了。"④ 他极力称赏林庚白的诗,其所认为的中国真正地道的新诗,"一方面要脱尽旧诗词曲的臭味,一方面不受西洋诗噜哩噜唆的影响"⑤,他因而更坚信旧诗终将会被淘汰。

郑振铎的文章虽然未发表在《申报·自由谈》上,但其反对词体解放的观点也与曹聚仁等人相近。郑振铎将词看作是诗的一支,他认为"当胡适之提倡诗的解放的时代,是连词也被解放在内的"。因此,现在根本没有词的解放可言。更进一步而言,"词是可歌唱的诗。但当词不复能够歌唱的时候,词体便已只剩下一个空壳子了,它失掉它的生存的意义……"⑥ 在他看来,词这种文体已成为过去式,再没有填词的必要,而是应该另寻新路,唱新体歌曲。其所言的新路有两条:一是自度腔,自己作谱,创作新歌曲;二是以民间或西方的歌曲为谱填新词。除此之外,作为左翼文人,他主张文学大众化,须有反映社会现实和改造社会的功能,这也正是其对曾今可、章衣萍等人词风极为不满之处。他曾批评那些在"九·一八"事变和"一·二八"事变之后,仍唱着绮靡的音调的公子哥和做着无聊散文的"有闲人"。他认为"伟大的作家们永远是和伟大的时代相合奏的,最伟大的作品也总是为最广大的群众而写的"⑦。时代造就文学,而文学则表现着时代。充满战火的年代,需要的是力的文学,争斗的文学,为群众而写的文学和刺激的、呼号的、热烈的文学。因此他非常注重民间文学的价值,提倡使用新形式和新文体,

---

① 曹聚仁:《词的解放》,《申报·自由谈》1933 年 3 月 16 日。
② 曹聚仁:《新诗家向那里走?——谈谈活体诗》,《涛声》1931 年第 20 期。
③ 钱歌川:《解放与保守》,《申报·自由谈》1933 年 3 月 4 日;张梦麟:《所谓"词的解放"专家》,《申报·自由谈》1933 年 3 月 4 日。
④ 柳亚子:《〈每戡词钞〉叙》,《盛京时报》1934 年 3 月 12 日。
⑤ 柳亚子:《一封讨论新体诗的通信》,《读书月刊》1932 年第 3 卷第 1、2 期合刊。
⑥ 郑振铎:《"词"的存在问题》,《郑振铎全集》(第六卷),花山文艺出版社 1998 年版,第 156 页。
⑦ 郑振铎:《我们所需要的文学》,《郑振铎全集》(第五卷),花山文艺出版社 1998 年版,第 333 页。

创作大众的文学。

虽然曹聚仁、郑振铎等人，当时基于发展新文学的立场，都反对再填旧体诗词，但他们却从不反对研究词体，这大概是受到了胡适的影响。胡适认为"到了宋末的词，连文人都看不懂了，词的生气全没有了。词到了宋末，早已死了"①。然而，胡适不仅研究词，而且还发起整理国故运动。曹聚仁也是其有力支持者，他曾发表长文澄清国故学中的一系列相关概念，将"含有民族性时代性之艺术作品——如离骚，骈文，古文，章回小说，词曲……"②纳入此研究范畴，并提倡以科学的方法研究国故，阐明其所具有的研究价值与意义。郑振铎虽然极力反对昌明词道，但他同时认为"现在，对于古文学乃是一个总结账的时代。我们研究，我们讲授，都没有反对的理由。我们用较新的眼光来研究旧文学，这是必要的"③。因为在他看来，新文学运动，并非要推翻一切旧体文学，而是一方面创作符合新文学观的新作品，一方面重估和发现旧文学的价值④。如此而言，新文学家们对于旧体文学的态度，并非如我们所想象的那般排斥，他们借用西方的现代学术思想来整理研究传统文学，也应是现代文论史中重要的组成部分。

四、词体变革之争的文学史意义

这场词体变革之争，从最初的旧体词的体式革新，进而发展为新诗体的理论倡导，在文学史上有其意义。但对词体变革的研究，长期以来被分割在两个缺乏充分交流沟通的领域。其一是立足现代文学视野的研究，对于"词的解放运动"，更关注的是不同立场的文人之间的意气之争，即曾今可与鲁迅等人的"骂战"，而忽略了其所具有的作为文学事件的意义⑤。其二是专门关注现代词学的研究，虽已有学者提及此次词体变革，但并未能完整的展现三派之争，并分析其论争的发展演变、各方的理论观念及时代背景⑥。而在这两个研究领域中，学者们共同的盲点，就是未将这次现代词体的变革之争放到现代诗歌或诗学流变史中予以关照，最根本的问题是阉割了现代文学场作为新文学

---

① 胡适：《词选·序》，商务印书馆1928年版，第3页。
② 曹聚仁：《国故学之意义与价值》，《东方杂志》1925年第22卷第4期。
③ 郑振铎：《"词"的存在问题》，《郑振铎全集》（第六卷），花山文艺出版社1998年版，第158页。
④ 郑振铎：《新文学之建设与国故之新研究》，《郑振铎全集》（第三卷），花山文艺出版社1998年版，第438页。
⑤ 关于曾今可与鲁迅等左翼文人的互相攻讦，巫小黎《鲁迅与曾今可及其他》中已有较详细的梳理，但较少涉及彼此文学观念差异的分析。
⑥ 倪春军：《词体革命：创作思路与理论建构》，《兰州大学学报》（社会科学版）2012年第1期；曹辛华：《论民国词体理论批评的发展及其意义》，《学术研究》2014年第1期。

和现代旧体文学互动发展的合力场的多元文学样态。一般的现代文学研究，当其梳理汉语诗歌体式的发展时，更关注西方诗学对中国传统诗学理论的冲击，新诗理论与创作的演进脉络，以及对于古典文学资源的吸收，而忽略了来自中国文学内部的旧体诗词体式的现代变革，及其对于新诗体创作和诗歌观念的影响，从而长期遮蔽了现代文学场域的多样性话语形态。而专题性的现代词学研究，更多地聚焦于词学内部的古今沿革，较少主动跨出学科的边界，将现代词学作为现代文学理论发展史的重要组成部分，探讨其与新文学理论的关系，因而未能深入地说明现代词体变革在现代文学发展史中的历史定位及其学术史意义。

这场词体变革之争，可与新诗体形式论的发展对照而论。在这场"词体解放运动"发生之前，新诗已发展近二十年，新诗的形式论也不断发展成熟。在文学革命初始，胡适及其同人提倡"诗体大解放"，他们极力从古典诗词中摆脱出来，提倡以文为诗，有什么话说什么话，打破一切格律规范，拥有绝对的形式自由。这种"非诗化"的倾向，冲击了旧体诗词的创作范式，也使白话诗遭到了诸多诟病。20世纪20年代新月派的诗歌格律化运动的登场，则将新诗形式的探索推向新的阶段，集中探讨新诗的诗性表达。他们开始从文体形式的角度，重新认识古典诗词的格律和音韵资源，恢复对于旧文学的信仰，创造既不同于中国旧诗又异于西洋诗，但同时吸收二者优长的新诗。从20年代到30年代的象征主义和现代派诗歌，纯诗理论走向极端，为诗而诗的诗学理念促进了诗歌形式的进一步成熟与完善，更注重对于诗性思维和情感的表现。现代诗学形式论，为新诗自我确证的合法性建构理论依据，与20世纪西方的现代主义诗学和形式主义理论发展相融合，同时也从晚唐南宋诗词中寻找到古典形式理论渊源。

有意思的是，当新诗理论家开始向古典"回归"，重新思考古典文学形式论的价值之时，现代旧体诗词的创作者，却从古典文学内部主动发起了一场文学体式变革，反思旧体文学样式对于现代人情感表达的限度。社会形态的转变必然带来大众审美心理的嬗变，产生于农耕文明时代的文学样式自然难以完全适应工业文明时代的现代性表达，从而必然产生审美形式的变革，无论在文学的形式还是内容方面，都寻求时代性特质的转变，创作时代文学。此时发生的词体变革之争，一方面，受新诗的影响，提倡使用现代白话，对于平仄和韵律的要求更为灵活，突破传统严格的古典诗词格律的呆板与凝滞，提倡新词体或新诗体要表达现代人的生活和情绪，创作现代词或现代新体乐歌；另一方面，新诗形式论对于古典诗词格律的价值予以重估，也为这次词体变革提供了正面的理论支持。新诗形式理论更多是在吸收西方现代诗歌形式论的同时，挖掘中国传统诗词格律的特质，为其张目，思考新诗的现代性与"中国性"或"地方性"。而现代词体变革之争，从发起之时就立足于中国古典文学，并非受西方诗学观念的直接冲击，也非直接借鉴西方的形式理论。这次变革是古典文学内部寻求现代性表达而进行的一次自我革新，完成其创作现代词或现代乐歌的理念。他们表达了对新诗章法随意、韵脚与音节不调谐、词句欧化难解等的不满，整合古典文学的各种文体资源，从旧体歌词的声韵组织中建构现代诗歌情感表达的有效途径。无论是对西方形式理论的直接借鉴，还是从中国古典资源中整合转化，共同的目的都是寻求现代诗歌的"现代性"表达方式。

除了新诗体语言形式上的变革，此次变革之争还涉及诗歌与音乐关系的讨论。无论是主张词体全解放的张凤、萧友梅，还是左翼新文学家曹聚仁、鲁迅，都主张现代诗歌的音乐化，不仅仅指讲究文字音律，更强调其能够配乐可唱。这恰恰是回到了词体的本质特性的认识。词作为唐宋时期的流行音乐，伴随着燕乐而生，借助音乐之力获得广泛传播，从民间文学一跃成为文学正体。正如曹聚仁所言，中国的韵文多伴随音乐而生，没有新的音乐，新诗的形式便失了根据，这也是新诗为人诟病之处。曹从旧体文学的流变规律，观照新诗体合法性的确立。

与此同时，文学伴随音乐所具有的强大且广泛的传播力和鼓动性，也是现代文学家力求新诗歌可唱的重要原因。当时"九·一八"事变和"一·二八"事变震惊全国，动荡不安的年代、持久的战争，消耗着民族的斗志，所以他们更强调文学的感染力，主张创造刚健雄壮以及具有战斗性和鼓动性的文风，并借助可唱的新体乐歌的大众性，以达振奋民心和改造社会之效。其与30年代的象征派和现代派的差异之处，在于后两派在艺术性上为新诗正名，强调为诗而诗的纯诗理论，抛弃了诗歌的现实性功用。虽然他们都讲求现代性情感的书写，但对现代性情感和诗歌功能的认识却大相径庭。

现代诗歌的音乐化之路，大概可从20世纪初的学堂乐歌算起。以沈心工和李叔同为代表的现代音乐家，仿效日本明治维新，创作配乐的新歌词，以求音乐救国、改造国民性之功。20年代的新诗歌谣化趋势，以及赵元任为新诗谱曲而出版的《新诗歌集》，尤其关注新诗的歌唱性。30年代的中国诗歌会，倡导学习民谣、儿歌等形式创作新诗，实现诗歌的大众化，鼓舞民族斗志。现代诗歌发展史集中关注上述新诗与音乐的关系演变研究，而忽略了30年代在词体内部的变革中，对于新诗体音乐论的建构。以张凤、龙榆生和萧友梅等为首的歌社和中国诗歌会，虽然都注重创作可唱的新诗体，以大众化的诗歌砥砺民族精神，鼓励抗敌决心，但二者的主导思想渊源和表达内容却有不同。歌社所鼓吹的新体乐歌的豪壮与发扬蹈厉之气，提倡苏、辛词风，而非现代派梁宗岱所揄扬的姜夔，更多的是来源于中国古典文学"诗言志"的传统。龙榆生的《诗教复兴论》不言自明。这是对中国诗教传统和新式学堂乐歌的继承与发展。而与其同时的中国诗歌会，则更带有左翼团体的政治诉求，倾向于无产阶级的斗争理论。其诗歌内容更在于表现被压迫阶级的意志，鼓动农民和工人加入反帝反封建的阶级斗争。这是歌社新体乐歌的理论倡导中所没有的。

　　且搁置曾今可发起"词的解放运动"的主观动机不论，至少在客观上，此运动引发了现代学人对于旧体诗词变革的思考，为我们展现了现代文学家对于现代新诗体发展路径的考量，进而反映出现代文学家对于新旧文学关系的体认；同时，也在某种程度上印证了在现代文学发生发展的场域中，古典文学研究者与新文学家共同建构具有"现代性"文学的多重话语，暴露出当下现代文学研究的盲点和误区。这就为我们重新梳理和讨论此次词体变革之争，提供了文学史意义上的契机与学术价值。

（作者单位：四川大学文学与新闻学院）

抗战文学研究

稀世珍品：杜运燮所佚组诗《机场通讯》初读札记①

李光荣

我曾经很纳闷："中国空军美国志愿大队"即民间所称的"飞虎队"为中国的抗日战争做出了巨大贡献，赢得了昆明乃至全国人民的崇敬；西南联大那么多师生服务于"飞虎队"，其中不乏作家，而在当时除了卢静的小说《夜莺曲》外，较少反映"飞虎队"的优秀文学作品。因此，当我发现杜运燮的《机场通讯》，而且是组诗十八首时，心情是激动的。这组诗分六次刊登于《大公报》1943年4月28日、4月29日、5月3日、5月5日、5月7日、5月10日，第一次为第1—4首，第二次为第6、7首，第三次为第8—13首，第四次为第14—16首，第五次为第17首，第六次为第18首。其中第3、4、17首另载《诗四十首》一书，第5和第16首曾以不同版本单独在《贵州日报》上发表过，后被《抗战期间贵州文学作品选》一书收录，但作为组诗，迄今未被发掘公布。

这组诗不写飞行，更不写战斗，而是写机场的设施与军人的工作，故名曰《机场通讯》。从"通讯"二字可知，大概是有人要求作者介绍机场情况，他才想到这个题目。当然，在他之前，以"通讯"为题的散文、小说、诗歌都有过，不是作者的独创，但以通讯的形式"介绍"机场的情况却是作者的创造。为什么要用"通讯"的形式写机场呢？这就要回到当时的历史去认识了。对于今天的人来说，机场只是常识，但在见飞机起飞比见火箭发射还稀奇的20世纪40年代之初，飞机是很机密的，机场很神秘，能够了解机场和飞机是了不起的事。据沈虎雏说，当年即抗战时期在昆明呈贡，冰心阿姨家住在城的最高处，父亲沈从文每次领他进城，他心头就会浮起对冰心的崇拜感：他觉得

---

① 本文系国家社科基金项目"西南联大文学作品编目索引与综合研究"（15BZW128）的阶段性成果。

—— 稀世珍品：杜运燮所佚组诗《机场通讯》初读札记 ——

冰心阿姨非常了不起，因为她去重庆时坐过飞机①！直至20世纪70年代，笔者在"飞虎队"当年使用的呈贡机场学习，远远地看到飞机还非常向往；同学中有人搭乘训练机飞行，大家都很羡慕；后来，学习班组织同学去飞机上参观过一次，是机场给予的很高待遇了。由此可知作者用"通讯"形式写机场的新鲜和必要。组诗虽为"通讯"，但不像新闻通讯一样平实细致，其本质是诗，即作者用诗的思维、形式和语言写成的文学作品。

《机场通讯》18首可以粗略分为咏物、写事和写人三类。咏物的最多，包括《机场》、《雾机场》、《风向袋（一）》、《风向袋（二）》、《红球》、《灯车》、《给——》、《假飞机》、《滑翔机》等几首；写事的是《在指挥室（一）》、《在指挥室（二）》、《筑跑道》、《在乡下的无线电台里》、《第一次飞》几首；写人的有《机械士》、《信号兵》、《给一个空中战士》、《给 A. V. G》几首。

组诗从最主要也是最基本的机场写起：

围着你，大家是一群嫩绿丰满

开口一读，新鲜感扑面而来。这是《机场》一诗的第一句，也是组诗的起句。起句即不同凡响："嫩绿丰满"是"一群"，而不是"一片"；"大家是一群""围着你"，仿佛是主动"围"上来的，有动作感，活泼生动。起句把读者的兴味提了起来。拟人运用至此，可谓精到。"当年一样是一片好田，春夏发绿，/秋天长金色穗子"——机场也曾有过喜人的"嫩绿丰满"，也曾"是一片""长金色穗子"的"好田"。而现在，"穷苦的农民/用血汗一锄头一锄头掘破"，"再造成""你"——"一名抗战兵士"，虽然"身体"细长，因营养不良而"黄瘦着脸"，但"你"的内心是"骄傲"的——"因为有责任：/安全，温暖……"；"因为神鹰飞虎需要你，新世界将在/你身上建筑起来"；"因为你知道/杀人者将被杀，无数通讯社报馆/读者，在期待你轰炸机神圣的愤怒"。这里的机场是一名头脑灵活，庄严威武而又情怀温暖的"抗战兵士"。她（他）懂得自己的责任和工作，心怀慈爱和温情，显出坚定和给予。你看她敞开胸怀，"永远在笑，坚定如母亲的爱"，她让"儿女"在自己"怀里吃饱油、子弹、氧气，/或者医好伤口"，听到"勇猛的儿女""现在更开始嚎叫"而"更兴奋"。"神鹰飞虎"四字点明，"机场"是"飞虎队"所用的机场，本诗及组诗所写的是"飞虎队"而不是其他。"嚎叫"在这里是一个褒义词，即飞机起飞前引擎发出的声音。那是怒吼，是兵士上战场时的喊杀声，勇武

---

① 沈虎雏：《团聚》，《沈从文印象》，学林出版社1997年版，第246页。

豪壮。这里有一句难于理解的话——"胸怀中的胸怀",它指的是"黄瘦着脸,而骄傲"的跑道。机场是四周"嫩绿丰满"的"好田"的"胸怀",跑道则是机场的"胸怀",所以说是"胸怀中的胸怀"。跑道是机场的主体,最为重要,所以这么说。

作为一首介绍机场的"通讯",必须描写机场的模样和用途。我们知道,机场的主要结构是跑道和停机坪(当然还有指挥室和休息室等),十分单调坦白,如果直接介绍就会太简单直白。诗歌回避直白而写机场原先的"绿"和现在的"脸",这样巧妙地把物转化成人来写,就有了"胸怀"、"笑"、"爱"直至"骄傲"、"责任"和"兴奋",且读来不呆板。其用途是让飞机"吃饱油、子弹、氧气,/或者医好伤口","嚎叫",起飞执行任务,仍然是当作人来写,而且其"儿女"飞机会"吃"、"嚎叫"等,也获得了人格。读了这首诗,读者不仅了解到机场的模样和用途,还了解到机场的情感和责任。

整首诗用拟人手法写成,又精于形象的捕捉与刻绘,再加上比喻、跳跃,甚至不无夸张地把机场的形象推到了读者眼前。机场是"一名抗战兵士",虽然"黄瘦着脸",却充满了正义与作为的"骄傲"。诗人对这名"抗战兵士"给予由衷的歌颂,却无歌颂的"架势",只是静静地描写机场的面貌、神态、胸怀、感情,而不告诉读者自己在"歌颂",不像浪漫主义诗人那样将自己的思想感情一吐为快。

这首诗还有一个思想值得注意,就是歌颂了农民群众。"春夏发绿,/秋天长金色穗子"的"一片好田",是农民的生存资源、生活保障。可是,日本军人侵略了我国北方、东方和南方的广阔疆域。为了救国,本来就"穷苦的农民",竟然舍得"用血汗一锄头一锄头掘破"自己的"好田",付出了极大的牺牲,而后又满怀希望地"再造成"机场——农民的爱国、付出、伟大,只简短的一两句话就饱满地书写出来了。诗歌选用"好田"、"穷苦"、"血汗"、"掘破"、"再造成"这样的词语,把农民的思想情怀深刻地凸显了出来。诗人对农民的歌颂也是在叙述中完成的。对于农民群众的歌颂还在《筑跑道》等诗里表现着。

通常情况下的机场如此,大雾笼罩下的机场又怎样呢?《雾机场》告诉我们,迷蒙中有序的忙碌。

风向袋,飞机起飞少不了的参考物,他的形体能引起我们无限的遐想。因此,两首《风向袋》是抒情的。

红球是作为空袭警报之用的气球,在机场有,在城里也有。当年在昆明,敌机将来轰炸时,在全城最高的五华山上竖起高杆,挂上气球,市民看到,便知敌机将来袭击,需做疏散出城之准备了。这就是《红球》所写的:"又是拣一个特好天气,/爬上竿顶,/俯临全市,/悄悄撒下一道细网,/拉起所有居民的仓皇。"短短几句话,准确细致地写出了气球"报告"的警情、作用及居民的反映,语言机智、形象、传神。而这时的机场,则是"飞机喧嚣,机械士忙乱:/仿佛也挣扎在网里面"。市民急于疏散,空军则急于迎战。诗人用了"喧嚣"、"忙乱"、"挣扎"三个形容词,准确地写出了空军的反映与被动的努力及正义战争的性质。《红球》实在是一首精致的小诗。小诗传达出的是紧急、"仓皇"、"忙乱",并非歌颂,但如果没有红球发挥警报作用呢?所以,红球传达出有用的信息,写其作用就是赞颂。

《灯车》是颂扬信号车的作用的诗。

在《给——》一诗中,诗人首先作了"误导":当"胸部鼓着男性与英雄感,/你们都意识着自己的蕴藏;/坚实的步武,略为生硬的粗脖子,/单纯原来是尊严的尊严"这样的诗句进入你的眼球时,你千万不要以为是在歌颂空军战士。这首诗写的是飞机。《给——》的对象是物不是人。诗以男性的形象和刚劲的语言把飞机的"英雄形象"推入读者的意识。"所以我也喜欢看国旗飘扬在竿顶,/'烈士遗照',与制服坦白的威武表情。"——英雄主义是战争的当然选择。

假飞机和滑翔机是战争状态下的机场的必要设置,假飞机用来伪装以迷惑敌人,滑翔机用于科学实验和体育训练,各有其作用。诗人将《假飞机》和《滑翔机》也作为"通讯"报道的对象。

写事的几首诗中,有两首同题诗《在指挥室》,写空军指挥员在指挥室里的工作情形。第一首写指挥员运筹帷幄:"形象在你们的脑里:/仪器板的,云的善变的,/天宇的透明蓝的,敌机/和它的喷火的黑色枪口的/现在都集中飞翔在/放有红箭头的有格子的地图上。/这里就是前方,两种/力量争斗,夺取历史的时空。"指挥员的形象跃然纸上:仿佛他正拿着指挥棒,指点着敌情,指挥棒最后定在一处,命令战机迅速出击,"夺取历史的时空"。第二首出现了诗人的思考。作者仍然在指挥室里"工作",为夺取战争的胜利而效力,但他对战争并不表示兴奋与好感:"符号伪装了残酷,文明/也装饰战争:这都美好/而愉快","就以这现代凝炼的简单,/撑住我们领土的天空,结束/新的愚蠢。愉快是应该的:/历史正兴奋,用无数火药的爆炸,/生的抛掷,叫嚣着飞跑"。这都是诗人对于人类战争的知性表达,带有谴责的意味。有的诗句出人意外的精彩,如"电话机/不时提醒危险如精明的妻子"。这也是一首精炼的短诗。

《筑跑道》赞颂农民奉献出自己的田地造机场。"就是这样土制的/锄头,土箕,已使民族的伤痕/愈合,人类的光明得到保障。"在这首诗里,可以感觉到《滇缅公路》的思想和诗意。

《在乡下的无线电台里》同样机智。七十多年前,诗人就能写出当今盛行的"指尖的选择"这样的语句,还用"但终于心肠太软,屈服于音乐"、"屈服于好奇心,沉溺进谣言"这样的诗句描写播音员选择电台。谣言"以间谍的精灵,渐渐成为真理",造成了民众"听取不绝的谎言而欣喜"的结果。更为精彩的是,将"刺刀画面"和农民生活对举,在不协调中求得和平的效果:其实,播音员"也知道画着黑刺刀的/白布外面,母鸡瞎吵着/找地方生蛋,缠脚的老太婆/提着破竹箩捡牛粪,咒骂不孝子"。关于"刺刀画面",诗歌原注:"电台卫兵常立在窗子外面,其刺刀的影子就印在白色的窗布上面,成为一幅简洁有力的漫画。"对于这幅生活场景,可以理解为战争的辩证法,也可以理解为生活的不协调,我却愿意把它看成对战争的厌恶。

《第一次飞》记述初次飞行的所见所感。初坐飞机对于每一个人来说都是新鲜的。可诗人对于飞行的感觉更细致一些:"拉长距离,就看得更广而多,/愈寂寞,万物万事殷勤而愈亲切;/模糊,也许;狡猾与朴质的人都一样/像颗豆,洋房与茅屋只有四方的/屋顶,路如带,行船的水也如带,/街树的隧道只见背脊,也如带。"这种感觉应该是每一个坐飞机的人都感觉到,又未必能够表达出来的。有的诗句特别精彩,如:"市镇/在大块原野的中央,如受惊的兽物/紧紧缩挤成一堆,满足于一些小假山";"山如笋,如小亭子,如灌木丛,/意外地升起如奇怪而可喜的比喻,/登山呼啸高唱,有没有回声喝采?"这首诗感觉新鲜,句子新鲜,读来满心新鲜感。

写人的《机械士》、《信号兵》、《给一个空中战士》、《给 A. V. G》等都各具特色。

《机械士》从五更天下笔,抓住机械士"母亲的慈祥,医生的精明"的特征,写他们在忙碌中细心而周到:"五更天,风最利,睡觉最甜,机场/还没法子展示它宽阔的胸膛,/他们就以母亲的慈祥,医生的精明,/来抚摸飞机:(难伺候的独子,坏脾气的宝马,/高贵的客人)喝够油和氧气没有,/吞服够子弹没有,肚子里装好蛋没有,/手足身躯还有尘土伤痕没有,/歌唱起来,有没有伤风的杂音……"诗句流畅,读起来相当舒服。诗歌注意具象描写,机械士的身影动作仿佛就在眼前。机械士直到朝阳现身,把飞机送上天后,才感到身体有些疲倦,于是"躺进机翼的凉影"休息一会儿。休息条件非常之差,但他们已很满足。他们虽然身体在休息,心却"悬吊着"云层上面可爱的"宝宝们"。直到确定它们还是"鹰一般捷敏确当,笑纹"才"绽出在每个脸上"。在机场,机械士待遇不高,工作却很辛苦,但是他们不"为薪水、权力、地位忧心",只想着自己的工作:飞机"得喝油,吸氧气,吞子弹,多装几颗蛋"。从黎明到白天,从工作到内心,机械士的行为、精神、品德、情操、境界在静静的具象叙述中展现了出来,胜过抽象议论的千言万语。

机场的信号兵是飞机的安全卫士,负责导引飞机起降,是机场不可或缺的战士。其工作手段是使用小旗子、风向袋、灯车等。他们无论烈日风雨,总是坚守岗位,忠于职守,恰当地使用工具准确导引飞机。诗人作《信号兵》向读者介绍他们。

《给一个空中战士》通过语言和行为的描写揭示飞行战士的精神状态和敏捷身手。

——— 稀世珍品：杜运燮所佚组诗《机场通讯》初读札记 ———

诗人以这首近乎完美的诗歌刻画出"飞虎队"战斗员的英雄形象，把他们刻画在文学画卷里面，成为永恒的英雄形象。这首诗是写"飞虎"驾驶员的佳作，是文学史上难得的好诗之一。

组诗的最后一首《给 A. V. G》是最长的一首诗，大约也是诗人最用心写作的一首。A. V. G 即美国志愿队 American Volunteer Group 的缩写，全称中国空军美国志愿大队（American Volunteer Group Chinese Air Force），中国民间称之为"飞虎队"（上文曾介绍过其历史）。组诗的"机场"即"飞虎队"所用的机场，"机场通讯"即"报道""飞虎队"机场的情况。从构思来看，组诗经过从机场到风向袋、红球、灯车、飞机、假飞机、滑翔机、指挥室、无线电台，再到机械士、信号兵、飞行员、指挥员、播音员等的"报道"，最后写一首关于空军大队的整体性的诗作为收束，这样才有了《给 A. V. G》。所以，可以把这首诗看作组诗的"总写"。我说这首诗可能"是诗人最用心写作的一首"，根据就在这里。如果说，前十七首都写具体的人或物，那么，这一首是写"飞虎队"群体的。写群体与个体相比有所不同且更有难度，需要概括出群体的共同点。这首诗表达的共同点是"飞虎队员"的时代感、国际感、正义感与博爱、冒险、同情等精神：

你们很知道"现在"：
医生熟悉手术；每个"自己"
需要调整决心，忍痛学习
有如绝望的等待，

忍耐挨过这时辰，相信
美丽的要到来，把生命
和疯狂一起抛掷，
学赌徒的自慰，看得开。

"飞虎队员"对于时代的把握就像高明的外科医生"熟悉手术"一样。时代已经进入到国际联合与互助的阶段，东方的战争西方来参与，这就是"相信/美丽的要到来"的心理依据。在这样的时代，"每个'自己'/需要调整决心"，"把生命/和疯狂一起抛掷，/学赌徒的自慰，看得开"。具备这样的心胸，他们才能"穿过表决，/照相，发表谈话，命令"，到中国来。"而上船的日期/曾给你探险家的激动"，前程充满奇特与刺激。三个"该是"段的排比，写出"飞虎队员"对中国人民的理解、同情与赞美，揭示他们选择来中国的原因。中国"不愧一个古老的大熔炉"，包含了"人类的/进化史"。

诗歌接下去把三个"可是"句和三个"原谅"句交错排列，造成诗句的新奇。"可是"是对"飞虎队员"的心理要求，"原谅"是传达中国人的性格特点。最后两节表明中国人的生死观与对待战争的态度："完成另一个'我'"以"保卫我们的天空"。"给字诗"的角度是说给对象听，像信一样让对方阅读，因此，适应对方的心理就是写作的一种限制。这首诗一方面赞美了"飞虎队员"胸怀正义与同情不远万里来到"大水的这边"，"保卫我们的天空"，另一方面告诉他们中国人的特点和态度，希望他们理解。这首诗是组诗中最长的，共十七节，诗节和句子的排列有许多新鲜的尝试，艺术方法和表现技巧也多种多样。诗歌着重于心理揭示，又暗含故事情节，是一首完整的抒情诗，可以看作诗人的代表作之一。

通过以上的内容解析得知，组诗《机场通讯》的作者意在告诉外界一个军用机场的基本情况，但由于作者对于"保卫我们的天空"的美国空军心怀感激之情，自然而然地把"通讯"写成了颂歌。怎么能不颂呢？一群大洋彼岸的青年，出于正义和理解，毅然告别故乡，来到一片陌生的土地，以热血之躯帮助中国抗击侵略者，有的甚至把生命献给了中国。如果对这样的国际友人都不知感激，于德于理于情便都是草木之属了。所以，赞美是组诗的基本格调，《机场通讯》的总主题是歌颂美国空军即"飞虎队"。而作者独具的艺术修养和探索精神又把组诗作成了艺术品，所以七十多年后的今天读来还能感动人心。

诗人从军而作《机场通讯》。那时的诗人不多，从军的诗人有限，进入空军的诗人更为稀少，进入空军而又以组诗形式反映机场面貌的诗人可能绝无仅有，因此，《机场通讯》是稀世珍品。这是就数量而言的。以本文所论歌颂"飞虎队"和全面介绍巫家坝军用机场的诗歌而言，就笔者目力所及，也是绝无仅有的。诗歌的蕴涵还可以做多种挖掘。就艺术性而言，相信大家读后对其准确、巧妙、精致与新鲜、创新会各有感悟，笔者认为虽然不能说绝无仅有，却是出类拔萃的。《机场通讯》值得我们珍视。而诗中所写的一些事物如红球、灯车、假飞机等，今天的机场已经没有，诗歌中的一些内容由于年代久远今天读来已经费解，故作本札记予以解读。

（作者单位：西南民族大学文学与新闻传播学院）

——稀世珍品：杜运燮所佚组诗《机场通讯》初读札记——

附录：

机场通讯

杜运燮 著　李光荣 整理

一　机场

围着你，大家是一群嫩绿丰满，
而你一样［是］一名抗战兵士，
黄瘦着脸，而骄傲，因为有责任：

（当年一样是一片好田，春夏发绿，
秋天长金色穗子，而后穷苦的农民
用血汗一锄头一锄头掘破，再造成）

安全，温暖，胸怀上的胸怀，
你永远在笑，坚定如母亲的爱，
因为神鹰飞虎需要你，新世界将在

你身上建筑起来。勇猛的儿女，
在你怀里吃饱油、子弹、养［氧］气，
或者医好伤口，现在更开始嚎叫。

于是更兴奋：因为你知道
杀人者将被杀，无数通讯社报馆
读者，在期待你轰炸机神圣的愤怒。

二　雾机场

上去有多深，四周还有些什么，
现在更明白我们视角的孤独，
我们被压缩，紧紧地关住，
只不过这一堆沉淀里的一粒。

那是破沉的船，剩下骨瘦的桅竿，

静伏着的鲸鱼盖一层污泥；
几只黑色小甲虫在爬行；更小的
什么，成群地向一群鲨鱼游去，
爬上它们的背，立刻叮着痒处
鲨鱼要爆炸似地开始吼叫，
一只，几只，十只，所有的，
太阳这才惺忪着眼探出头来。

风向袋挂上而摇摆，原来
木竿的脚旁是一列大肚的油车；
运输机满身流汗，吞进满车
满车的各种器材；小军车跑得更快；
机械士在驱逐机背脊上举手，
张嘴在喝雾似的招呼哪一个；
地面仍旧是沉淀，上面是粉蓝，
山群默默地忍受着寂寞的过去。

三　风向袋（一）

假如有那么轻的酮体，
一点吹的，就可以升浮！

假如能永远面对着风，
轻摇着身躯，向它游去！

假如有一双那么愉快舒适的袜子（原注）
飞一样可以走遍人间抚慰这些可怜的！

假如灵魂里有一面这样的旗帜，
让要来的都安安稳稳落在场子上！

假如成为渴望的目的，对它们说，
要得到安宁的都到我脚下来！

（原注：风向袋，英文名叫"风袜子"Windsock。）

四　风向袋（二）

青春还穿着，
我需要飘扬：
只要是吹的——
即使它虚妄。

若满足，原来
生命有点"忙"，
仅仅一丝风，
就只好旋转。

五　机械士

五更天，风最利，睡觉最甜，机场
还没法子展示它宽阔的胸膛，
他们就以母亲的慈祥，医生的精明，
来抚摸飞机：（难伺候的独子，坏脾气的宝马，
高贵的客人）喝够油和氧气没有，
吞服够子弹没有，肚子里装好蛋没有，
手足身躯还有尘土伤痕没有，
歌唱起来，有没有伤风的杂音……

而后，收拾起工具箱，翻上大衣的
大领，等候黎明的眼睑迷人地
梦幻地睁开：靶子的红圈升起来！
"我们没事了，敌机尽管来。"

于是，像马戏团的技师，跳上铁鸟的
翅膀，使它喘息、喷火、疯狂地吼叫，
谐和地唱歌，而后让驾驶员拉好
挡风板，愉快地划过草尖的霜露，

一抬头，就冲向羞涩的朝阳：

他们像心碎的恋人，凝结在晨风里。
可太阳渐渐有力，尘土苏醒，
也成群地四处追扑嬉戏，而他们
也开始疲倦："躺进机翼的凉影吧，
还不坏，不吃奶的小鸡真聪明。"

从视线以外，从轻荡的云层上面，
吹来疲倦的呼吸，模糊听得见咳嗽，
在幽会，在码头迎接情人和她的家庭，
或者久别的妻子。他们的心悬吊着：

"不会受伤；该还是两腿矫健。"
终于是鹰一般捷敏确当，笑纹
绽出在每个脸上：慈母们没有狭心眼
为薪水、权力、地位忧心，只想宝宝们
还是得喝油、吸氧气，吞子弹，多装几颗蛋。

六　给——
胸部鼓着男性与英雄感，
你们都意识着自己的蕴藏；
坚实的步武，略为生硬的粗脖子，
单纯原来是尊严的尊严。

要负责得学习不杀而熟悉
死，天宇山河，连性命，可不过
陌生的球场，你们有些迟疑；

人类以模仿来的姿态说服
自己，以一时懒惰而造成的
无法收拾的残局使自己满足。

所以我也喜欢看国旗飘扬在竿顶,
"烈士遗照",与制服坦白的威武表情。

七　给一个空中战士

"这都是需要",你说,"如大家说",
英雄地走出来,逼近死神的脸,
喷出豪爽的笑声,"哼,你算什么?"
发动螺旋桨,对准太阳冲去。

在天空的边沿,我们的视线以外,
带着人民已凝结的一颗颗愤怒,
仇恨,穿过高射炮的欢迎碎铁片,
看城市爆炸,燃烧,成灰,人民哭泣,
感情泛滥:运命是由你决定。

或者幸运,打一个好跟斗,抬起头,
没放过半秒钟的好机会,便喷火,
"摁下",与你一样健美爱国的一个,
在金属碎片堆里容或没有肉屑。

于是你便显出高大,许多人
从报纸,无线电,书报特刊上,
知道你:而你仍英雄地走出来,
戴上飞行帽,扣紧保险伞,"开车",
而我们也因这都是需要而崇敬你。

八　信号兵

设想我设想红白小旗子
是灯塔的多情亮眼睛,
远航归来的怎样感激
安全的导引,殷勤的接待。

回顾空阔,尘土卷飞扑戏,
海水无故地蠢动;风向袋
是你们挂在高高竿顶的指南针,
千多米的跑道是最深的安全水道?

烈日风云阻挡不了永恒的
指示:北极星一直坚定地
在注视每只神鹰飞虎怒嚎着
出去,张宽翅膀咳嗽着回来。

九 在指挥室(一)
形象在你们的脑里:
仪器板的,云的善变的,
天宇的透明蓝的,敌机
和它的喷火的黑色枪口的
现在都集中飞翔在
放有红箭头的有格子的地图上。
这里就是前方,两种
力量争斗,夺取历史的时空。

固然有不同的看法,想法,
战场与死的形象都一样;
我坐在伪装过的小屋里
类粗心的人从天上看地面,
当仍然一样富于丘壑,人类
把地球修葺得日渐可观。

十 在指挥室(二)
符号伪装了残酷,文明
也装饰战争;这都美好
而愉快:地图色彩匀和,
红箭头轮廓坦白,电话机

不时提醒危险如精明的妻子。

就以这现代凝炼的简单，
撑住我们领土的天空，结束
新的愚蠢：愉快是应该的：
历史正兴奋，用无数火药的爆炸，
生的抛掷，叫嚣着飞跑。

十一　红球

又是拣一个特好天气，
爬上竿顶，俯临全市，
悄悄撒下一道细网，
拉起所有居民的仓皇。
飞机喧嚣，机械士忙乱：
仿佛也挣扎在网里面。

十二　筑跑道

铲平了田，
不必灌溉，
没有谷穗，
却有更多的鸟；

挖一条河，
引进石子的
洪流，只为
接待雨天的鸟，
更凶更大的鸟；

当你们回到田里，仍旧
用猪粪牛粪喂养土地，
看自己的力量飞越山峦河流，
带回来胜利的兴奋，

必要更喜欢。就是这样土制的
锄头，土箕，已使民族的伤痕
愈合，人类的光明得到保障。

十三　假飞机
你们也了解战争的苦衷：
牺牲是涅槃，"美人计"、"苦肉计"，
并不为多，且接受践踏如土地，
装作狰狞，要大吼窜上蓝空。

或许会惴惴于将累及邻家
和家庭，但是当有可怜人播过
仇恨的种子，吹口哨摇摆快活，
相信他们，都感激你们那份虔诚。

十四　灯车
当你睁开大眼睛，笑出
微紫的强光，如少女的眼光，
渐渐露出鼓励的退却时，
疲倦而饥饿的才敢想家。

当年青的神鹰飞虎英勇地
突从天外远方飞来，投进你
温柔的眼光，如少妇的一切，
你才是更充实而神秘的富有。

十五　滑翔机
扶你，拉你，而后
你［勇］敢而能够笨拙地上天。
踌躇，慎重，如学步的小孩
只看自己的双脚，感触气流
如母亲关切的眼光，你才更勇敢；

而且学有坚强组织的大人
竟也翻跟斗，潇洒地侧滑，
发出呼呼喘气的微响，
还要羡慕鸟的敏捷，云的轻盈，
野性与勇气永值得赞美，
可惜当你战战兢兢，两足踏到
绿草上，屁股笨拙地碰痛，
围观的大人们忽然迸出笑声。

十六　在乡下的无线电台里
全世界敌对的声音就凭着
指尖的选择，热心向你倾诉：
像笨拙的裁判官，你搔头踌躇；
但终于心肠太软，屈服于音乐。

屈服于好奇心，沉溺进谣言，
疯子的演说，流氓的诽谤，
"皇军解放弱小民族"。Rumba，
Jazz，"希特勒鼓励努力生产"……

可是，也知道画着黑刺刀的（原注）
白布外面，母鸡瞎吵着
找地方生蛋，缠脚的老太婆
提着破竹箩捡牛粪，咒骂不孝子；

天线竿的鞭压住屋脊影，
破烂的房子围聚着像考究的
伪装工事，只是不藏着战争；
村子后面是田野，悠闲的行人。
原谅他们，随着日子的到来，
大家都听取不绝的谎言而欣喜：
每句话钻进他们的生命

以间谍的精灵,渐渐成为真理。

(原注:电台卫兵常立在窗子外面,其刺刀的影子就印在白色的窗布上面,成为一幅简洁有力的漫画。)

十七 第一次飞
拉长距离,就看得更广而多,
愈寂寞,万物万事殷勤而愈亲切;
模糊,也许;狡猾与朴质的人都一样
像颗豆,洋房与茅屋只有四方的
屋顶,路如带,行船的水也如带,
街树的隧道只见背脊,也如带,
寻不见阳光竟如尘土使多少眉头
紧皱,多少无理由的敌意的"尊严"……

可也更明白,看那坚筑的山植根
多深,互相提携多么信任而安详,
都昂然有所骄傲,难怪要人抬头,
红树如一朵红花,枯叶也新鲜有生气,
未琢的怪石像针一样整洁,市镇
在大块原野的中央,如受惊的兽物
紧紧缩挤成一堆,满足于一些小假山。

夜里播星的天宇一样高洁,神圣
而大,如理想的智慧慈祥老人,
现在还只有太阳专心地在燃烧,
以关注的温煦抚摸大地,使一切妩媚;
山丛上空的气流崎岖,云马云车
驰驶却极平稳:脚下有,头上有,
左右远近有,自由装饰成千百种式样,
都白净透明而闪着适度光泽,
(风雨不是风雨,烈日晒不出破纹裂痕)

—— 稀世珍品：杜运燮所佚组诗《机场通讯》初读札记 ——

飘入最远处即是迷茫，幻想的始起。
这白色的大地为什么这样荒凉？
这么松软，不必流汗耕耨，遗落一粒种子就有丰收；这么平坦，
何必锄破良田筑造弯曲的路？
山如笋，如小亭子，如灌木丛，
意外地升起如奇怪而可喜的比喻，
登山呼啸高唱，有没有回声喝采？
可惜我太重，啊，只好回到地上。

但我也不大声哭号如第一次来，
这房屋田野同样古旧平凡，但
究［竟］是我现在的目的：陌生，摸索，
敌意在等候，我得像初恋者，
谨慎注意遇到的一切，了解而与她结合，
即使因走进而迷失；占有，实在失落。

十八　给 A. V. G（原注）
你们很知道"现在"：
医生熟悉手术；每个"自己"
需要调整决心，忍痛学习
有如绝望的等待，

忍耐挨过这时辰，相信
美丽的要到来，把生命
和疯狂一起抛掷，
学赌徒的自慰，看得开。

该是为衰老的民族
并没有死，而还要年青，
你们兴奋地赞美鼓掌

该是忽然真正了解

一个民族坚强的心灵，
但朴质而平稳，而被感动；

该是看到褴褛的他们
几乎神迹地筑造起
可骄傲的历史，而忏悔……

但终于穿过表决，
照相，发表谈话，命令，
你们来了：勇敢的举手，

多少同伴惊服，当场
怎样心跳，而上船的日期
曾给你探险家的激动，

有安排好奇谲的布景，
自己变成幸福的王子？

心里曾汹涌着正义感，
像当年的高擎着十字旗？

眼前曾闪着光明的好榜样，
朝向它走，有巡礼者的虔心？

但终于是大水的这边。
这肥沃的处女地正像
当年哥伦布接吻的大陆。

一切同样而奇特，读一遍人类的
进化史：不愧一个古老的大熔炉；
可是现在还要耐心，了解艰苦；

可是得小心这些人的"面子",
欣赏滚热的 hospitality,
原谅有把握似的慢条斯理。

可是得小心反省那可耻的歪曲,
同情他们的"肮脏"和"马虎",
原谅在挣扎着的巨物,还需要时间。

原谅他们要羞怯地挨近你,
细看你身上的青天白日,
送你感激的无言的微笑:

但我们永不会鼓励残杀,
"去死";只赞美及时的慷慨,
牺牲:完成另一个"我";

只赞美年青的人民,
要往远看,看四面八方,
辛勤保卫我们的天空。

(原注:American Volunteer Group Chinese Air Force 中国空军美志愿大队)

整理说明:
1. 据《大公报》版整理,个别地方参考其他版本订正。
2. 有的诗原来有注,整理本称"原注"。"原注"之"原"为整理者加。
3. "(　　)"里的字为原文,"[　　]"里的字为整理者加。

抗战文学研究

田园·抗战·爱欲：综论常任侠的新诗创作①

马正锋

常任侠（1904—1996），原名常家选，安徽颍上人。他多才多艺，一生丰富多彩。他幼时入乡间私塾，随后逐渐接触《申报》、林译小说等新兴思想文化，因读到《新青年》、《新潮》等新文学刊物而深受震撼，17岁起先后在南京美术专门学校、中央大学就读，还曾留学日本东京帝国大学，专研东方艺术史，是20世纪30年代初联结南京新旧、左右翼文学圈的重要人物。全面抗战爆发后，常任侠接受田汉的邀请，入国民政府军事委员会政治部第三厅，与张曙、冼星海等作曲家合作，创作了歌剧《亚细亚之黎明》，有《梁祝怨》等南北戏曲数种，期间还短暂担任周恩来的联络秘书，1944年在昆明、贵阳两地的高等院校从事东方艺术教学和研究，1946年赴印度教学，1949年回国。中华人民共和国成立之后，常任侠主要从事东方美术史、艺术史及考古研究，长期在中央工艺美院任教，对中国与印度、日本等东方国家的文艺交流史研究很有贡献，作品后多收于《常任侠文集》（六卷本，2002年出版）。

常任侠的新诗活动主要集中于1932年至1946年，期间与好友汪铭竹、孙望、程千帆和沈祖棻等一起，先后组织了"土星笔会"、"诗歌战线社"、"中国诗艺社"和"诗星火社"，编辑出版《诗帆》、《诗歌战线》、《中国诗艺》和《诗星火》等诗刊。他先后出版了《勿忘草》、《收获期》与《蒙古调》等三部个人诗集，联合诗友编辑"中国诗艺社丛书"、"百合丛书"等，团结并影响了一批年轻诗人。常任侠为人坦荡正直，为文自然真诚，可谓文如其人。常任侠早年的诗歌多受法国与苏联田园诗歌影响，常见意象丰盈、

---

① 本文系湖南省社会科学成果评审委员会课题项目"兴起·蜕变·超越：抗战初期武汉、长沙新创诗歌刊物研究"（XSP18YBC179）的阶段性成果。

情感清新的特质,稍后时代的大变动则使得他越来越注重塑造具有朴质刚健、开阔坚壮品格的诗作。在其新诗创作生涯里,常任侠自觉追求一种真正融合了中国古典传统与西方现代派精髓的诗歌,而爱情诗和叙事长诗最能展现这种追求。他的爱情诗直抒肉体与灵魂的交融,健康自然,坦荡无邪,将"乐而不淫"的中国情诗传统创造性地转化进现代人的情感世界,他对于"肉欲"的抒写令人称道,在现代中国新诗的情诗写作领域独树一帜,可以"爱欲诗"作为独特命名;他的叙事长诗将宏大的格局与细致的描写融为一体,同时又兼具讽刺、批判与反思,显示出诗人对大历史和人类命运的深入思考。

一、从《勿忘草》到《收获期》:田园诗与爱情诗的双重收获

常任侠的第一部诗集《勿忘草》是《诗帆》同人推出的"土星笔会丛书"的第一本,于1935年2月出版于南京。诗集共收录诗歌30首,其中多首来自《诗帆》和《文艺月刊》。时人评价说,他"域外诗人则喜果尔蒙,其自己写作亦多田园风味"①,《诗帆》出版预告称其为"农村歌吹之能手"②,均谓确评。果尔蒙诗的田园风味为常任侠钟爱,这一点他在日记中曾多次提到③。作为法国后象征主义诗派描写田园的巅峰之作,果尔蒙的《西茉纳集》将意象的丰盈充沛与诗情的纤细微妙完美地结合,带给读者层次丰富的阅读体验。尽管戴望舒称果尔蒙为"法国后起象征主义诗坛的领袖"④,但果尔蒙的诗歌风格与公认的后期象征主义的代表诗人瓦雷里、艾略特、叶芝、里尔克等不大相同,其诗保留了较多的浪漫派气息,而出之于田园诗的形式,显得朴素清新,他对爱情的歌咏也较象征派的颓废之歌更健康和优美。《西茉纳集》旨在追求一种纯净而不食人间烟火的境地,意象多而不芜,仿佛颗颗珍珠被这种追求串联在一起,成为有机的整体。戴望舒称其诗歌传递出的"纤毫的感觉"与"心灵的微妙",本来容易成为阅读的障碍,但是诗歌完善的整体性能将读者引领到一个精致的空间,并让读者凭借各各不同的经验而获得差异化的阅读体验。至于常任侠所不满的"现代派意象的琐碎",在果尔蒙那儿是没有的,而对常氏所推崇的"有内在韵味"的"无韵体",《西茉纳集》却可为标本,所以常任侠喜爱果尔蒙合情合理。诗集《勿忘草》很能见《西茉纳集》式风格,《西风歌》、《秋晨》、《千代子的忧郁》、《春曦之歌》、《爱之梦》、《丰子的素描》、《秋天的园

---

① 辛忱:《诗帆三人特写》,《朝报副刊》1935年2月12日。
② 《诗帆》第三卷第三期封底"土星笔会刊行书目"简介。
③ 如:"灯下读法国果尔蒙《西蒙纳集》,将戴望舒译的同周作人译的对了一下。我这两年非常爱读果尔蒙的田园诗,作诗也很受了他的一些影响。"见常任侠著,郭淑芬整理,沈宁编注:《常任侠日记集:两京纪事(1932—1936)》,秀威资讯科技股份有限公司2011年版,第80页。
④ 戴望舒:《西茉纳集译后记》,《现代》第1卷第5期,1932年9月。

子》、《Forget-me-nots》就是代表。试看《秋天的园子》：

> 在秋天常常想起我手植的园子，
> 如常常想起不能见的野萝英一样。
> 秋天的园子中，种着：
> 金黄色的杨柳青的甜瓜，
> 种着满身细霜的大冬瓜，
> 种着苍白色的笋瓜，
> 和翠绿色的长葫瓜，
> 种着酒色脸皮的熟南瓜；
> 在瓜蔓的中间，
> 有野生的，
> 紫黑色的天蓬子，
> 金铃样的马勃子，
> 牛蒡子和狗尾菜。
> 野萝英，各种瓜的丰富的香气，
> 是混合为像你一样的香气哩！

读这节诗歌，想象其中色彩之斑斓，便知常任侠自谓"不觉的漂浮着新感觉派的气息"绝非虚辞。对照《西茉纳集》中的《园子》①，可以发现明显的相似。《秋天的园子》每一节最后两行提及"野萝英"的部分，与《园子》每一节最后一行"我们的园子是丰满而温柔的"，在全诗的句式和结构中有着一样的功能。二者如出一辙地使用排比、拟人和比喻等修辞手段，铺陈着瓜果蔬菜的丰足，以显田园生活的美好。不同点在于，恋爱中的中国诗人，还渴望着与心中的"野萝英"共享这田园，所以产生了淡淡的哀愁——"为了不可见的野萝英的缘故，/恐怕故乡的园子在秋天也荒芜了哪"。

---

① 全诗如下："西茉纳，八月的园子/是芬芳、丰满而温柔的：/它有芜菁和莱菔，/茄子和甜萝卜，/而在那些惨白的生菜间，/还有那病人吃的莴苣；/再远些，那是一片白菜，/我们的园子是丰满而温柔的。//豌豆沿着攀杆爬上去；/那些攀杆正象那些/穿着饰红花的绿衫子的少妇一样。/这里是蚕豆，/这里是从耶路撒冷来的葫芦。/胡葱一时都抽出来了，/又用一顶王冕装饰着自己，/我们的园子是丰满而温柔的。//周身披着花边的天门冬/结熟了它们的珊瑚的种子；/那些链花，虔诚的贞女，/已用它们的棚架做了一个花玻璃大窗，/而那些无思无虑的南瓜/在好太阳中鼓起了他们的颊；/人们闻到百里香和茴香的气味，/我们的园子是丰满而温柔的//"（戴望舒：《戴望舒译诗集》，湖南人民出版社1983年版，第26页。）

常任侠并不一味模仿果尔蒙，其创作也不是把果尔蒙趣味搬进中国。在决定诗歌精神内核的层面上，中国古典诗歌的传统也起了很大的作用。众所周知，经历了新文化运动之初狂飙突进的反传统后，大多数20世纪30年代的诗人和诗评家们已经认识了其中的偏颇。从20世纪20年代末到30年代前期，他们认识到了接续本土古典诗学传统对于新诗更进一步的重要性，现代派、象征派诗人在创作上进行了诸多融合古今诗艺的尝试。其时，常任侠和《诗帆》同人多受教于当时国内最优秀的古典诗学研究者和旧体诗人①，又瞄准了西方现代主义中名气不是很大却有实绩的几位法国和苏联诗人，以实际创作活动，建造了兼具现代特性和中国本色的新诗，向古典诗学传统学习的努力也得到了回报②。惟其如此，常任侠在一篇具有新诗史性质的文章中，才可以毫不避讳地将自己主编的《诗帆》列为新文学运动以来最有成绩的诗歌刊物之一。

在常任侠的诗歌中，对于古典传统诗学的接续，不仅仅体现在富有传统田园情趣的意象之上，更体现于始终秉持的"中道"的努力。无论是主题为爱情的诗歌，如《低诉》、《西风歌》、《千代子的忧郁》、《普陀晨歌》、《秋天的园子》、《Forget-me-nots》，还是观自然人文风景后的感慨，如《吴淞》、《太湖》、《风雨中与无我同游焦山》、《春曦之歌》、《普陀之夜》、《普陀夜歌》，诗作不仅没给读者带来偏颇之感，在坚守"乐而不淫，哀而不伤"原则的同时，还能使读者在叙述、象征和比喻之间，感受到诗人词句背后真挚的思绪和情感。

1939年12月，常任侠第二部诗集《收获期》，作为"中国诗艺社丛书"之一，由独立出版社出版。这部诗集收录了自1935年元旦至1937年元旦的新诗12首，并附有译诗5首。《忏悔者之献词》、《列车》、《普希金礼赞》三首诗歌，显示出质地坚实、视野开阔的品质。如《列车》一首，首先描绘一等车厢至四等车厢内不同阶级的人们之不同的穿着衣饰、神态表情、言语和内容，堪称彼时火车之上国人的群像。诗人的意图，却不止于以写实的笔调控诉社会的不平等，更在于诗歌首尾两节背后的深意。首节："列车向无尽的前途行进，／奔驰而且在黑暗中大吼，／使睡眠者迷茫之梦境，／不复延续其沉昏之呓语。"末节："空空通通，空空通通，／载着修理胡须的贵人，／饕餮无厌的大腹贾，／读报的小市民，／学生，工人农人，／小儿与妇女，前进，前进，／谁都不能转过一个方向，／只有这一条铁的轨道，／不停止的奔驰奔驰。"这首诗作完成于1935年3月，彼时诗人正准备东渡日本。1935年的中国，危机重重，国家向何处去？正如这列车，人们无

---

① 如黄侃、吴梅、汪东、汪辟疆、胡小石、胡翔东、王伯沆等人。
② 关于常任侠与《诗帆》同人的诗歌活动及其新古典主义趣味，可参见拙文《四个社团刊物和一个诗人群体——南方学院诗人群的诗路历程》，《中国现代文学研究丛刊》2017年第3期，第83—96页。

论是在四等车厢，还是在一等车厢，作为整体的列车，其目的地无论是天堂还是地狱，都只有一个。以下几句诗行，则寄托了诗人对于国家民族前途之朴素而坚定的信念："谁能懂得工厂怎样停闭的，/谁能懂得田园怎样荒芜的，/走眼前的路，/不必回想过去的故事。"是啊，"走眼前的路，/不必回想过去的故事"，这种坚定向前、脚踏实地的态度，正是风雨飘摇的中国所需要的。《忏悔者之献词》虽然没有直接将目光投向现实的社会，却通过个人"我"对土地、河流的眷恋，对都市新生活之疯狂的鞭挞，显示了诗人对充实生活的追求；《普希金礼赞》则通过对民众、土地、草原、顿河、工场、农场等意象的描绘，将普希金定义为一位为真理而斗争的人民歌手，这与左翼诗人的诗风是有相近之处的。

诗集《收获期》中多篇诗作为诗人赴日途中或在日期间所作，在《出帆》、《武藏野》、《银座》、《闻歌》等4首诗中，诗人文白杂糅，有意制造一种早期象征诗派人物李金发式的印迹，似乎在语词层面实践着"用文言写现代诗"，但其中的技巧是成熟而完整的。尤其是《闻歌》一篇，与《勿忘草》中的《"爱之梦"》采取一样的结构和表现方式，所激起读者的想象或联想的目的也是一致的，区别在于《闻歌》中"之"、"乃"等文言虚词以及文言句法，如"无涯之境域"、"寂然而入睡"等的使用之上。《收获期》一诗赞颂自然和人类的劳动之美，情从景出，隐显得当，语气上则颇有《圣经》之《雅歌》的风采："当收获期吉卜赛人成群的来了，/在铃鼓的交响中，魅人的歌声/传遍一个又一个村落。"《莓》有一种对话的口吻，把玩草莓的色香味所引发的人的联想与情感，写得轻松自如；《挽歌》是诗人在东京闻好友方玮德病逝后所写，是对友人诗艺及人生的诗意而伤感的回忆。

常任侠善写爱情诗，《收获期》的题词为"以此永远纪念吾妻前野元子夫人"，其中两首出色的爱情诗——《人与神之恋》与《红字》——正是献词。《人与神之恋》之为题，在于前野元子是基督徒。诗人认为妻子基督徒的身份是阻隔两人结合的关键元素，他的献诗乃是为了鼓励妻子"走向人的世界"。诗歌的第一句，诗人宣称"神的世界已经毁灭了"，并承诺"今后我将给与你真的生命，永恒的和谐，无尽的爱，与广阔伟大的仁慈"。随后一节，写男女相恋的热情；继而是男性对女性庄严的承诺，并且宣称"我们不要神的律法，不要摩西的戒律"，只有在人间，在大地之上，你才能永远健康而美丽，最后"神的世界已经毁灭，你随我来，在人的世界里，我们有永恒的真乐"。在这里，我们看到了现代诗人对个性解放的宣扬和对人文主义的彰显。

常任侠很重视苏联诗人叶赛宁，他曾根据日文转译了叶赛宁的几首诗歌，包括广受欢迎的《我是农村最后的诗人》、《割了的干田和裸了的森林》和《吹雪》。这些译诗亦收入了《收获期》。叶赛宁熟悉并热爱俄罗斯的乡村，他不能接受工业文明对乡村的巨大破坏,他的关于乡村的诗歌虽然静谧,但是总带着深沉的忧伤。叶赛宁对常任侠诗歌创作的影响,主要是坚定了后者对田园诗写作的信心,而叶诗中常带的忧伤情绪,在常任侠的创作中则比较少见。常任侠还很看重苏联诗人马雅可夫斯基。马雅可夫斯基从"未来主义"的倾心者,转而成为无产阶级运动的歌唱人,其根源在于他那种热情而富于正义感的品格。马雅可夫斯基十月革命之后创作长诗的态度,对常任侠抗战时期的长诗创作,有可能产生过影响。常任侠抗战期间所创作的长诗《创世纪》中新旧世界的斗争之场景,与马氏的诗剧《宗教滑稽剧》和长诗《一亿五千万》很有些相似之处。

二、抗战诗歌:"我们将一个伟大的胜利,掷在全人类面前"

全面抗战爆发后,常任侠发表了多篇有影响力的诗论文章:1938年3月8日,《抗战日报》刊登了由常任侠、孙望、力扬等人以"诗歌战线社"为名义发表的《致抗战诗歌的工作者》,号召一切诗人和爱好诗歌的人,进行集体创作和讨论,歌唱抗战;1940年5月5日,《中苏文化》发表常任侠《五四运动与中国新诗的发展》,号召中国的新诗人在新时代里吸收中外诗歌精华,创造新的民族诗歌形式;1941年7月7日,《文艺月刊》刊发《抗战四年来的诗的创作》,常任侠概论1937—1941年期间的诗歌刊物和创作情况,他盛赞艾青、鲁藜、邹狄帆、曾卓的雄壮健康之风是对时代的最好回应。

常任侠绝不是书斋里穷经的书生,他在抗战期间的个人经历与他的诗歌理论和创作紧密关联。他的抗战诗歌,总是充盈着昂扬的斗志与刚健的精神。许多诗篇,题名就散发出此种感觉,譬如《北战场》、《兄弟们,我们决心不愿做奴隶》、《寄西班牙的同志们》、《胜利的史迹——台儿庄大捷周年纪》、《春在中国的原野上》、《北征——赠给范励奎年轻的兄弟们》、《人民的歌手张曙》、《重庆废墟的复兴——新陪都的献词》、《摧毁国际强盗希特拉》、《人民的世纪》。这些诗歌多以有力的意象,大声疾呼,有着鼓舞人心的效力。如《兄弟们,我们决心不愿做奴隶》:

> 你世界上一切反抗暴力者,
> 你来,我们伸着手在热烈的等你。
> 我们以战争消灭战争,
> 以公理惩治暴力。
> 为人类奠定和平的基础,
> 为人类争取永久的幸福,
> 为东方人,为西方人,

> 为世界上一切人，为我，为你，
> 我们必须争取最后的胜利。
> 在正义伸张的时候，
> 才救了我们自己。
> 兄弟们，我们是人道的前卫，
> 我们决心不愿做奴隶。

这些声音洪亮的鼓气之作，非常适合集体状况下的朗诵，但又脱离了标语化、口号化的嫌疑，绝非"浮泛的概念的叫喊"。这样，中国军民英勇的战斗姿态，不屈不挠的坚韧品格，得到了真实而具体的呈现。这并非偶得之作，而是诗人有意识的精心创作。在《论诗的朗诵与朗诵的诗》一文中，常任侠说："我们在朗诵诗的外形上要通俗，在内容情感要更丰富，叙述更具体。朗诵的诗最好是叙事诗……在目前争取民族解放的斗争中，壮烈的史实是很多的，这正可作为朗诵诗的题材，来激扬全民反帝反法西斯的热情，共同走上抗战的营垒。"[1] 前文所引述的诗歌，语言通俗，情感丰富，叙述的内容具体可亲，正符合其抗战诗歌理念。关于内容的真实和具体，则在细节描写中得以体现，譬如《春在中国的原野上》，常任侠用三十余行诗句，精心描绘了春季的万物复苏。在诗歌中，自然界渺小花草所呈现出的顽强生命力由物及人，为苦难中的人们带去了希望，带去了继续生活和战斗的勇气。这在抗战时期，显然具有鼓舞军民气势的作用。

抗战时期，由于抒情短诗已经不足以描绘大时代的复杂与宏大，叙事长诗的写作曾广泛流行，而长篇叙事诗的指向往往是民族史诗。对长诗写作，常任侠做好了现实和艺术上的准备。因为在第三厅工作，他能直面前线、敌后的军民与文艺工作者，他的工作也要求他关注这些人的生活和经历。他的长诗《胜利的史迹——台儿庄大捷周年纪》与《重庆废墟的复兴——新陪都的献词》分别作于 1939 年 2 月和 1940 年 10 月，是抗战时期较早问世的叙事长诗。两首诗歌没有因其长度而减弱艺术性，但由于主题的差异，诗歌艺术性的侧重不尽相同，显示出诗人情感的丰富与饱满、诗艺的完整与成熟，以及对战争的深层次思考。

《胜利的史迹——台儿庄大捷周年纪》前半部分叙述了日军入侵后烧杀劫掠的罪恶画面以及中国军民同仇敌忾地在各时各地奋勇反抗的壮阔场景。起首一节铮铮作响："我们将一个伟大的胜利，/掷在全世界人的面前。"随后，诗人用了十余行文字描绘了战前那个宁静平和的台儿庄："在清晨的古道上，/有牛铎的声音，/夕阳爬过村落的老屋，/

---

[1] 《抗战文艺》第 3 卷第 12 期，1939 年 3 月。

临流的城堡上绕着晚烟。"然而,日本帝国主义"这魔鬼,/它闯进这古堡中间,/在粼粼的老屋上,/浮起一片红的笑。继而中国军民同仇敌忾,奋起反抗,那钢铁一般的战斗意志,/击破了精锐的矶谷,板垣。/敌人,成千成万的倒下了/……/在异国,寂寞的,/作了腐臭的长眠。"中间部分是设身处地地向日本普通士兵喊话。在这些谴责法西斯和日本帝国主义的诗行中,颇可见彼时抗战的某种宣传策略①——罪恶者乃入侵国的统治者,受害的却是两国普通民众:

> 你们被强迫着,
> 被法西斯的绳索绑缚着,
> 做着日本帝国主义的野心的工具,
> 为狂暴的强盗,你们困苦,
> 你们饥饿,你们死,
> 你们离开你们和平的生活,
> 踏上我们的国土,
> 做着火与血的游戏,
> 杀了人也杀了自己,
> 一个痛苦的忏悔,
> 永远在你们的灵魂里回旋。

诗人以一种与日本兵交谈的口气,通过刻画战争给两国百姓带来的共同苦难,沉郁地谴责侵略战争:

> 你们同我们的稻田荒芜了,
> 你们同我们的家屋毁败了,
> 我们的孩子被惨杀了,
> 而你们的孩子也饥饿着了。
> 我们的父母妻子奔走死亡着,
> 而你们的父母妻子也枯黄病瘠了。
> 早迟都是一样的死,

---

① 比如,1939年晋察冀军区司令部发布《告日本兵书》呼吁:只有"共同打倒日阀,彼此始得解放"。见加藤三由纪:《战场上的创作——陈辉诗歌在日本唤起的创伤记忆》,《中国现代文学研究丛刊》2014年第6期,第89页。

>我们,你们,为谁,
>为了谁的原故?
>我们清楚的知道,
>是为了日本帝国主义

《重庆废墟的复兴——新陪都的献词》是一首融合了讽刺性和史诗性的抗战诗歌。诗中塑造了多个重庆的形象。首先是被日本飞机炸毁的重庆:"那里颓垣接着颓垣,/在大火的浪潮退出去后,/遗下许多危立撑天的礁石,/正像老重庆不可烧毁的骨骼";随后是被轰炸前的重庆,也不是普通人的好去处:"一双皮鞋可以抵一个人五年的工资。/而沙利文,巴黎,英年会,/这些高贵的餐厅中,/绅士们正温雅的理着刀叉,/仿着太平盛世的那些/欧美人的样子,樽酒闲话";但是,重庆并非生来如此,它原本是这样建立起来的:"每一块石头,/都印上祖先的辛劳,/每一步阶梯,/都经过祖先的足迹,/到子孙,一代一代的,/才踏得这样圆熟";然而,善于营利的商人,有钱的太爷,敛财的老板,带来了大楼,带来了银行,百货店,资本主义新式的商场,鼓胀肚皮的人们,卷着臭风的汽车,"于是而有贫困饥饿,/而有会帮盗贼娼妓,/和贵宾们带来的梅毒"。

这样一个城市,显然也不为诗人所欢喜,"这都市的精华同残滓都净尽了,/遗下的只是终古不坏的岩石"。战火烧过的重庆,巨大的苦难压抑着它的人民,然而诗人仍努力寻求战火可能带来的意义。那就是战火也烧去了那些肮脏和丑陋,给了人们建设新城市的契机,尽管这是无数血泪换来的契机,但这契机也因之弥足珍贵。诗人开始按照自己的意愿,建造着新的重庆。这座城市有布鞋、白米、小麦、绿豆、烟叶、青菜、可爱的红辣椒、黄胡须的老头、老牧师、《水浒传》、《天方夜谭》、卖鲜花的妇人、乌鸡爪子、腊肠、白曲酒、朴拙的蓝花图案的水壶:

>重庆,又从现代的都市,
>恢复到古代的赶墟赶场,
>就像古代典籍里所描画的,
>日中为市的样子。
>……
>应该在不久的将来,
>多层的花岗石建的高楼,
>又会从废墟上出现,
>而且连成一条一条的,

仿佛巴峡样的街的峡道。

最后,"重庆将像一只火中新生的凤凰／抖一抖金翅,飞腾翱翔"。古都重庆,由前辈先人的汗水辛劳筑成,石头和城墙记录着劳动人民的年历;日本飞机轰炸前的重庆,已经成为达官贵人和资本家剥削人民膏血的场所,这里物欲横流,丑陋压住美丽;轰炸之后,城市的精华与渣滓一同毁灭,只剩下前人遗留下的不屈不挠的岩石;热爱生活,向往美好的人们,仍旧爱恋这成为废墟的城市,并且再次用自己的汗水和辛劳,建造了一座继往开来的新城市。这首长诗的结构清晰明了,历史、现状和未来铺陈展开,场面壮阔多姿,细节严谨写实,在统一构架的完整性与局部肌质的致密性方面达成了平衡。

1940年10月,常任侠写下长诗《创世纪》。该诗由《引子》、《过曲》、《正篇》、《尾声》四部分组成。前有题记:"一九四〇年诗稿。在白色恐怖下的重庆时作。"《引子》中,诗人提出人创造出神和魔鬼,然而世界却被魔鬼与神灵所统治,人分别承受着魔鬼撒播的肉体痛苦和神灵给予的精神奴役。《过曲》描绘了神灵与魔鬼主宰的世界里,有大洪水、毒龙、大火、瘟疫和战争轮番折磨人类,在长期的痛苦中,人开始觉醒,体悟到"人的幸福是人自己争取的"。《正篇》当中洋溢着人类之开拓的勇气和创世的豪情:首先有巨人站出来,他带着人类杀毒龙,治洪水,砍下神之头颅,斫碎魔鬼的尸体,然后开始创世的伟业。诗人用了100余行诗歌,写巨人改造山岳和高原,让河流丰腴,让土地美丽,教会人类精于生产,引领人类创造艺术,结果是更多的人类"长成不可数的巨人","人类于是享受永久的快乐"。《尾声》里,一个没有丑陋的世界已经矗立。常任侠一生主要从事中国以及中亚、东亚、东南亚诸国美术史以及音乐、舞蹈史的研究,新诗和旧诗创作则在研究以外进行。创世神话对于文学、美术、音乐与舞蹈诸艺术,有着直接而长远的启示。在这首《创世纪》里,诗人结合时代需要与个人期待,对东西方创世神话中的经典元素进行了恰到好处的化用。《旧约》中创世初的混沌而黑暗的渊面,《启示录》里的"末日四骑士",烘托着"创世巨人"还未到来前人类所处的悲惨世界。巨人创造的世界,不仅仅是适于中国人的世界,也是全世界人们都渴求的世界:从阿拉伯到蒙古高原,从荒无人烟的荒漠到人声鼎沸的都市、村镇和草原,人们劳作,生活与歌唱。诗歌有着朴实的乡村乌托邦气息。

抗战期间,诗歌界不乏倡导写作叙事长诗的理论家和踏实写作的诗人。茅盾和穆木天曾分别指出"中国的新诗有一个新倾向:从抒情到叙事,从短到长"[①] 与"民族的英

[①] 《叙事诗的前途》,《文学》第8期第2卷,1937年2月。

雄的叙事诗时代到临了"①。长诗创作的数量据称不少于百部,其中千行以上的诗歌专集三十余部。不过,有论者认为这一时期的大型长诗创作并不成功,而三五百行的中型长诗则有成功者,其中包括力扬于1942年8月发表的《射虎者及其家族》②。力扬长诗的诗歌素材来自于自己家族的历史,展示的是近代中国农村社会和农村革命的画面,其中带有沉郁而厚重的伤感,而常任侠则将自身耳闻目睹的或大或小的抗战画面,与个人的爱国之情和抗战宣传的需要集中融入了长诗创作当中,丰富了叙事长诗的风格形式和艺术手法。

三、《蒙古调》的爱欲吟唱:"乐而不淫"情诗传统的推陈出新

1944年11月,在大后方昆明,"百合文艺丛书"之四——新诗集《蒙古调》出版。此书收新诗5首,篇幅不大,书的主体部分实乃书前那篇两万余字的自白式的著者序言。这本40开、88页,署名常醒元,印数500的小书发行没几天即告售罄,引起了轰动。这里的署名"常醒元",其实是常任侠为纪念自己刚刚逝去的爱情而专用的名字。

战火阻绝不了爱情和艺术,战争中的爱情和艺术风格别具。在《蒙古调》里,含蓄的爱情令诗歌灵动缠绵,战时的慷慨激昂则让诗歌坚毅硬朗。这样的风格得到了极高的评价:"若论爱情体验的丰富和艺术表现的成功,常任侠无疑是中国现代文学史上最出色的爱情诗人:乐而不淫的古典诗学传统与现代新感觉气息在他的爱情诗中达到了水乳交融的融合。"③

诗集《蒙古调》收录5首诗歌,是爱情的组诗。《在音乐会》写男性在相思期的苦恋,《蒙古调》写情侣不期而遇的喜悦,《蒙古的星宿》盛赞女性的美好与重要,《猎歌》写男欢女爱的水乳交融,《触礁的船》则抒写了恋情结束时的痛苦以及对未来的展望。"醒元"是诗集的署名作者,也是诗集的"诗眼",它寄托着男子对于女子回心转意的期望,寄托着男子走出情感阴影、重新开始的渴求。这种心迹在诗集《触礁的船》末节中有所体现:

在惊悸的梦魇中醒来时,
才知道是在荒凉的岛屿边。

---

① 《展开我们的诗歌战线》,汉口《大公报·战线》第25号,1937年10月。
② 解志熙:《暴风雨中的行吟:抗战及40年代新诗潮叙论》,《摩登与现代:中国现代文学的实存分析》,清华大学出版社2006年版,第17—18页。
③ 同上,第45页。

> 风已静日光已经射出,
> 只有轻轻的浪在呼吸叹息,
> 水鸟翱翔着觅食欲下。
> 船中已空空而无所有。
> 疲弱的静躺如产后的病妇,
> 无力去转侧,坐起。
> 船带着一身伤痕,
> 必须好好去休息静养。
> 但他看见远远飘驶的白帆
> 又悠然而作重新翱翔于洋面的幻想。

《触礁的船》前四节描写了船只整装向大海出发,旋即遭遇黑暗中的大风暴,不得已抛弃原本装载的一切货物,但喜怒无常的海洋仍将船掷向了荒岛的浅滩并使之触礁。我们可以认为四个场景象征着恋爱的四个阶段,最末一节是对恋爱的反思。《触礁的船》中的象征手法较为直白,叙述的时候流露着自然的风度,以船之航行过程写出了恋爱各个阶段的不同表征。从技巧上来看,诗歌几无跳跃或跨行,选取的意象多与海中航行的船相关,是自然而然的意象群。此外,为了保持写实性的叙述性风格,那些本应该展现诗人才气或者哲人气的比喻,呈现出一种随处可见的平实。譬如:"船陷在龙卷风的旋流里,/像一个人失了神经的常态"、"船上抛尽了所有的东西,/锅灶,锚链,被服等,/全都不吝惜的赠给了海。/像呕吐的人,呕吐尽肺腑的一切"、"船中已经空空而无所有,疲弱的静躺着如产后的病妇"。读者可以想象出这首诗歌每一句所描述的情状,而这所有的情状又可以和读者的人生经验有所关联。

坦荡而朴实的态度,是诗人写诗的态度,也是诗人恋爱的态度。带着这样的态度,即使是写恋人身体结合的性爱之诗《猎歌》,格调亦大方自然:

> 让我们俩合成一张弓,
> 让我们来弹射那一头小鹿。
> 你看是多么丰美的草原哪,
> 你看是多么清澈的小溪哪,
> 这涧谷间正好畅快的沐浴,
> 这里正好饮我饥渴的马。
> 不要动,你听俊美的鹿子跳动了,

它仿佛探头在幽林中窥伺，
它仿佛又缩头回去了，
多么聪明的一头鹿子哪。
你，你怎么张不开眼睛了，
你中暑了吗？还是不？
让我拂拭你通身的汗，
让我给你一口甘美的泉水。
你看你的嘴圆张得像一朵
初绽的红牵牛花
你感觉着痛吗？还是不？
你为什么皱着眉头不说话？
这里真幽静，没有狼嗥，
也听不到人语，
只有你微微的呻吟，
和着远远的一对白头鸟的声音。
好了吧，你的精神已经活泼，
你为什么又起一阵拘挛，
你看四周的白雾像帐幕，
再让你好好的休息
我是护持你已经用尽力量了，
等下次我们再来弹射那头小鹿吧。

如果说作为传统诗教标准的"哀而不伤"在《触礁的船》中有所呈现的话，另一标准"乐而不淫"在此诗中也得到了呈现。白话诗自胡适《尝试集》发轫，爱情诗自汪静之《蕙的风》引起轩然大波，唯美诗自邵洵美《花一般的罪恶》呈"颓加荡的爱"，而常任侠的《蒙古调》则"运用象征性意象融现代的坦荡和古典的含蓄于一体"[1]。将性爱写得温婉清通，并不容易。徐志摩的《别拧我，疼》和沈从文的《颂》，或能一比。只是，前者与《猎歌》的某个片段虽有同曲之巧，整体上却不及《猎歌》工妙；后者用意与《猎歌》相似，但在文字技巧和诗境的建构方面似乎仍不及《猎歌》之精美。

---

[1] 解志熙：《暴风雨中的行吟：抗战及40年代新诗潮叙论》，《摩登与现代——中国现代文学的实存分析》，清华大学出版社2006年版，第44页。

田园·抗战·爱欲：综论常任侠的新诗创作

那么，诗人所爱的究竟是怎样的一个姑娘呢？在诗歌《蒙古调》中，这位姑娘神采飞扬：

> 那骑着骏马而来的
> 蒙古荒原的女孩子，
> 你春风中飘动的衣裾，
> 闪着珊瑚宝石的光，
> 你微蓝的鸭色的双眼，
> 像绿洲里的星宿，
> 照出我修伟的身影；
> 你暖雪一样的丰额，
> 你安榴一样的唇蕊，
> 你一双能挽金弓的修臂，
> 使我周身激动暖流；
> 你的轻捷秀美的身躯，
> 像一支白海青飞来了，
> 你照亮我的眼睛，
> 而且仿佛一支火球投近我了。

在这里，首句的画面始于远景，宏阔、疏朗，画面感强，随后则通过连串的明喻，将画面推近。喻体所择取的意象，如"珊瑚宝石"、"星宿"、"暖雪"、"安榴"、"白海青"等，富有朝气和动感，有生命力的充盈之感。

另一首《蒙古的星宿》，诗人自比沙漠中长途跋涉的旅人，在追求个人理想的路途中，与饥渴、寂寞、黑暗、寒冷相伴，因为有"蒙古星宿"的光辉，诗人感受到了温暖，辨明了前进的道路，从而走在了实现理想的路途上。其中有一节将星宿幻化为女子的形象，又以各种比喻铺陈女子的美好，如："你的颈子是玉做的"、"你的双臂也是玉做的"、"你的发如绿洲中的芳草"、"你的唇如含蜜的朱果"、"你的胸如百合花，／乳房是乳酪做成的。／你的足如一双羚羊的小蹄"等。诗歌意象纷呈，几乎每一行都有新的意象出现，却不显得繁杂突兀，因为这些意象有条不紊地融入了诗人整体的叙事性行文风格当中，为诗情推波助澜。

诗集《蒙古调》所选的5首诗歌，写作年限在1940年12月至1943年6月间，处于抗战的相持阶段，而出版诗集的1944年更可称得上是抗日战争时期中国军民最艰难的一年。本来，在非常时期，于家国民族而言，出版这种自我袒露的爱情诗集，并且不厌其详地写一场恋爱的起始过程，似乎有些不合时宜。但是，上述爱情诗歌自有其特点，它那健康的袒露、自然的韵律和摒弃空虚意象的决绝，与抗战年代所需要的雄伟奔放、乐观向上的精神，取得了一致性。这种一致性，在诗歌《蒙古调》中也有着明显的体现。诗人在首节远、近景描摹蒙古姑娘之后，笔锋一转：

> 我将与你连辔而并驱，
> 急驰于朔漠的风雪中，
> 举起我百炼的矛枪，
> 飞击那些东方来的狐鼠们，
> 让祖国广阔的土地上，
> 重展开无边的欢笑。
> 我将与你合唱荒原的战歌，
> 听大青山里洪亮的回响。
> 为祖国，为你，
> 我将用尽我的力，
> 我们永远携着手前进。
> 你像生活烧着我的怀抱，
> 增加我无尽的英勇。
> 你的声音便是我前进的号角，
> 漫天冰雪都因你的微嘘融解。
> 我须肩起中华民族的重担，
> 踊跃着在边疆举起长剑。
> 因为"饮马长城窟"，
> 正是我日夜热怀着的素愿。

在这里，爱情的浓烈和爱国的浓烈同时入驻诗人的内心，激荡出豪迈之气，明证了儿女私情并不一定会弱化战争的宏大叙述，反而能为战争的宏大叙事增添浪漫的色彩，从而获得一种直接的乐观和自信的品格。这种气度，不是感伤格调的象征诗或者异质性突兀的现代主义诗歌所能比拟的。诗歌的意象多来自自然事物，丰富而多样，并因其中国特色所能引发的中国联想，从而脱离了"中文写外国诗"的嫌疑；虽然直抒胸臆，却不是浮泛的叫喊，没有沦为标语，所以能经得起反复的阅读。《蒙古调》所呈现的这些品格，与当时诗歌界发展趋势紧密相关。彼时，抗战初期那种对诗歌艺术审美特征严重忽视的现象已经得到了较大程度上的改观，诗人和诗歌评论家对诗歌艺术的探索也取得了较大的成果。两部具有理论高度的系统性的学术著作——艾青的《诗论》于1941年9月出版，朱光潜的《诗论》于1943年出版。关于诗歌形式的探讨，也在这其间得到了深入地开展。艾青对于"诗的散文化"的大力提倡，以及追求朴素诗风的实际创作，随着他的诗歌作品，得到读者和评家的一致赞扬。同时，朱自清的《抗战与诗》（1942年）、郭沫若的《民族形式商兑》（1940年）、力扬的《关于诗的民族形式》（1941年）与《我们底耕耘与收获》（1942年）、李广田的《论新诗的内容和形式》（1943年）等著名诗歌论文，大致都号召诗人努力丰富和提高诗歌艺术的表现力，推动现实主义诗歌走向成熟。这些讨论，与诗人常任侠历来所理解并认可的诗歌理论有着契合，而其精髓之思又终于体现在他自己的诗作之中。

综观常任侠的新诗创作生涯，他始终追求一种融合中国古典传统与西方现代派精髓的诗歌，他的早期诗歌主动吸收法国后期象征派中偏于描写自然风光和人事小景的一面以及俄苏象征派中重视风土田园和宁静抒情的一面，呈现出一种中国现代诗中不多见的健康的浪漫倾向，稍后时代的大变动促使他越来越注重塑造具有朴质刚健、开阔坚壮品格的诗作。这条创作之路，与常任侠所标举的"新古典主义"相契合。在发表于1940年的那篇《五四运动与中国新诗的发展》中，常任侠回顾起自己与《诗帆》同人的诗歌写作，说："他们既不喜新月派的韵律的锁链，也不喜现代派意象的琐碎，标举新古典主义，力求诗艺的进步，对于现实的把握，黑暗面的剖析，都市和田园都有描写。他们汲取国内和国外的——尤其法国和苏联——诗艺的精彩，来注射于中国新诗的新婴中，以认真的态度，意图提倡中国新诗在世界诗坛的地位，并给标语化口号的浅薄恶习以纠正。"[①] 可以说，在十数年的新诗创作生涯里，常任侠始终沿着"新古典主义"所要求的路数在探索。对常任侠来说，所谓新诗中的"新古典主义"，就是乐而不淫的中国古典诗学传统、俄苏浪漫派的田园爱情诗风和欧陆唯美—象征派的新感觉之创造性的综合转化。

（作者单位：湘潭大学文学与新闻学院）

---

① 常任侠：《五四运动与中国新诗的发展》，《中苏文化》第6卷第3期，1940年5月5日。

抗战文学研究

边地风景体验与李霖灿游记散文创作

董晓霞

沈从文的小说《虹桥》讲述了1941年因为战时"事事需人工作",四个大学生在驮马帮中各自骑着一匹马,行李中有书籍、画具,带着"深入边地创造事业的热情梦想",想着除了作画以外终能为国家做点事。其中一人,沈从文这样描述:

> 另外一个黑而瘦小、精力异常充沛、说话时有中州重音,骑在一匹蹦来跳去的小黑叫骡背上的,名叫李粲。二年前来到大雪山下,本预备好好的作几年风景画。到后不久即明白普通绘画用的油蜡水彩颜料,带到这里实毫无用处。自然景物太壮伟,色彩变化太复杂,想继续用一支画笔捕捉眼目所见种种恐近于心力白用,绝不会有什么惊人成就。因此改变了计划,用文字代替色彩,来描写见闻,希望把西南边地徐霞客不曾走过的地方全走到,不曾记述过的山水风土人情重新好好叙述一番①。

小说中的"李粲"便是沈从文以李霖灿为原型写的②。李霖灿(1913—1999),画家,因研究纳西东巴文化被誉为"么些先生",1941年开始任职于"国立中央博物院",

---

① 沈从文:《虹桥》,《沈从文全集》(第十卷),北岳文艺出版社2009年版,第385—386页。
② 李霖灿在《沈从文老师和我》中写道:"就在我要回四川向中央博物院作调查报告之时,沈从文老师忽然兴致盎然地以晨岚兄和我作为背景撰写了一篇名叫《虹桥》的小说,而且发表了开宗明义的第一章。"又在《山林多轶事,历历人文采》中感怀沈从文道:"两年之后,我写的游记文章发生了作用,不仅可以稍稍贴补生活费用,沈从文教授还用文艺的笔法把我们写进了《虹桥》的小说中。"参见李霖灿:《西湖雪山故人情——艺师友录》,浙江大学出版社2011年版,第69、169页。

至1984年自台北故宫博物院副院长之职务上退休,一直从事艺术史研究,学界对他的关注多集中于此。但他于抗战时期创作的散文价值很高,在《今日评论》上发表多篇,得到了沈从文的肯定与支持①。抗战期间随着所就读的杭州艺术专科学校西迁至昆明的经历是李霖灿散文创作的缘起。他和6位同学"由沅陵出发,由湘入黔,在贵阳还经历了大轰炸,又沿着云贵大道来到了昆明"。放弃"公路"不乘汽车是想"让我们用自己脚步,亲自去丈量祖国的锦绣河山!"②因"丈量"了一路的战时西南之"风景",李霖灿到昆明后不再沉潜于象牙塔,而是应"文化建国"的需要,从1939年开始,赴大理、丽江、中甸、木里考察,住玉龙雪山四载,调查边疆民族艺术,并为"中央博物院"收集民族学标本。李霖灿的边地旅行、考察经历正如沈从文在《虹桥》中所讲述的,是抱着开创画派的目标去的,画了两年,觉得尺寸绢素囊括不了大好河山,想着文字比绘画更能表现边地风光,但写出来后惊觉还是无力表现,雄奇壮美的边地使人沉默、皈依。李霖灿感到绘画与文字的限度,转而关注边地民族表现到宗教、艺术上的不同形式。于是,他研究东巴象形文字,收集金沙江一带的民歌,探访丽江壁画③。抗战时期,随着知识分子的西迁与南渡,出现了大量有关云南边地的游记散文,这不仅是时人流亡、行旅、考察的印记,更是现代知识分子出于巩固国防和开发西南的需要,在国家危难之际对边地国土、边疆民族的主动认识。李霖灿的游记散文是他长达4年的边地旅行记录,因其特有的看风景的认识性装置,独具魅力。

一、画家之眼与风景书写

沈从文在《黔滇道上》一文中介绍李霖灿"系写西南游记一个理想作家",其创作"多注重在景物风俗","有许多崭新发现","文笔相当美,尤以对于风景描写具有特长"④。李霖灿是画家,他感受风景的方式难免受到传统山水画的陶冶,何况中国山水画

---

① 据李霖灿在《沈从文老师和我》中写道:"我向沈从文老师辞行的时候,他知道我是一无凭借、赤手空拳地去闯天下,便对我说:'只管写稿子来,我负责一一推出,好给你做生活费用。'说到做到,不但文章在各处发表,就是我写给他的信,也用'大雪山来鸿'的名义,一一刊登在昆明的杂志上。"参见李霖灿:《西湖雪山故人情——艺师友录》,浙江大学出版社2011年版,第68页。

② 李霖灿:《沈从文老师和我》,《西湖雪山故人情——艺师友录》,浙江大学出版社2011年版,第64页。

③ 李霖灿研究纳西东巴文化的著作有《么些象形文字字典》、《么些标音文字字典》、《么些经典译注九种》、《么些研究论文集》、《么些族的故事》。李霖灿20世纪40年代采编的《金沙江情歌》被选入"国立北京大学中国民俗学会民俗丛书",由中国民俗学会于1971年影印出版。李霖灿的《丽江壁画》刊于《益世报》1948年5月23日,第6版。

④ 沈从文:《黔滇道上》,《沈从文全集》(第十六卷),北岳文艺出版社2009年版,第250页。

中本来就氤氲着丰沛的文人化传统。山水画对李霖灿的影响具体表现为:"如画风景"的描摹方式和"自然"高于"人为"的古典思想。

李霖灿在边地夹着画板旅行,他有把自然看成"如画风景"的能力,把山川、河流、自然万物看成一个有秩序、协调的统一画面,而不是一堆零星碎片的混乱组合。也就是说,他从不同视角中所看到的,是一处由作者本身带有的认识装置——如山水画、怀古幽思、诗意、牧歌、崇高、意境等等,对景物进行框定、编码后的风景。一边赏景,一边"调雪墨作画",李霖灿会选择最佳观看角度,入眼之景的先后顺序都极有章法。爬玉龙雪山时迷路,他却找到了一条竹径,"杂在竹林中的杜鹃花都长成了大树,径中有雪,竹上有花","白雪的小径上,杜鹃落得像纸花样的一堆一堆,对着这将融的白雪,纸花样的杜鹃,使我们起一种极清凉哀艳的感觉,不忍去践踏它们"①。玉龙犹如一幅雪景的山水:山脚的棕榈、铁杉、杨柳绿得盎然,小河上游,牧童手中捧着白色杜鹃,山顶是银屑飞舞的世界,远峰的淡墨用得出神入化,往下看坝子,阳光使得大地一片金黄。泸沽湖在李霖灿眼中其构图是绝顶地"完整",青山环绕,一海碧波,山顶的积雪,岭上的松杉,乘坐独木舟悠然入梦地滑入这一片清碧,"灵槎、仙女、菱歌构成了湖上三绝,这三绝又混为一清",只觉得"'青山绿水',四面俱是图画"②。岸上梅花满树,使人很快滑行入梦境中。以画家之眼观物,最重色彩的调和,于金沙江畔欣赏团团的崖树正有最美丽的秋色,"郁然苍翠的丛树中,忽然现出一团团的红叶,配着下面的绿流白沙,真有美女簪花之妙"③!江山自有安排,一截碧玉的山峰置于墨绿的松杉林上,林下是一片浅褐的衰草,崖下溪流如用一条绿流束住,伟大中包有玲珑。李霖灿在此深感中国画中长卷的伟大,如用西方风景画中割取一部分的画法,必会遗憾且不得山水之妙。他于虎跳峡看见伴着铿然铃声的几匹驮马,"古宗人红巾紫裳,掩映于衰草起伏之中,于是天远峰高谷深水响中又加入如虫如豆踽踽而来的行旅,便觉得自己真的走进了范宽的秋山行旅图画中"④。他于金沙江西岸赏景时认为老虎箐是最好的地点:

> 他正在葡萄湾的对面,于是葡萄湾的红树怪石,先在对面江上展开了一幅江村平远的图画。这对于看玉龙雪山是必需要的,因为必须有这样大的基盘才能够在上面安置这座高的雪山,正像玉龙雪山他有八百里的广大基础才能在上面安排这许多

---

① 李霖灿:《再谈玉龙雪山》,《今日评论》第 4 卷第 21 期,1940 年 11 月 24 日,第 334 页。
② 李霖灿:《为君清丽写泸沽》,李霖灿等《雪山·碧湖水·喇嘛寺》,云南人民出版社 2002 年版,第 58—59 页。
③ 晨岚、霖灿:《玉龙雪山巡礼》,《今日评论》第 5 卷第 10 期,1941 年 3 月 16 日,第 158 页。
④ 晨岚、霖灿:《玉龙雪山巡礼之二》,《今日评论》第 5 卷第 11 期,1941 年 3 月 23 日,第 174—175 页。

玲珑峭拔一样。而且这里更因为那条八千尺深沟的关系，前山一偃，雪峰尽出，于是一列雪岭便锋芒森然的沿着对江的青松林上扯展开来①。

这是深受中国山水画熏陶后所表现出的空间意识，用心灵的眼笼罩全景。李霖灿将风景组织成讲究色彩层次、巧妙构图的前景、远景，这些被框定的景色空间渐次展开，其目的就是要展现风景最具"如画"特点的一面：

> 几块大石背后远远有两丛秋色正酣的红树，后面再配上青天白云，又明朗，又沉醉。而且这一带的小小房舍，因石灰不难得便都刷得耀目的白。房舍外面多种棕榈当做篱笆，这些绿的手掌都正生长得蓬勃。更妙的是江边以出辣椒著名，冬天这种血红色的荚果晒满了房顶，于绿树白屋之间画出这一点使人惊醒的鲜红，实在动人②！

一片自然，一处风景，将一个地点变成了一个绝佳视域，用无形的画框将山山水水变成视觉图像，以文字组织成一幅气韵生动的艺术画面。画面的空间组织，受中国山水画的节奏支配。辽阔的全景、小巧精致的近景，或登高俯瞰，或低谷仰视，俯仰自得间描摹自然的色相、生机、韵律，偶得多副生意盎然的天地气象。阳春白雪中开满杜鹃、蔷薇，草木华滋，在这样的欣欣万物的节律中，只想"逍遥游"：

> 船泊在沙滩水际，就可以面对雪山作画。想到月夜时光江山如画，这一带江上一定变成了广寒世界，那时一叶扁舟于月明中开窗与雪山端坐相对，雪山也是画，江水也是画，自己也画在图画当中，那才能算不辜负如此江山③！

一谷流水，一谷野花，不停变化新的景色，考察变得如在画中行。半山白雪，半山杜鹃，心悦诚服，应接不暇。李霖灿最初写的关于玉龙雪山的游记，因视觉的冲击，景色的瑰丽与奇绝，观看得很急切，笔调激动而新奇，但"一年以后看遍了玉龙雪山四季的变化风雨晨昏情态的不同，觉得又有许多话要说，而且后悔从前写得太匆促，一座名

---

① 晨岚、霖灿：《玉龙雪山巡礼》，《今日评论》第5卷第10期，1941年3月16日，第159页。
② 同上，第158—159页。
③ 同上，第160页。

山不曾对他有一年以上的欣赏，就来动笔，总难免是一种慌张和不够恭敬"①。所以，在《玉龙雪山巡礼》中就以藏族"转经"路线来做虔诚的"巡礼"。李霖灿除了框定"如画风景"，在散文中更多展示的是一道敬畏的目光。它投向自然万物，是一种"自然"高于"人为"的古典思想，这源于传统山水画的影响。W. J. T. 米切尔就认为中国山水画与一种对自然近乎神秘的崇敬感密切相关②。西蒙·沙玛分析中国风景画道："当圣山再现在画面上的时候，层层堆积的天国支柱与栖居在某块突出岩石之上的渺小人类之间的宇宙关系就会变得十分明显。""中国绘画将人的出场最小化，主要表现山体本身的庞大和无所不能的生命力。"③ 沈从文在《虹桥》中就写了李粲等人画"扁担形的短虹"却不甚满意，因这美丽的"虹桥"是为使人沉默的奇迹，"只能产生宗教，不会产生艺术的"，他们终于承认输给自然的伟大。李霖灿面对边地奇绝的风景，经常流露出"弃笔投降"之意，常叹任有生花之笔亦难尽江山之奇："在这里语言和文字都是多余，只能希望在会心无言的境界中默默领取，或者音乐的崇高处及一种宗教上的虔信境界中能偶一有之。"④ 千辛万苦访玉龙雪山，"他一点不曾改动他的姿态，只是在我们两个中间又多出了一面直下八千尺的悬崖！这可能是大自然的深意，使人类永远神秘的仰望着玉龙雪山"⑤。于是，在天地之间被青山塞满，仰看宇宙时：

> 我一个人静对千古白雪，这一时间的感觉没法描绘，又像是"百感交集"，从宇宙的开始，到我渺小生物的生命搏动，刹那间——想到，人像是"一无所思"，白雪千古，人与银色世界静凝为一，全无一点尘世思潮，静得像入了定⑥。

常常痴痴地看，根本没动画笔，因为画不出这种惊异与深邃。这种"对圣地的凝视"的"风景意味着人们把对自然的视觉消费从使用价值、商业、宗教意义或任何易读的象征符号中解放出来，转而投向一种沉思的、审美的形式；一种因自然本身而对其进

---

① 晨岚、霖灿：《玉龙雪山巡礼》，《今日评论》第5卷第10期，1941年3月16日，第157—158页。
② [美] W. J. T. 米切尔：《帝国的风景》，W. J. T. 米切尔编《风景与权力》，杨丽、万信琼译，译林出版社2014年版，第13页。
③ [英] 西蒙·沙玛：《风景与记忆》，胡淑陈、冯樨译，译林出版社2013年版，第476—478页。
④ 晨岚、霖灿：《玉龙雪山巡礼》，《今日评论》第5卷第10期，1941年3月16日，第160页。
⑤ 李霖灿：《在白雪世界中》，《今日评论》第4卷第12期，1940年9月22日，第191页。
⑥ 李霖灿：《阳春白雪玉龙山》，丽江地区行署编《神游玉龙山》，云南人民出版社1994年版，第18页。

行的再现或者感知"①。这种感知与自然共生息,置身于天地万物之中,以静默与敬畏感受自然的深远与无限:

> 我们站在平原衰草中,但见落日苍茫,斜晖四射,四顾只见两岸雪山断处一轮红日中衔,旷野四垂,漫天衰草都在夕阳返照中,悄悄连鸟兽之声都不可闻,旷野荒凉,悲壮、伟大都至此已极,我们彼此茫茫然对看了许久②。

李霖灿的游记散文体现了山水画与风景之发现的关联性。柄谷行人说:"在山水画那里,画家观察的不是'事物',而是某种先验的概念。""他们并没有看到'风景'。对于他们来说,风景不过是语言,是过去的文学。"③ 柄谷行人认为山水风景画效果是一种直觉或如本雅明所说的"光韵"主导下的经验,而非实实在在的风景事物本身。然而,李霖灿的边地风景体验逐渐脱离了现代性中的"拟像",回归到了一种古典的"镜像",他将自然当作一个用心凝视的对象。正如里尔克所说,"若要成为山水艺术家,就必须这样;人不应再物质地去感觉它为我们而含有的意义,却是要对象地看它是一个伟大的现存的真实"④。李霖灿写的是天地的境界,是包容一切的自然,神圣、庄严、伟大、明澄,是一种心灵中的风景。以心灵的俯仰来看空间万象,人在这个地方还不能成为万物的尺度,只能把自身化成天地的一部分,融于静穆的大美。"静穆"是一种得到依归的心情。人沉潜在天地伟大的静息中,他感到自身的存在于大自然中慢慢消隐,与万物一样担负着日夜的轮替,经历着盛与衰、生与死,没有期待,没有急躁,一切都合乎规律,这亦是中国山水诗画所体现的空间意识和宇宙感。李霖灿反对现代人引以为傲的主体性地位。他笔下的"山水"不是一种印象的画,不是一个人对于那些静物的看法,他眼中的"风景"是自然本身,是变化中的世界,人是山水的一部分,在自然节律里和谐共生。李霖灿在边地的自然里体会到了传统山水画的境界和诗意空间,以画家之眼观万物生意,赏天地气象,以古雅清丽的文字把边地自然描摹成如画山水。诚如《旅行杂志》编辑赵君豪针对战时国人提出的"山河破碎,旅行何处"的疑惑所撰文阐释的那样:"旅行之作用,岂止游观而已","是希望每个人于披读之余,注意到地理和人文所表现

---

① [美] W. J. T. 米切尔:《神圣的风景:以色列、巴勒斯坦及美国荒野》,W. J. T. 米切尔编《风景与权力》,杨丽、万信琼译,译林出版社 2014 年版,第 289 页。
② 晨岚、霖灿:《玉龙雪山巡礼之二》,《今日评论》第 5 卷第 11 期,1941 年 3 月 23 日,第 176 页。
③ [日] 柄谷行人:《日本现代文学的起源》,赵京华译,中央编译出版社 2013 年版,第 9 页。
④ [奥地利] 里尔克:《论"山水"》,叶廷芳选编《里尔克散文》,人民文学出版社 2008 年版,第 77 页。

的事实，激发爱国之心情"①。李霖灿的边地旅行得山水情趣，不但有益于境界，有美于人生，而且边地自然在李霖灿看来是能联结中国古典诗学意境的美丽河山，以唤起民族共同文化价值认同的意象抑或将自然符号化为一定的民族精神之内涵，都是为了建构抗战时期人们对于边地自然山水的认同以及对边地国土的热爱。

二、发现边地民族丰富之处

作为政治、经济、文化的边缘地带，边地这一复杂的地理空间被来自中原腹地的人们或是观看，或是描述，往往是奇风异俗、野蛮落后甚至危险可怖。王明珂就认为自古以来，中原之人对边地持一种"帝国官方观看角度"或"儒家教化观看角度"②。但现代时期，为了担负起服务抗战与建国的重任，大批深入边地旅行考察的人们多是以民族学、人类学的角度积极主动地认识边地各民族。作为文化学者的李霖灿亲赴边地4年，不仅为了把边地民族纳入中国民族志的知识框架中，更是为了在抗战的大时代背景下找寻他们的生存智慧。

李霖灿钦佩徐霞客登山临水的志向和发现新地域、新境界的决心，他参观禄丰恐龙化石发掘的遗址，凭吊南诏王阁罗凤所筑的万人冢，瞻仰诸葛亮七擒孟获处，入大理，探点苍，游丽江，登玉龙，泛舟泸沽，访木里、中甸。他一是想"为山水画开一雪山宗派"，但调查边疆民族艺术亦是重要任务，因为认同沈从文说的"我们只知他们缺少什么，却不知道他们丰富的是什么"③。他一路看山看水，看云彩变幻，看雪山碧湖，看遍地花开，于有限中看到无限，又于无限中回归有限：看到边疆民族亘古的安居，看到大地的形塑力量，感到有一种平稳，一种人的栖息与大地的广阔之间形成的平衡。1942年，为了调查纳西人的迁徙路线，李霖灿游泸沽湖，并不因"女儿国"而去猎奇，而是感受到当地民族与自然和谐的"古风"：

白雪的山岭上长满了苍翠的云杉，砍伐下来，把中间挖空，略加斫治，便树形宛然地推下了碧海，变成了上穷银汉的槎船。坐在这种原始型的独木舟内，使我们横生无穷遐想，恍然身在"刳木为舟以济不通"的洪荒太古时代中，又使人想到了

---

① 赵君豪：《岁首献词》，《旅行杂志》第12卷第1期，1938年1月1日，第1页。
② 王明珂：《建"民族"易，造"国民"难——如何观看与了解边疆》，《文化纵横》2014年第3期。
③ 李霖灿：《山林多轶事，历历入文采》，《西湖雪山故人情——艺师友录》，浙江大学出版社2011年版，第170页。

汉代张骞乘槎船穷河源的神话。世界上还有比这更美丽的故事么？一下子人都沉湎在怀古之幽情中①。

李霖灿的审美视野所具有的传统士大夫的"上古趣味"化解了功利主义的实用性，所以边地湖上的独木舟才能唤起怀古之情。作者对边地民风的体验，是一种净化，把景色展示成原来的样子，融于自然本身的纯粹。面对边地的神奇、太古雪峰环抱中的民族，他一再感叹仿佛走入"洪荒太古的神话"，为"恍兮惚兮的神秘气氛所迷惑"②。边地民族把自身化成自然的一部分，与万物同节奏，才被作者感叹人情如太古。在《为君清丽写泸沽》中，李霖灿把"水寨岛"写得宛如在海中央的蓬莱仙岛，永宁土司的碉楼浑然天成，"身着细麻布百褶长裙腰系水红宽带的妙龄女郎"在湖里摇桨清唱，"湖山绿透红日炙人，舟已横斜，绿波涌袭船舷，如鼓拍节。碧海四合之中，远远近近处处歌此曲者无数，细细听听，转响转无，似乎全湖都在为这一曲玉笛的余音袅袅合奏和声"③。山水多清音，人们一面打桨，一面摘花。渔父在满山花树下炙烤银条细鱼，喇嘛在万绿丛中露出一身红衣。"湖上奇人"阿奇云有独特的治世才能，小到处理家庭琐事也能让小两口和好如初地双双荡桨而去，老百姓安居如在太平盛世。生来就有奇缘的宣言小活佛喜欢同"我们"一起碧海荡舟，常常静坐一旁，看着"我们"勾勒画稿，一切都意在山水之间。泸沽湖周边民族自有合乎自身生存的秩序，作者可处处领略山水情趣，微风来拂，听水拍舟舷的鼓荡声，"曲膝桨上，倚卧船尾，凝神细品，觉人与舟一，舟与水一，水与天一，银色宇宙涵合为一，人在玻璃世界中成为一叶核舟'巧作'的缩影"④。

李霖灿把边地民族的生存描述为一种与周围环境和谐共融的自然而然的存在。《中甸十记》介绍了古宗人的衣食住行。那稳重的袍子、古朴的木屋，人们在广袤的天地间日出而作，日入而息，边地的独特空间、时间合成他们的宇宙，安顿着他们的生活，循着天地四时的节律，从容而自然。喇嘛寺的组织管理，活佛制度的神秘，土官制度的因地制宜，作者感叹这一切与边地的环境是多么调和！所以，看到"庭可罗雀"的县政府也不觉奇怪，"一县怪凄凉冷落的边城衙门。门口没有卫兵，段县长自撰的一副门联冷冷的

---

① 李霖灿：《为君清丽写泸沽》，李霖灿等《雪山·碧湖水·喇嘛寺》，云南人民出版社 2002 年版，第 56 页。
② 李霖灿：《锦绣谷——雪山最胜处》，丽江地区行署编《神游玉龙山》，云南人民出版社 1994 年版，第 93 页。
③ 李霖灿：《为君清丽写泸沽》，李霖灿等《雪山·碧湖水·喇嘛寺》，云南人民出版社 2002 年版，第 65 页。
④ 同上，第 78 页。

挂在那里。'国家治乱，但看五境诸民族。边疆治乱，系此一座冷衙门'"，反而"对于这座冷衙门倒有点喜欢"。看到"终日独醉又独醒"的段县长，想到如果陶渊明在这儿也许就没有《归去来辞》这篇奇文了，因为"清静到这个地步正好安心饮酒，反正出了事自有千把总土官自己料理，乐得不闻不问"①。段县长的治理理念是"不欺蛮家，不怕蛮家"，尊重当地民族的因袭传统，便能无为而治。《木里王国的规矩》中就说到在木里王项扎巴松典大喇嘛的治理下人们路不拾遗。在一个名叫培辱的小村有堆满粮食的粮仓，仓官却唱"空城计"，跑到木里去了，也不担心会被偷，因为不准偷盗是此地的规矩。木里百姓的家门都是又薄又破，就算开门睡觉也不会有贼。夜不闭户，路不拾遗，这本是书上恭维太平盛世的话，却毫不稀奇地出现在这被人们视为莽荒的落后之地。李霖灿因纳西族的迁徙路线要经过木里，需沿途考察，一路上都感受到"规矩"的浑然天成，不是约束，而是对自然的敬畏：木里王不准百姓狩猎，于山上老林中可以"与麋鹿游"；将到木里大寺时，一向不讲究的马锅头把那平时乱丢的呢帽弹了又弹，把惯常缠在腰间的袖子穿戴好，一面打扮一面跟"我"解释说"既有扣子，就该扣起"，并解下一路于寂静空山里环佩叮当的马铃铛，因为会"扰人清静"；不准抽烟打牌，不准撒野腔吼山歌；进入喇嘛寺院不许大声喊叫，若呼门不应，就用"投石问路"的方法，即把石头抛向木板搭成的屋顶。木里的政治制度以大喇嘛为中心，但其都是以身作则，所发的规矩和命令都让人们觉得创立之人的精细周详，智慧甚深，大到政权转移，小到身上一粒纽扣，都收到很好的效果，令人钦佩。原本以为是凶山恶岭，深箐老林，到处土匪，随地绿林，但李霖灿在木里感受到了秩序井然、平静坚韧。拜访大喇嘛时，管事喇嘛说，听说这两年来外边的仗火打得厉害，也不知是个什么样子。李霖灿不得不感叹："那时候对日本血肉抗战已进入第六个年头，居然有些地方还只是在'听说'。"② 居住在这地方的人，受自然影响最深，活得谦卑而沉默，信仰简单，哀乐平凡。李霖灿称颂木里大喇嘛的慧心妙用，是圣人境界中的因地制宜。木里之行改变了作者之前所认为的政治就是做官的幼稚想法，深感政治应是管理的艺术，因为他所看到的木里大喇嘛并不是享受权利，而是做伟大的自我牺牲，由衷地崇敬这承担神圣使命的政治家。"艺术家向政治投降"的原因是感受到政治在木里是使人们能平安生活下去的最高艺术。南迁至昆的李霖灿，感受过太多战争中的离乱与动荡，相较之下，边地民族融于大地的古朴安居是如此难能可贵。

在对丽江、中甸、木里的探访中，李霖灿把边地民族的生存描述为一种拙朴的状态，

---

① 李霖灿：《中甸十记（续）》，《今日评论》第2卷第18期，1939年10月22日，第284页。
② 李霖灿：《木里王国的规矩》，丽江地区行署编《神游玉龙山》，云南人民出版社1994年版，第162页。

在对边民恍如隔世的生活场景的回顾中发现一种个体的诗意感受，体会到了把生命谐和于天地之间、接受自然的平静。当然，这种清新澄澈的诗意的产生，来自于对这自然古拙的生活方式的一种怀旧的、乡愁般的向往。所以在李霖灿看来，边地不是奇险莽荒、原始落后，而是民风淳朴、浑然天成，才会一见藏人旅行时的服装，"长枪在肩，宝刀裹腰，柴袖拖地，红靴及膝"，想到的是"若添入图画里，更能使云山生色"①，佩戴着藏刀壮行，"大有古人佩剑周游列国的风味"。在这里，一切物与人的结合都退至共同的深处，依归自然，守着本分。人地和谐的诗性地理的风景体验是一种主观的构成，没有线性时间的先进与落后，边地反而是可爱可亲的国土，这源于李霖灿对边地民族人文风貌的审美认同。

三、抗战中的审美认同

李霖灿通过旅行记的书写把边地人文具象化、熟悉化，不仅在中国山水画的文化系统中呈现着风景，且风景也成为抗战年月实现其自身之存在的媒介。W. J. T. 米切尔在《风景与权力》的"导论"中强调，"要把'风景'从名词变为动词。W. J. T. 米切尔提出，我们不是把风景看成一个供观看的物体或者供阅读的文本，而是一个过程，社会和主体性身份通过这个过程形成"，我们要"追问的不仅有风景'是'或者'意味着'什么，还有风景做什么，它作为一种文化实践如何起作用"②。李霖灿的创作之所以呈现出对边地风景、民族的欣赏和尊崇，是因为"风景"在社会主体形成过程中所起的作用。

> 在那艰苦卓绝的大时代背景之中，渺小的个人，作为一个边疆肯屯工作者，本预备来艰苦备尝吃尽人间困厄的，却再也没想到祖国疆界广阔，而且处处都是珍珠玛瑙，遍地都是珠草琪花，各支边胞的文化，一个个都智慧照人。我在熟读了纳西民族千本象形文字经典之余，即感受到了这一支边疆民族的深邃，且因天之时地之利，复得逆睹造化生物之奇；见所未见，闻所未闻，遂使一己之私茅塞顿开，如在冰天雪地之中，忽然花开锦绣，令人欣然领悟到一种照人明眼的崭新境界③。

---

① 晨岚、霖灿：《玉龙雪山巡礼之二》，《今日评论》第 5 卷第 11 期，1941 年 3 月 23 日，第 175 页。

② [美] W. J. T. 米切尔：《导论》，W. J. T. 米切尔编《风景与权力》，杨丽、万信琼译，译林出版社 2014 年版，第 1—2 页。

③ 李霖灿：《云岭下的杜鹃花》，丽江地区行署编《神游玉龙山》，云南人民出版社 1994 年版，第 239 页。

李霖灿经历了抗战之中的迁徙流亡和长时间的边地考察后,带着"去发现边地丰富之处"的认识装置看风景时,作为画家所具有的传统山水画审美趣味使他把作为风景的边地解读为"中国的国土",不仅不是落后、蛮荒的"异域殊方",而是可"入画"的美丽河山,栖居在边地的各民族的生活方式透出与天地和谐的古朴自然,散文中描摹的风景亦展现了被重新建构的主体的变化。李霖灿对边地风景的描摹如许多幅山川草木组成的长卷,气韵生动,道法自然,这是"画家笔墨"对"文人写法"的补充。山顶绿雪,崖下桃花,绚烂的色彩织成锦绣河山,身处"如画风景",难免忆"江南"。雪山下的"气候也变成了细雨江南"①。作者在《玉龙雪山巡礼》中看着金沙江水想到的是由长江孕育的繁华江南。于泸沽湖泛舟,青山四合,碧水一涵,"荡桨女郎不理我们的谈笑,曼然高歌下去,尾音曳得极长,像是尽胸中的无限情愫化作一缕柔丝,绵绵絮絮向海上碧空尽情倾吐。怪不得陆放翁说'袅袅菱歌尽意长'",泸沽湖的青山绿水满蕴着"忆江南的气氛"②。"'江南'在文人的心目中往往代表着某种固定和封闭的意象,更像是一幅色泽不变的心灵地图。"③ 把边地风景看成"如画江南",风景叙事的目的是为了把同一片土地上的人联结在一起,唤起在同一文化背景之中的人们彼此之间的亲近感,之前以为的奇险莽荒的边地因"似江南"而被李霖灿叙述成了如归故乡般亲切的国土,这是在抗战中看风景者主动建构与认同的结果。

李霖灿在边地看到了锦绣河山,原本是去开创新的画派,却发现"是玉龙山征服了我"④。旅行不仅是空间移动的地理经验,更是内在精神的深入过程。李霖灿钦佩边疆民族的深邃,想做"一部现代的'国风'",因"他们有独特的艺术享受,不论是最简便的文字记号、口头的交语喋喋,以至手足舞蹈若狂等等,都不是漠荒的状态"⑤。如果将之目为"未开化的人",简直"大谬不然"。李霖灿在《中甸十记》中记述了这样一个别有意味的场景:离开中甸至白水台时,晚上与随行众人围着篝火在竹棚里避雨,他提议唱歌,并先唱了一段京戏,众人"便把他们会的蛮家调、罗罗调、江边调、龙巴调、阿墩

---

① 李霖灿:《再谈玉龙雪山》,《今日评论》第4卷第21期,1940年11月24日,第333页。
② 李霖灿:《为君清丽写泸沽》,李霖灿等《雪山·碧湖水·喇嘛寺》,云南人民出版社2002年版,第57—58页。
③ 杨念群:《何处是"江南":清朝正统观的确立与士林精神世界的变异》,生活·读书·新知三联书店2010年版,第12页。
④ 李霖灿:《玉龙白雪故人情——忆李晨岚兄》,《西湖雪山故人情——艺师友录》,浙江大学出版社2011年版,第161页。
⑤ 李霖灿:《金沙江情歌》跋,李霖灿等《雪山·碧湖水·喇嘛寺》,云南人民出版社2002年版,第103—107页。

子调、么些调以及青年男女围火跳舞的'跳古装调'……都一个个大家唱和起来"①。京戏与各种民族小调在边地夜晚的融合,不仅生动有趣,还激起了作者沉寂的原始有力的血液。出于对边地山水与人事的亲近,李霖灿在《金沙江情歌》中收录石鼓、鹤庆、鲁甸、丽江、巨甸等地情歌1107首,只因这一带景色太美,词句也格外绮丽,值得欣赏和保存。边地民族的生活自有他们合乎自然的秩序,让李霖灿有一种宗教巡礼者的虔诚,对充盈天地之间的和谐,有近乎膜拜的审美认同,所以不惜笔墨地礼赞:

  山崖前一棵大垂柳下横着一叶扁舟,而且有一个老渔父在岸上箕踞而坐。随着岚兄的手一指,一缕笛声,蓦然由晴空飘起,絮絮绵绵如白云之出岫,汩汩淙淙如清泉之始流,渐渐珠珠玉玉、晶晶莹莹、圆圆朗朗、滚滚落落,连连续续穿透碧空飞来,人也悠悠醉醉痴痴,仿佛失去了渣滓骸骨,尽融化在一曲玉笛声中②。

在李霖灿诗意的描绘中,白族、摩梭族、藏族、纳西族在人与自然的关系中守着本分,承认人的渺小,在单一、贫乏中彰显了人性的高度。他们的生存秩序合乎自然之理,守着自己的界限,是一种生意盎然的神圣与庄严。风景反作用于人的行为,李霖灿书写出来的如绝句、牧歌般气韵生动、古雅隽永的文字,便是在这些"如画风景"的再现媒介中的展现。李霖灿的游记脱离了抗战年月的烽火硝烟、流亡哀伤。看似超脱,不染尘埃,其实最染人间烟火,只因彰显边地民族之顽强生命力是对陷于危难的国家的一种意志力的颂赞。他还上升到人类学的角度,在抗战这不和谐的时代中寻找静谧之所。边地风景在李霖灿的散文中被认识,被表述,被整合,在风景的建构中生成了新的主体。这一主体一再抒发着对边地大好河山的热爱,感受到祖国的壮丽与辽阔,"认识了边疆的伟大","知道了边疆蕴藏的丰富"③。至此,从李霖灿的游记散文中,我们理解了抗战年月风景书写和民族认同的关系是如何展开的。

  边地调查的经历铭刻于内心,李霖灿晚年在《金沙江采风录》、《玉龙雪山故人情》、《玉龙山上的奇遇》、《新雪山盟》、《边疆民族的智慧——么些族的生死观》、《纳西朋友和才》、《月下玉龙山,画家有深眷》等散文中一再深情追忆。"老来思路不平凡,意在

---

① 李霖灿:《中甸十记》,李霖灿等《雪山·碧湖水·喇嘛寺》,云南人民出版社2002年版,第96页。
② 李霖灿:《为君清丽写泸沽》,李霖灿等《雪山·碧湖水·喇嘛寺》,云南人民出版社2002年版,第65页。
③ 李霖灿:《永忆恩师董彦堂》,丽江地区行署编《神游玉龙山》,云南人民出版社1994年版,第151页。

千秋白雪间。今日明窗无一事,为君细写玉龙山。"① 世事倥偬,只留下一点雪泥鸿爪。丽江,已是"第二故乡"②。1999 年,李霖灿故去,一绺白发埋在白雪深处,"把这些苍苍白发撒落在玉龙山的皑皑白雪之中。黑白相间的斑驳头发,自有一种历尽人世沧桑之美,玉龙山的太古白雪更有一种永恒之美,二美俱,必然更和谐无量"③。墓碑上刻的是纳西象形文字,在风景中标记了一个时间无法简单穿越的场所。这埋在雪山的头发与书写的游记散文一样,已成为一种记号,这是主体被边地风景改变的记号,这个主体终生热爱着边地的锦绣河山,至死愿在这和谐亘古的大地中安息。

(作者单位:西南交通大学人文学院)

---

① 李霖灿:《几个爱玉龙雪山的人》,丽江地区行署编《神游玉龙山》,云南人民出版社 1994 年版,第 284 页。
② 李霖灿:《序》,《西湖雪山故人情——艺师友录》,浙江大学出版社 2011 年版,第 1 页。
③ 李霖灿:《雪山瘞发记》,丽江地区行署编《神游玉龙山》,云南人民出版社 1994 年版,第 309—311 页。

共和国文学研究

略论夏志清的"革命观"
——以《中国现代小说史》为考察中心①

王学东

一

众所周知,夏志清的《中国现代小说史》(以下简称《小说史》)是西方研究中国现代文学的经典之作,它以一种阔大的世界文学视野,综合论述了1917至1957年间中国现代小说之流变历史。英文版《小说史》自1961年问世以来,以许多前人所未发、前人所未道的真知灼见,特别是对张爱玲、钱锺书、沈从文等重要作家的发掘而影响深远。王德威对其给予了高度评价:"世纪末的学者治现代中国文学时,也许触碰到许多夏当年无从遇见的理论及材料,但少有人能在另起炉灶前,不参照、辩难或反思夏著的观点。由于像《小说史》这样的论述,使我们对中国文学现代化的看法,有了典范性的改变;后之来者必须在充分吸收、辩驳夏氏的观点后,才能推陈出新,另创不同的典范。"② 该著出版以来,书中的精辟分析和独特观点,对今天的中国现代文学研究依然具有很大的影响和借鉴价值,为中国现代小说的研究提供了新的可能。

与此同时,夏志清的《小说史》也遭受了不少争议、误解。一方面,综观目前学界对夏志清的《小说史》一书的研究,从最早普实克与夏志清之间的"普夏之争"到中国

---

① 本文系国家社会科学基金项目(14xzw042)、教育部春晖项目(S2015040)、成都市哲学社会科学规划项目(ZSM13-01)、四川省教育厅科研项目(12SB142)的阶段性成果。
② 王德威:《重读夏志清教授〈中国现代小说史〉》,《中国现代小说史》,复旦大学出版社2005年版,第31页。

学术界，关于夏志清在文学批评方法方面的"洞见"极多，而意识形态的"偏见"分析及评价也为数不少。如袁良骏的《中国现代文学史研究的一个症结——兼谈夏志清〈中国现代小说史〉》、《夏志清的历史评价》，邱向峰的《洞见与偏狭——读夏志清〈中国现代小说史〉》，马登春的《试论夏志清〈中国现代小说史〉的"洞见"与"不见"》以及丁尔纲的《评夏志清著〈中国现代小说史〉》等文章，都分别对夏志清《小说史》的文学批评方法及观念进行了详细分析和高度评价。大多数学者认为该著所采用的纯文学批评、道德视景以及宗教精神等文学批评观念和标准，对中国现代文学研究产生了重要影响，同时也都指出该书在意识形态方面存在明显"偏见"，特别是浓厚政治色彩和冷战色彩所带来的问题。另一方面，这众多的研究，却很少注意到夏志清在《小说史》中所流露出的革命思想，更忽视了夏志清的这种革命观念对其《小说史》写作所产生的影响。这些研究在谈到夏志清《小说史》的"革命观"时，着重提到了这样的一些问题：夏志清的反共立场与《小说史》的政治意识形态，特别认为他对作家作品的分析脱离具体历史语境，缺乏历史意识和历史感；他用西方标准来评价中国现代文学的做法，体现出"西方中心论"的偏见。其中，卢晓霞的《可怕的偏见——评夏志清的〈中国现代小说史〉》、单青的《〈中国现代小说史〉的文化假设》以及王咪咪的《文学在为艺术和为人生间的倾斜——评夏志清的〈中国现代小说史〉》等文章都认为，该书具有一种明显的偏见，其政治立场是右翼的，价值观西方化，"处处以西方文学正典为参照，对中国作家提出了超乎历史语境之上的苛求"①，进一步导致了对夏志清的《小说史》一书的非议。

　　问题在于，我们如何理解夏志清的"革命"，特别是他在《小说史》中如何探讨"革命书写"的？而我们对于夏志清"革命观"的分析，不仅是为了重新审视夏志清《小说史》的独特意义，更期待能为我们理解"革命文学"打开一种新的思路。当然，由于论题所涉及的"革命"，本身是一个复杂的概念，本文不拟展开详细论述，仅从广义上的"革命书写"等多方面来谈。另外，夏氏《小说史》从英译到中译，也出现过多种版本，文章也仅就复旦版《小说史》为中心，以"革命观"为内容，结合夏志清自身，对其独特的"革命观"进行探索，试图就夏志清《小说史》与其革命思想之间的关系做初步探讨。

二

　　我们知道，现代文学史中的作家及作品，常常体现和宣扬出较为丰富的"革命"思

---

① 单青：《论〈中国现代小说史〉的文化假设》，《社会科学论坛》2007 年第 9 期。

想。夏志清《小说史》论及的"革命"和"左翼文学"也相当丰富,他对茅盾、巴金、老舍、丁玲等左翼作家及作品的分析,就涉及他对"革命书写"的分析和评价。我们这里主要关注的是夏志清对这些"革命书写"的分析背后所体现的"革命观"。当然,《小说史》中的"革命观"对我们重新理解这些现象、重新解读这些作家作品有何重大意义,就不拟展开了。

第一,我们来看夏氏对茅盾的分析。作为中国现代优秀的革命作家之一的茅盾,其作品当然是夏志清分析和研究的一个重点。我们知道,茅盾的代表作《子夜》,就比较典型地反映和宣扬了现代作家"革命书写"的形态。但夏志清对于小说《子夜》中所体现的革命思想或者说"革命书写"却颇为不满。他说:"他(茅盾)在这本书中的表现,仅是按照马克思主义的观点给上海画张社会百态图而已,读此书时,我们很容易就发现到书中的人物,几乎可以说都是定了型的,是注定了要受马克思主义者否定的那种丑化人物。"[①] 进而,在夏志清看来,《子夜》对社会和人物道德面的探索十分狭窄,甚至认为小说对主人公吴荪甫道德面的刻画,还无法与《动摇》中的方罗兰和《虹》中的梅女士相比。夏志清为何会做出如此评价?正是因为小说背后的马克思主义思想,或者说"革命观"问题。在《小说史》中,夏志清明确指出:"漫画式的讽刺原是文学上一种正宗技巧,我们不能仅因怀疑它为共产党宣传(像在本书中)便抹杀它的原有价值。如果我们小心不让它破坏本书的悲剧气氛,那么我们相信一部以马克思主义思想为中心的讽刺资产阶级生活的小说,可以与以儒家观点或基督教观点而写成的小说写得一样的好。问题的关键在作者的观察力是否够敏锐,以及随之而来的爱憎是否真实。就以讽刺而言,茅盾在《子夜》的表现可说是完全失败的,因为他对书中资产阶级所表现的轻蔑态度,给人轻飘飘的感觉,看不出一点由衷的憎恨。""他(茅盾)把共产主义的正统批评方法因利乘便地借用过来,代替了自己的思想和看法。"[②] 由此可见,夏志清对茅盾这一公认代表作的评价并不高,"最少在技巧方面来讲,它(《子夜》)并未超越《蚀》和《虹》的成就。我们在这本书里不难发觉到茅盾的同情心范围缩小了,代之而起的是自然主义的漫画手法和夸张叙述"[③]。与此同时,夏志清也并不看重茅盾的小说《蚀》和《虹》。他说:"在《蚀》、《虹》两书里,因为茅盾对中产阶级的态度还拿不定主意的缘故,显示出一种近乎自我折磨的真诚。"[④] 进而,夏志清认为,作为"茅盾作品中最精彩的一本"的《虹》,其"结尾的失败并非是由于茅盾鼓吹共产主义思想,而是他无法像在这

---

① 夏志清:《中国现代小说史》,复旦大学出版社 2005 年版,第 112 页。
② 同上,第 110、112 页。
③ 同上,第 109 页。
④ 同上,第 110—111 页。

小说的前半部中用写实的和细腻的心理手法去为这种思想辩护。在最后的一部分里,无论在思想上或情绪上的描述,已不复见先前那种真诚的语调了"①。而茅盾在抗战期间及抗战胜利以后所写的作品,更是难入夏志清的"法眼"。他认为,除了《霜叶红似二月花》一书具有写实的特质、充满真实感以外,其他作品皆因"宣传的需要"而丧失了艺术价值②。

当然,我们都知道,写作《蚀》三部曲时期的茅盾,本来就有着矛盾、复杂的多种"革命体验"。正如他在《写在〈蚀〉新版后记》中说,"一九二七年上半年我在武汉又经历了较前更深更广的生活,不但看到了更多的革命与反革命的矛盾,也看到了革命阵营内部的矛盾,尤其清楚地认识到小资产阶级知识分子在这大变动时代的矛盾,而且,自然也不会不看到我自己生活上、思想中也有很大的矛盾"。不过,从对茅盾小说的评价中我们看到,夏志清更关注革命小说中关于人物心理、道德层面的刻画。夏志清特别重视人物在面对革命或接受一种新的革命思想时,内心所产生的或挣扎痛苦或由衷爱憎的心理感受。他认为,在小说中,只有这种感受是个人的,也才是真实、真诚的。然而,在夏志清看来,以茅盾为主要代表之一的革命文学将重点主要放在了马克思主义及共产主义等革命思想的宣传上,并且往往用这种先在的思想及主张来固定或限制革命中个人的行为及心理状态,忽视了革命事业中作为个人的真实的心理体会或内心感受。

第二,夏志清对著名长篇小说家巴金作品中"革命书写"的探讨和评价,也是值得探讨的。巴金是一位无政府主义者,在其文学写作的前期,也是一位赞助革命的人道主义者,写过不少与革命有关的小说,如《灭亡》、《爱情三部曲》、《激流三部曲》等。不过,除了《激流三部曲》中的《秋》以外,夏志清对这两部三部曲小说的评价都很低。他认为,就巴金写作事业的前期来看,"巴金和一般左翼作家们,只在程度上,而非类别上的不同,因为巴金无法在人物和场面上造成一种真实感",其作品存在"好用抽象的、夸张的戏剧方式去简化人生的明显偏颇"③。进而,夏志清认为,《灭亡》及《爱情三部曲》等小说品类是"英雄式戏剧的复活",其表现的是一种"不合世情的善恶对垒模式",所创造的是一个"充满知识性的辩论、恋爱的纠葛以及革命行动的虚构世界"④。另外,由于巴金的想象力"完全没有受到感官的滋养",认为社会制度是唯一的恶而拒绝个人意志与罪恶互为因果的看法,使得其中对爱情和革命的描写都显得笼统而缺乏真

---

① 夏志清:《中国现代小说史》,复旦大学出版社2005年版,第108—109页。
② 同上,第115、233页。
③ 同上,第174页。
④ 同上,第174、180页。

实感①。出于同样的原因，夏志清认为，巴金的《激流三部曲》中的前两部《家》和《春》，只是一大串伤感场面的呈现，它们所表现的都只是革命者的肤浅说教。

与对"革命书写"的《灭亡》、《爱情三部曲》等作品的贬谪性评论形成鲜明对，夏志清对巴金的《秋》和《寒夜》却予以高度评价。夏志清认为，经过了《爱情三部曲》和《家》、《春》等作品后，《秋》是一个强有力的震惊。因为这些作品超越了"革命"，由此不仅深刻地反映出了人生真相，阐释了人性真理，而且小说中所写的觉民、淑华等年轻一辈对腐化长辈的攻击，也成为了一出饶有道德意义的戏剧②。对于《寒夜》，夏志清更是赞赏有加，评价它为"呕心沥血充满爱心之作"。他认为，《寒夜》是"牢牢植根于日常生活中的创作"，是"一出道德剧"，它写出了"平常人在行'仁爱之路'时所必要面对而无法克服的困难"。在这篇小说里，人性的秘密终于被巴金发掘出来了，更因此称赞巴金为"极出色的心理写实派小说家"。他指出，通过这一部小说，"巴金领会了这样一个真理：一个艺术家，只有照实的去描写生命，去探索人心的隐蔽处，去灼照人生中爱的道路，才能够为真理服务"③。

从夏志清对巴金早期小说的分析和评价，我们看到，对于巴金的早期革命书写方式，夏志清并不赞同。在他看来，巴金的早期"革命书写"存在简化人生和社会生活的偏颇，这种"革命书写"对人物、场面及社会生活等的描写是简单的、肤浅的、缺乏真实感的，没有揭露出人性、人生真相，所以夏志清对这类作品并不"感冒"。与此同时，夏志清认为，一旦越过"革命"，巴金的小说才有对人物心理和道德层面的深层探索和刻画，以及对人心、人性真相的深刻反映和挖掘，彰显出了其小说的魅力。

第三，对老舍的《四世同堂》和丁玲的《水》的"革命书写"的评价，夏志清也有着同样的视野。在《小说史》中，夏志清评价老舍的《四世同堂》为"一本大大失败之作"。他认为，老舍在《四世同堂》中的"视景"是一种"狭隘的爱国主义"，而"革命"则被简单地理解和表现为"正义和投机取巧的对立，英勇和怯懦的冲突，以及大无畏精神和邪恶之间的斗争"④。他说，小说中对罪恶势力的惩罚原则和方法是机械的，往往是让汉奸和坏蛋们遭受天外横祸或者暴毙。而且老舍由于过分强调日本的侵略和汉奸走狗的罪恶，使小说的道德气氛显得"过分乐观和不真实"。另外，老舍将这一种因果报应式的悲喜剧手法用于"这一本想叙述中国如何在敌侵考验下再生的小说"中的做法，显得十分滑稽。对以老舍为代表的这种受幼稚的爱国心影响而进行的"革命书写"，

---

① 夏志清：《中国现代小说史》，复旦大学出版社2005年版，第176—177页。
② 同上，第180—181页。
③ 同上，第252页。
④ 同上，第240页。

夏志清显然是持否定态度的。他认为，在这样一种狭隘幼稚的爱国心的影响下所创作出的作品，脱离或违背了我们所熟知的历史事实，毫无真实感①。另外，对丁玲的小说《水》，夏志清评价也不高。丁玲的《水》一向被认为是左翼文学或者说"革命书写"中有影响力的一部作品，但夏志清却认为它是一篇完全共产主义公式化了的小说，故事紊乱，"手法笨拙不堪"，因此评价作为小说家的丁玲——"比蒋光慈及郭沫若都不如"②。丁玲的长篇小说《水》描写的是水灾逼迫下的一场农民暴动，作者的目的是想要刻画出水灾对农民的政治意识所产生的影响。但夏志清认为，这篇小说本身所暴露的情形并无不对之处，"故事的主题也具有重大的人性意义，如果处理恰当，不管作者的观点如何，这个故事应该能成为一个动人的悲剧"，关键在于丁玲在《水》中以夸张手法描写的农民一边嘶喊一边"比水还凶猛"地朝镇上扑去的结尾场面时，明显忽视了灾荒状态下灾民们的心理状态③。夏志清认为，造成丁玲与现实之间如此隔阂的根本原因在于"对马克思主义过于简化的公式的信仰"，使其头脑陷于抽象的概念，将重点放在了"马克思主义的宣传及文字的美化"上，"而对人类生存的具体存在现象不能发生很大兴趣"。他进一步指出，"对于灾民们个人生理、心理以及社会实况的盲目无知，是左派作家的一个基本弱点"④。夏志清对丁玲及以其为代表的左派作家所持的对马克思主义的简单、公式化的信仰，是强烈批判和否定的。这种批判及否定并非仅仅是由于作者与之相悖的思想观点，更在于在这种简单、公式化的信仰影响下所导致的为了对马克思主义思想进行狂热宣传而忽视社会实况、与社会现实产生巨大隔阂的行为。在夏志清看来，这种为对马克思主义思想进行宣传，而忽视社会实况的革命书写实属不该。

无论是对老舍的《四世同堂》的批评，还是对丁玲的《水》的批判，我们都不难发现夏志清强烈反对和排斥天真狭隘的爱国主义视景以及简单公式化的"革命书写"。他反对只强调社会革命斗争和宣扬革命意识形态的革命书写方式，仍然强调和关注作品中人物生理、心理及社会现实等方面的真实反映和刻画。由此，我们可以看到夏志清对"革命文学"的批判和反思，并归纳出夏志清先生对"革命书写"的个人观点：一、"革命书写"的中心和重点是个体和个人，尤其是作为个体和个人的真实的心理感受；二、"革命书写"的落脚点，是对个体和个人的关注，尤其强调对人物道德层面的刻画，强调对人心和人性真相的挖掘；三、真正的"革命书写"，是反对忽略社会实况的狂热的革命意识形态宣传。

---

① 夏志清：《中国现代小说史》，复旦大学出版社2005年版，第240—243页。
② 同上，第192页。
③ 同上，第192—193页。
④ 同上，第193—194页。

三

实际上，反思现代文学"革命书写"的评论家也不乏其人，瞿秋白就曾批判"革命文学""不能够深刻的写到这些人物的真正的转变过程，不能够揭穿这些人物的'假面具'——他们自己意识上的浪漫蒂克的意味：自欺欺人的'高尚理想'"①。但值得注意的是，夏志清的姿态背后却有着不同的"革命观"。夏志清先生对中国现代小说中的"革命"持否定和批判态度，形成了与左派作家迥然对立的"革命观"。在夏志清看来，中国现代小说中的"革命文学"，是为了强调马克思主义思想及政治意识形态，为了宣扬社会革命斗争，固定或限制了革命事业中个人的行为及心理状态，忽视了作为个体和个人的真实心理状态，忽略了对人的发展的书写。甚至一些"革命书写"捏造和扭曲社会现实，没有揭露出人心、人性及社会真相，违背了社会历史和社会现实。这是夏志清先生对绝大多数作家"革命书写"都持否定和批判态度的一个重要因素。

那么，为何夏志清对"革命书写"的关注点是对人物心理、道德的刻画以及人性真相的挖掘，而不是像左派作家那样强调对社会革命斗争的描写和对革命意识形态的宣扬呢？他如何理解"革命"，他有怎样的"革命观"呢？

我们知道，夏志清受训于英美新批评，但其"革命观"背后的一个重要理论资源却是文化批评，特别是受到阿诺德、利维斯的影响。他27岁时考取了北大文科留美奖学金赴美深造，接受了正统的英美文学训练。正如王德威教授所说，"夏志清出身正统英美文学训练，对西方道德及美学'大传统'的菁华，可谓念兹在兹"②。陈国球先生也曾指出，夏志清的批评思想历程的出发点虽是"'新批评'的文本中心论，但终点却是满怀道德热诚的李维斯'伟大的传统'观"③。夏志清自己也曾在《小说史》的中译本序言中明确指出英美新批评理论对他产生的重要影响。他说："到了50年代初期，'新批评'派的小说评论已很有成绩。1952年出版阿尔德立基编纂的那部《现代小说评论选》录选了不少名文（不尽是"新批评"派的），对我很有用。英国大批评家李维斯那册专论英国小说的《大传统》，刚出版两三年，读后也受惠不浅。"④ 在这种文学理论的深刻影响

---

① 易嘉（瞿秋白）：《革命的浪漫蒂克》，《瞿秋白文集》（文学编第一卷），人民文学出版社1998年版，第457页。
② 王德威：《重读夏志清教授〈中国现代小说史〉》，《中国现代小说史》，复旦大学出版社2005年版，第35页。
③ 陈国球：《"文学批评"与"文学科学"——夏志清与普实克的"文学史"辩论》，《北京大学学报》2011年第1期。
④ 夏志清：《中国现代小说史·中译本序》，复旦大学出版社2005年版，第7页。

下，夏志清对"道德关怀"的批评准则感悟颇深。他关注文学作品对人物心理及道德层面的刻画，希望作品能通过卓越的心理细查与道德敏感去揭示人生及人性真相，从而使人们更了解自己及他人，更懂得如何善待人性弱点并珍惜人性光辉，最终得到自我拯救，实现个人自由。在这样的背景之下，正如有学者分析的，"夏志清不单是反对共产主义，而且也反对自清末以来几乎所有的中国社会的变革运动、革命运动，并斥之为'乌托邦理想主义'。夏氏的这种文学批评取向，仅仅用意识形态倾向和政治立场来解释，显然不够。实际上，夏志清在这里表现了一种顽强的文化保守主义态度，一种文化价值观所制约的文学价值取向"①。换言之，在夏志清的文学理论或者说《小说史》中，他自己从根本上就不认可文学中的"革命"。

另一方面，面对中国现代文学的现实语境，夏志清也不得不思考何为"革命"的核心问题。正如美国学者詹隼所说，"十九世纪与二十世纪的中国革命，是所有历史个案中最大且最复杂的革命样本"②。由此，他对中国现代小说史的研究，就完全不能忽视现代文学中庞大的"革命书写"现象。但由于长期在美国学习和工作，夏志清的"革命观"却有着不同的指向。夏志清《小说史》写作的契机是为撰写《中国手册》，他的写作也在一定程度上受到了时代思潮的影响。"20世纪50年代，冷战统治了所有的思想，划分了战线。一方面，革命是变革的希望；另一方面，革命是对自由世界的价值观的最大威胁。"③ 而将"革命"放置在贯穿西方历史的"自由"这一背景中，正是夏志清"革命观"的重要特征。众所周知，西方思想的核心是自由主义思想，其主要理念是政治上的民主、经济上的自由和文化上的个性、个体及私有制，其中尤其强调个人自由。对于"革命"的理解，较多的学者也都是放在"自由"的框架中理解的。正如阿伦特在她的《论革命》一书中所说，以自由对付暴政才是革命最古老的理由。她认为，个性、自由才是最初西方革命的口号和目标，也是西方革命观的核心④。身居美国的夏志清深受这种西方自由主义思想影响，可以说形成了一种以自由主义思想为核心的"自由革命观"。例如，夏志清曾在其《中国小说、美国评论家——有关结构、传统和讽刺小说的联想》一文中如此说道："我个人受的是西方教育，在价值观念上自难免受到西方的影响。在《中国古典小说》中，我对李逵、武松和鲁智深等人杀人取乐的野蛮行为，对女人采取

---

① 祝宇红：《夏志清的中国现代文学研究及其批评谱系》，《中国现代文学研究丛刊》2007年第2期。
② [美]查默斯·詹隼：《序言》，《革命：理论与实践》，郭基译，时报文化出版公司1997年版。
③ [美]彼得·卡尔佛特：《革命与反革命》，张长东译，吉林人民出版社2005年版，第2页。
④ [美]汉娜·阿伦特：《论革命》，陈周旺译，译林出版社2011年版，第1—2页。

—— 略论夏志清的"革命观" ——

报复行为的虐待狂,口诛笔伐之余,还进而检讨了一下把这些人看成'好汉'的文化背景。"① 从夏志清的这一段自我陈述中,我们可以更加明显地看到其关注个人和个体的西方自由主义思想,以及以个性、自由为目标的价值体系。这就形成了夏志清强调个性、自由,强调对个人、个性的关注,强调个人独立的批判意识和反思意识,关注人性解放与个人自由的"革命观"。这样一来,夏志清对小说作品中人物心理、道德层面的刻画以及对揭露人性真相的关注和偏爱,也就不难理解了。同样,他在《小说史》中不高举备受赞扬的左翼名作家的作品,反而对善于刻画人物心理、揭露人性真相的张爱玲、钱锺书、沈从文以及张天翼的作品大加赞扬、推崇备至,其原因也明显与夏志清的"自由革命观"有很大关系。

但问题的复杂性在于,中国现代文学中的"革命"一词,本身就受到传统的革命的"社会革命"含义的影响。"革命"一词创制于先秦,最早见于《周易·革卦·象传》,其原文是"天地革而四时成,汤武革命,顺乎天而应乎人"。它的基本含义是,改朝换代,以武力推翻前朝。在这里,它是指政治更替、社会变革,合法性和暴力性是其最为显著的特点②。这是"革命"一词在中国的最早含义。另外,近现代以来,由于中国复杂特殊的社会历史环境,"革命"一词经历了一个纷繁复杂的含义演变过程,不仅具有我国深厚的本土意义内涵,而且深受西方"革命"含义的影响,逐渐具有了社会正义、整体自由等多重含义。由此,我们对"革命"的理解,更多的则是指"解放"而非"自由"。正如阿伦特所说,左派作家以实现人民的解放、集体的自由(甚至他们所理解的"自由"就是"解放")为革命的最终目的,这是他们所持革命观的核心。阿伦特在《论革命》一书中对"革命"话语有着十分详尽的分析,指出"生命、自由、财产等权利自由是解放的结果,但绝不是自由的实质内容","若革命仅以保障公民权利为唯一目标,那它的自由就不是自由,而是解放"③。左派革命作家的革命目标正是保障公民权利,实现生命、财产等权利自由。这正是阿伦特所分析的以实现人民解放为革命目标的革命观。实际上,西方大多数学者也都认为,"革命"是改变社会、革新社会的"解放革命"。如亨廷顿说:"革命是对一个社会居主导地位的价值观念和神话,及其政治制度、社会结构、领导体系、政治活动和政策,进行一场急速的、根本性的暴烈的国内变革。"④ 阿隆也有着相同的界定,说:"在社会学的术语中,革命指的是通过暴力快速地以一个政权取

---

① 夏志清:《中国小说、美国评论家——有关结构、传统和讽刺小说的联想》,刘绍铭译,《当代作家评论》2005 年第 4 期。
② 陈建华:《"革命"的现代性:中国革命话语考论》,上海古籍出版社 2000 年版,第 7 页。
③ [美]汉娜·阿伦特:《论革命》,陈周旺译,译林出版社 2011 年版,第 31—32 页。
④ [美]塞缪尔·亨廷顿:《变化社会中的政治秩序》,王冠华等译,三联书店 1989 年版,第 241 页。

代另一个政权。……革命的基本特征是，一小部分人通过无情地铲除对手获得政权，创设新的体制，并梦想着改变整个民族的面貌。"① 这些"革命"的含义，不仅是暴力革命，而且是整个民族的"解放"，目标就是集体的自由。因此，在现代小说的创作中，作家们更多的是对社会革命意识形态的宣传，希望通过自己的作品鼓动更多的人加入社会发展前进的火车头"革命"之中，推翻现存体系，重构整个社会结构，最终实现人民的"集体解放"。当然，这就不是夏志清所理解的"自由革命"了。进而，在夏志清看来，这种"暴力革命"、"整体革命"的"解放革命观"不仅是中国现代作家的思想主线，而且也导致他们在进行文学创作时以人民的斗争和革命为主题，而忽略了对作为个体的人物内心世界和道德意识的探索，最后造成了中国现代文学的重大缺陷。

　　由此，夏志清的"自由革命观"，是以实现个人自由为核心的革命观，强调个人独立的批判意识和反思意识，看重对人性和人生真相的挖掘。正因如此，由于夏志清对"革命"的"自由"理解与左派作家的"解放"思想明显不同，造成二者对"革命文学"的关注点各异。秉持着这样一种以自由为核心的革命思想，来对以"集体自由"、"社会解放"的"解放革命观"为目标的现代作家的作品进行分析和评价，当然就会给予批评和贬谪。同样，由于夏志清对"革命"话语的理解深受西方自由主义的影响，坚持个人自由、人性解放才是革命的真正目的，这一理解和坚持使他能够在《小说史》中持有一种不同于以"解放"为目标的左派作家以及大陆文学批评家的独特眼光，也才为我们呈现出了理解现代文学以及"革命文学"的新思路和新观点。换言之，夏志清的《小说史》一书所达到的成就和它所造成的巨大影响，与夏志清对"革命"话语的"自由"理解——以实现个人自由为最终目标的革命观是分不开的，而这也对我们理解现代文学中"革命书写"的"革命观"，提供了一种新思考。

（作者单位：西华大学人文学院）

---

①　[法]雷蒙·阿隆：《知识分子的鸦片》，吕一民、顾航译，译林出版社2005版，第35、37页。

共和国文学研究

文学的政治性书写及其评价
——以张志民"十七年诗歌"为例①

龙扬志

作为当代文学的一个重要表现特征,文学的政治性不但涉及 20 世纪中国文学的历史追忆、场景再现、认知建构等一系列问题,最终还关系到文学史的建构。由此引出的诸多课题也一直为学界所关注,比如现代性与中国当代文学的转型、"革命中国"的文学与文化想象、在现代性框架中重新确定文学与作家的价值、新民族国家形象建构对文学发出的热情召唤等相关问题的探讨②,不论切入角度还是学理立意,都极大地拓展了当代文学的学理边界和问题意识,自然也给重写文学史提出了如何联系历史语境客观评价其价值的挑战。本文以极具代表性意味的个案张志民(1926—1998)为例,探讨其在"十七年"(1949—1966)这样一个特定时段对人物题材的处理方式和个性化追求,将其置入政治文学的集体想象空间,考察个体经验对政治话语的呼应与改造程度,寻找一种对政治性诗歌加以"再解读"与"再评价"的可能。

一

张志民是一位具有鲜明政治性的诗人,他本人对此进行过反思,多次讲到自己是个

---

① 本文系 2017 年度国家社科基金后期资助项目"'新诗现代化'的想象与焦虑"(17FZW051)的阶段性成果。

② 陈晓明:《现代性与中国当代文学转型》,云南人民出版社 2003 年版;蔡翔:《革命/叙述——中国社会主义文学—文化想象(1949—1966)》,北京大学出版社 2010 年版;张志忠:《现代民族共同体的想象与认同——论"十七年文学"的现代性品格》,《文史哲》2006 年第 1 期;贺仲明:《新民族国家与"十七年文学"的身份认同》,《南京社会科学》2009 年第 4 期。

政治的"伤兵"①，可以说，写作的政治性一定程度上影响了重写文学史对张志民的评价。因为在以纯文学作为评价标准的文学史重建过程中，如果诗歌体现出"为政治"的倾向，包括书写时代"正面"的颂歌与赞歌，通常会被归纳为失去艺术纯粹性、思想独立性的作品②。从文学的综合功能评价，紧靠政策歌功颂德必然导致主体价值的损耗，但也有必要根据民族、时代等综合因素加以具体区分。笔者无意借张志民这一个案来为诗歌的政治书写提供某种辩护，相反，甚至需要在文学研究中设置一些情感、伦理与学理的底线，警惕感伤的批评和带着个人偏见的研究对学术共识造成损害。我们之所以格外敏感和警惕有关人类灾难事件陈述中的道德伦理剥离，是担心历史重蹈覆辙，从这个层面来看，道义樊篱的设置是极为必要的。

所以，在针对张志民的作品展开讨论之前，或许有必要辨析"政治性"是否构成文学价值的"负担"，因为太多似是而非的话题对讨论对象的干扰，已经严重阻滞了研究和对话的深入。在我看来，论证政治性是否构成文学的负面因素，应当视为一个早已被解决的问题。伊格尔顿曾经指出，文学和文学理论内在包括了政治，非政治的批评或纯文学理论只是一个"神话"，只不过是更有效、隐蔽地促进文学的某些政治用途而已。当下面临的另一个问题是，文学的"纯粹性"能否经受罗尔斯提出的"公共理性"检测，尽管罗尔斯建构公共理性的意图在于解决理性多元背景下政治正义和社会稳定的哲学基础，使个体的行动受到原则和规范的约束，但是在学术意见纷争的处理中，公共理性仍然不失道义的最后根基。声明文学的纯粹性或自主性，并以此强加于学理的探究，本身亦是一种价值标准的政治性诉求，"它利用文学来促进某些道德价值标准的实现，这些价值标准事实上与某些意识形态价值标准密不可分，而且它们最终隐含着特定的政治"③。而强调为社会主义服务的文学属于一种"不一样"的政治范畴，目前还没有找到什么有说服力的证据，充其量只是一种由果溯因的后见之明。也许我们只有还原历史的话语场景，才能客观理解主体的政治诉求对于文学创作的规范与变异作用。以中华人民共和国权威的文学刊物《人民文学》为例，创刊之际就向全体文学工作者明确发出了书

---

① 张志民："文学和政治，向来就结有不解之缘，关系很密切。历史上是这样，现在也是这样。我们的问题是，过去没有把这种关系摆好，产生过不少恶果。诸如概念化、公式化、标语口号化、'写中心、演中心、唱中心'，'为政治服务就是为政策服务'等等，把文学当作某项政策的图解，甚至按照社论和作品去对'口径'，这样的作法，当然是错误的。这种伤，我们受过不少，我自己也是个'伤兵'。"参见张志民：《诗歌创作浅谈——"诗歌讲稿"摘要》，《北京文学》1981年第4期。

② 洪子诚先生指出，张志民创作于20世纪五六十年代的作品，由于大都按照当时的政策观点来写农村的"新人新事"，虽说有"生活气息"，作品的生命力却不长。参见洪子诚、刘登翰：《中国当代新诗史》（修订版），北京大学出版社2005年版，第48页。

③ 伊格尔顿：《二十世纪西方文学理论》，伍晓明译，陕西师范大学出版社1986年版，第244—245页。

写国家建设的政治性呼吁①，而广大作家也以实际行动做出了积极回应。

文学应该研究纯粹的文本，或者以作品的文学性作为主要考察的对象，这已被形式主义批评家奉为圭臬。那么，文本研究是不是应该严格坚守类似考据、义理、辞章的边界？萨义德表达过不同的看法："他们尝试要做的正是要使它纯粹化，我感兴趣的是彰显它，或把它和其他事物放在一起。我所感兴趣的正是和纯粹化相反：不是像弗莱那样，把文学当成某种分离的、整体的系统，而是文学涉及许多其他事物——你也许可以说，是以迷人的方式包罗万象。"② 也就是说，文本的形式层面不应作为文学研究的全部对象，人文研究或文学研究必须超越文本的平面化解剖，或者把所有对象文本化，使文学研究获得主体的洞察，由此获得对时代文化的深刻关切。因此，也可以这样理解，文学性或文学的纯粹性只是诸种趣味之一，在重申写作价值追求和主体理性寻找的历史转换中，这一追问的意义尤其重大。需要注意的是，关于十七年文学的文本价值评价并不等于当下文化语境中的文本再造，而必须回到历史的价值尺度与标准中，重构其历史内涵和美学内涵，这也是经典作品"再解读"热潮中值得恪守的操作原则。

张志民在20世纪中国诗歌史上的重要地位，主要是由40年代《王九诉苦》、《死不着》等叙事诗确定的。这从部分文学史叙述张志民80年代的诗歌状况时可见出端倪，类似《边区的山》、《祖国，我对你说》、《江南草》、《七月走关东》等作品，被形容为"又一个创作的高峰"。事实上，他在五六十年代创作、发表了大量诗歌作品，以平民人物形象作为诗歌写作内容并不奇怪，而数量之巨，在当时诗坛则极为罕见。在笔者看来，对这些作品的价值认定，可能需要在更宽泛的角度理解"文本"的内涵，换句话说，我们不能简单地剥离出诗歌形式、技巧来独立地评说诗人的言说，包括作品、作品的写作、传播等相关实践在内，都需要被综合考察，因为书写者在书写文本的同时，也被历史所书写。至于这种文本解读到何种程度为止，则是与读者意图密切相关的事情。

二

众所周知，50年代诗坛秩序的重构是以解放区文学为蓝本，张志民是革命文学队伍的"内部人"，对延续延安文艺精神的中华人民共和国文学一直表达出发自内心的认同。

---

① 由茅盾起草的《人民文学》发刊词就直接声明"积极参加人民解放斗争和新民主主义国家建设，通过各种文学形式，反映新中国的成长，表现和赞扬人民大众在革命斗争和生产建设中的伟大业绩，创造富有思想内容和艺术价值，为人民大众所喜闻乐见的人民文学，以发挥其教育人民的伟大效能"。参见《发刊词》，《人民文学》1949年第1期，第13页。

② ［美］爱德华·W·萨义德：《处于公众生活十字路口的文学理论》，薇思瓦纳珊《权力、政治与文化——萨义德访谈录》，单德兴译，上海三联书店2006年版，第116页。

可以说，诗歌书写表现出鲜明的政治性既是一种顺理成章的举措，也被接纳为民族国家合法性建构的一部分，甚至还具有强制性①。据笔者初步统计，张志民1949至1965年于《人民文学》、《诗刊》、《人民日报》三大权威文学刊物发表诗歌作品30次，60余首。这是一个不可忽略的参数，甚至足以成为"重要诗人"的确证②。除1959年之后创作出《祖国颂》、《红旗颂》、《珠江之歌》等部分政治色彩浓烈的抒情诗以外，张志民在人物短诗方面倾注了大量心力，尤其是"社里的人物"系列作品，给当时诗坛吹进了一阵清新的风。

张志民集中创作反映新时代农村变化的作品始于从朝鲜战场归国之后，尤其是1956年由部队转业到《北京文艺》任职，因工作需要参与农村调研获得的亲身经验，激活了他的农村记忆和写作热情。这些人物诗作先后收入《社里的人物》（1958）、《村风》（1961）、《公社一家人》（1962）结集出版。1961年9月张志民与诗人田间、严辰一起参加中国作家协会安排的西北考察活动，用两个多月游历新疆南北，基本上转移了写作的题材，以行旅观感为主要内容表达对时代、国家的讴歌，作品主要收入《西行剪影》（1963），体现出民族化和大众化的自觉调动。因此，张志民在1957至1961年创作的农村人物诗歌，与大跃进、农业合作社、人民公社等若干历史背景深刻镶嵌，文艺大众化的理念在现代民族国家意识形态结构中表现出鲜明的实践功能，并充分发挥其强有力的主导作用。

总体而言，这些作品体现了张志民早期的诗歌理念，即不少学者指出的民间文学与民族传统相融合的尝试③。它们采用朴素的农村通俗语言，讲究大致的韵律，读起来朗朗上口。如果以文学性的眼光看，诗歌无疑存在形式单一、不耐咀嚼的不足，问题是，从一开始，作者想象的读者就是文学素养相对一般的普通民众，即解放战争与国家建设中占主体地位的工农兵群体，这一点在周扬第一次文代会的报告中亦被重点强调。关于普及和提高如何取舍，毛泽东在《新民主主义论》、《论人民民主专政》等文章中做过重点阐述："大众文化，实质上就是提高农民文化。"这一原则也被大部分作家所接受。张志民的诗歌尤其注重生活细节的捕捉，以此实现对人物性格的塑造，对于普通读者特别是广大农村读者而言，具有一定的美学内涵。

---

① 周扬在全国第一次文代会关于解放区文艺运动的发言中说："毛主席的《文艺座谈会讲话》规定了新中国的文艺方向，解放区文艺工作自觉地坚决地实践了这个方向，并以自己的全部经验证明了这个方向的完全正确，深信除此之外再没有第二个方向了，如果有，那就是错误的方向。"周扬：《新的人民的文艺》，《人民文学》1949年第1期，第21页。

② 同一时期闻捷在《人民文学》、《诗刊》发表作品17次（比张志民在这两个刊物的21次要少）；艾青1957年被打成"右派"之前发表14次；李季较多，达24次。

③ 高洪波：《擂鼓的诗人——张志民论》，《诗探索》1985年第1期。

——文学的政治性书写及其评价——

张志民人物诗歌的人物类型并不复杂,大致有先进人物、后进人物、社会主义新人等几种,涉及的题材对象主要有日常生活、生产劳动、思想改造、情感婚恋等等。联系张志民50年代前期创作,如《在村边》、《绣慰问袋》、《炒米花儿香喷喷》、《刘秀珍》、《一条道与一座桥》等诗歌意在呈现革命与战争的场景,由生活片段与细节的处理,已能看出他对重大题材的表述策略,努力回避一种直接、宏大、空洞的写作方式,从而寻找诗性感知的可能。这一点在后来的农村人物系列作品中得到了延续和发展。当然,在寻找合适的抒情方式的过程中,也能看出张志民探索表述时代的艰难,其中包括政治性书写留下的尴尬。像《问问他》、《他们出发了》等作品写"右"派批斗、号召青年投身于农业合作热潮,其中的厉声质问和排比句式,打上了那个时代虚张声势的烙印。张志民后来在回忆文字中提到为了重新认识农民介入解放初期的土改运动,说自己在土改运动中只是对路线、条例进行了学习,而在实施、发动群众、深入体验生活方面很不够,因此思想、情感、实践上没有深入农民的精神世界①。由于设想的读者对象是普通农民,农民的立场和文化水平成了他写作的潜在参照,用他自己的话说,他的诗歌"在编辑同志批准之前,我首先是经过农民读者'审批'的"②。如何结合读者、时代要求和诗歌美学写出理想的作品,的确是一个艰难的平衡。1957年9月,张志民的组诗《山村即景》刊于《诗刊》,包括《夜笛》、《冯铁匠》、《电影》、《货郎》等4首。这是他首次在《诗刊》刊发作品。《冯铁匠》半夜起来打铁,"我要打种新锄头/一趟就能榜两垅",生动地刻画出农民投入新生活、奉献新时代的热切。而《夜笛》围绕农村青年的生产来写男女情感,别有一种率真的风味:

不是流水叮咚,/分明是阵阵笛声。//笛声来自香瓜地,/笛声来自看瓜棚。//小伙子为啥还不睡,/这晚了吹笛给谁听?//用不着操心吧!/想必是有"听众"。//不信去瞧瞧小玉英,/定坐在门口儿"数星星"……

——《夜笛》③

与两行诗快板般的效果不同,《夜笛》在热辣的爱情场景中营造了一种寄意遥深的委婉氛围,无非说明在单纯、奔放、火热的政治时代,男女"暗通款曲"总是给人留下

---

① 张志民:"为了重新认识农民。对土改政策的学习不深入。只是从路线上,从条例上学习。至于如何具体的去实施,如何去发动组织群众,如何去深入群众体验生活,是没有很好学习的,只是有一个决心——到这次斗争中,到群众生活里去,锻炼改造自己。就凭着这个热情去参加了土改。"张志民:《张志民诗选·后记》,北京出版社1981年版,第449页。
② 张志民:《写〈死不着〉前后》,《无名文学》1982年第3期。
③ 张志民:《夜笛》,《诗刊》1957年第9期。

209

情意绵绵的想象。尽管恋情的铺垫从生产背景开始渲染，仍能见出诗人对个人空间的开拓意图。

中华人民共和国成立初期，男女之间的关系书写同样被纳入国家话语建设的一部分，刻画情感纠葛的作品一不小心就因为表现"小圈子的个人生活"或"小资情调"而遭到批判，比如对孙犁《山地回忆》、萧也牧《我们夫妇之间》、宗璞《红豆》等这些小说的严厉批判，就是放在"反对玩弄人民、反对新的低级趣味"之类的道德立场上展开的①。书写"健康"的男女情感是当时政治文化语境着力彰显的价值观，类似闻捷《吐鲁番情歌》"可是，要我嫁给你吗？/你衣襟上少着一枚奖章"，因为爱情"鼓舞了生活，提高了生活，和劳动人的利益相一致"而受到肯定②。爱情诗在张志民的人物诗歌中占有很大比重，如《新娘》、《小姑的亲事》、《接喜报》、《扬场》、《有什么话儿只管说》等，大多带有一些"健康"的底色，但细腻的心理刻画增添了不少情调。比如《扬场》一诗：

> 春梅在当院纳鞋帮，/谷糠落在她头发上。//搬条板凳去望一望，/是哪个小伙子在扬场？//登上板凳她没直腰，/脸儿一红又下来了。//扬场的定是小青哥，/除非他谁扬得这么高！/心眼里想着小青哥，/又坐在当院纳起鞋。/谷糠象青哥有意洒，/落满头顶不嫌多。
>
> ——《扬场》③

诗歌以微妙的行动（"搬条板凳去望一望"）和心理写春梅对小青哥的朦胧情愫，有意将爱情与劳动结合起来，虽然只选择了一个生活片段，但是在戏剧性的场景中显示了一种祥和、明朗的爱情理想，勾勒出新时代男女延续男耕女织这一中国传统婚姻的模板。

再如《百川原来是自私鬼》，写姑娘在两个中意于自己的小伙子之间选择，一场台风带来的灾难为她提供了一个考察双方的机会，"一眼之间心拿定，/不用提亲不用媒"，

---

① 冯雪峰化名"李定中"，批评萧也牧故意丑化了农村女性，不仅脱离了生活，而且"脱离政治"。见李定中：《反对玩弄人民的态度，反对新的低级趣味》，《文艺报》第 4 卷 5 期，1951 年 6 月。

② 力扬：《谈闻捷的诗歌创作》，《人民文学》1956 年第 2 期，第 116 页。同期一篇评论也指出："爱情是永远依着人们的生活态度、生活目的为转移的。在我们的时代，人们知道怎样评价一个人的荣誉和他们在生活中的地位；这里的一个共同基础就是：他对劳动的态度、对社会主义建设事业贡献的大小；他在生活中所追求的是什么？正因为这样，所以像枣尔汗的这种思想，是完全自然的和合理的。"叶橹：《激情的赞歌——读闻捷的诗》，《人民文学》1956 年第 2 期，第 112 页。不过后来也有人指出这是"奖章加爱情"的俗套。周和：《摘下奖章以后——对爱情诗创作的零星意见》，《人民文学》1957 年第 3 期，第 7 页。

③ 张志民：《扬场（外一首）》，《人民文学》1957 年第 11 期。

最终看上了奋勇救人的庆德。在张志民的爱情婚恋题材诗歌中，由未婚女性视角出发的价值标准可能别有深意，以健康、积极、进步的道德因素转化为情感的肯定，寄寓了政治的内涵。当然它也反映出诗人对于时代的基本把握，只有设计出这样一个政治的前提，爱情的表述才成为可能。无论如何，有关情景的设计，还是体现出作者深入人物内心世界的意图。

张志民在诗歌中创造的系列人物，无不体现出上述由细微处着笔的艺术理念，避开当时流行的宏大场面铺排，直接摘取生活的浪花一朵反映人物的内心世界和情感变动，真正体现出"新的主题、新的人物、新的语言、形式"[1]。如《耿书记》、《老革命》、《牛筋张》、《李大伯》、《马大婶》、《樱桃李》、《倔老婆子》、《吕召召》等短小精悍的作品，作者通过简笔勾勒，各式人物既给读者留下鲜明的印象，同时又丰富了农村天地的文学空间和大众主体的精神世界。《牛筋张》用喜剧手法写一位保守、疑虑的后进农民，原本对三天造出百亩林的"大跃进"充满怀疑，最后不得不在事实面前承认自己的判断失误，间接歌颂时代变化给他带来的心理震荡。《耿书记》一诗共两节，语言直白，意思明了：

在地里有他，／在家里有他，／老农和他谈玉米、土豆……／大娘跟他讲母猪、小鸭……／／人们都回家睡啦，／他才在板凳上坐下，／办公为啥把灯光遮？／怕房东大娘来"检查"。

——《耿书记》[2]

"耿书记"日理万机，白天忙于处理村里大小事务，晚上继续学习，做些文字工作，遮住灯光这一"心虚"的细节，勾勒出一种焚膏继晷、力排干扰的革命劲头。

《倔老婆子》[3] 写一位农村老婆子对女儿的恋爱婚姻由干涉走向支持的思想转变，"她拿出筷子戳着三姑娘的头，／嘱咐着：／抹抹嘴儿还不赶快走！／省得让他／在咱家门口干咳嗽……"结尾的提醒体察入微，又抖出了一个充满喜剧色彩的包袱。这首诗之所以被选入《中国新诗总系（1949—1959）》，还因为它生动地折射出主体观念在特定时代的艰难蜕变。

---

[1] 周扬：《新的人民的文艺》，《人民文学》1949 年第 1 期。
[2] 张志民：《耿书记》，《诗刊》1958 年第 6 期。
[3] 张志民：《故乡（六首）》，《人民文学》1959 年第 10 期。

三

回到张志民十七年诗歌的价值评定主题上来,首先需要确定的一点是,他连同他的作品显然分享了这样一个特殊时代赋予的机遇与困境。作为革命者,张志民的人生道路设计被置入新民族国家体系的建构,同时也在国家建设中完成其身份认同。这进一步坚定了他对共产党主导的政治文化的信任。在1959年中华人民共和国建国十周年之际,他用一首长达18页的诗歌发出了嘹亮、高亢的歌声。海外学者唐小兵曾指出,以大众群体这一历史主体为核心的文艺实践,是一种行为导向而非思辨导向①。从中华人民共和国成立初期文艺界若干次批判整肃运动即可看出行为导向的威力,诗歌被纳入集体化的他律而非个人化的自律之中,因此我们在张志民的诗歌中看不到异质思想的表达,可能它们在萌芽状态就被作者当成有害于国家文艺事业发展的东西而被主动清理了。在语调同一、方向一致的集体话语中,个体的思辨很难深入到事物的背面,结果他的人物诗歌出现了政治思想统领性格、个体在时代浪潮中实现道德进步的同质化特征,有的甚至沦为政治口号的标签。

张志民的人物书写必须被赋予恰当的意义,它不仅揭示了国家现代化历程中底层民众的现代化进程——尽管这种建立于集体想象基础之上的进步最终被简化为人的政治思想改造,而且诗歌中"人"的改造呈现了诸种困难的抗争与渗透,从而在一个同声时代发现了人的复杂性和脆弱性。所以,他的诗歌写出了生命群体交织着光明与黯淡的景观②。这种具有全面性、压迫性的政治性必须被铭记,它正是借由细节丰富、直达心灵的文本而保存下来,成为照出一个巨大的脆弱集体及其时代状况的镜子。

事实上,张志民也在历经劫难之后重申了"人"的意义:

……觉得这类诗,还可以继续写下去,在形式、风格和表现的人物对象上,也想更多样些,从五十年代《社里的人物》到六十年代《西行剪影》中所写的一些人

---

① 唐小兵:《我们怎样想象历史》,载《再解读——大众文艺与意识形态》,北京大学出版社2007年版,第11页。

② 赵小琪亦有类似观点:在"十七年"诗歌中,种种相互矛盾的事物的属性总是因一种不可思议的力量相互扭结、相互渗透在一起。在这种相互扭结、相互渗透中,事物的特点显现出来,生命的意义开始浮升。我尤为注重的是国家与个体、伦理与情感、理想与现实等现代性价值在同一时空体系内共存互补的态势,它们以双声复调的方式揭示了"十七年"诗歌现代性价值的丰富性与复杂性。而恰恰是这种丰富性与复杂性,最能反映"十七年"诗歌的现代性特征。参见赵小琪:《"十七年"诗歌的现代性价值》,《社会科学战线》2015年第4期。

物，是可以看出我的一些追求的。后来，由于人所共知的情况，我不能继续写了。重新拿起笔之后，我眼前已是一片崭新的世界，而成为这个世界主体的，主要还是人，已故的人，活着的人，幸存的老一代，未来的新一代……人，人！出现在我面前的，都是些人的影子！文学，有人称之为"人学"，小说家，戏剧家写人，诗人的笔，何尝不是也在写人呢！所不同的无非是各有各的写法。以诗写人，古已有之，我仅仅是继前人之后，继续写下来①。

"不能写"他熟悉的题材和领域无疑是一种遗憾，我们没有理由谈论那些未写出的诗篇，如果他的生活还在原来的轨道上运行，那些"未写出的文本"并不难想象出它们的大致面貌。也许，正是因为未被写出而拥有了书写的意味，其意义是由已经写出的和后来所写的实践性文本共同建构出来的。附着于主体书写的悖谬性文本困境，揭示了文学对于时代的无声抗议，这是从文学史角度重新理解"历史中的人"时需要格外注意的。

（作者单位：暨南大学中文系）

---

① 张志民：《人物诗选》"后记"，群众出版社1987年版，第395页。

共和国文学研究

"技巧"与形式的意识形态
——重读 20 世纪 80 年代"现代派"的一个角度

张 帆 杨 旸

从 1979 年起,"新时期"文坛对西方"现代派"作品和理论的翻译介绍重新启动,并逐渐形成气候①。"现代派"的创作实践也由此滥觞,茹志鹃的《剪辑错了的故事》(1979),宗璞的《我是谁》(1979),王蒙的《布礼》(1979)、《夜的眼》(1979)、《风筝飘带》(1980)、《春之声》(1980)、《海的梦》(1980)、《蝴蝶》(1980)等,是最早被关注和指认的"现代派"作品。尽管从题材上说,这些早期的"现代派"作品也会被划归为伤痕、反思、改革文学,但对技巧的探索、形式的创新、现代主义资源的借用,已成为他们有限度的共识。不过对一场影响深远的文学运动而言,只有创作是不够的,在当时的话语争夺中,作家们的理念不仅需要形式化的表达,也需要更为直接的宣扬,理论及其对作品的阐释同样发挥着重要的作用。

技巧,是"现代派"讨论中最核心的关键词之一,围绕着这一概念,"现代派"对当代文学 30 年的成规做出了最初的突破和创新。不过,正如当时即有论者指出的,"艺术形式不仅仅是'形式'"②,技巧也不仅仅是技巧,那么,值得追问的就是,在"现代派"所高扬的"技巧"和"形式"背后,隐藏着什么样的"内容"?

---

① 据不完全统计,"新时期"初期公开发表的有关西方"现代派"的文章(翻译、介绍、争鸣,不包括文学作品),1978 年为 3 篇,1979 年为 39 篇,1980 年为 94 篇,1981 达到 146 篇,1982 年为 95 篇。参见《关于西方现代派文学问题讨论文章目录索引(1978—1982)》,何望贤编选《西方现代派文学问题论争集》,人民文学出版社 1984 年版,第 849—866 页。实际的数量只会更多。

② 殷国明:《艺术形式不仅仅是"形式"》,《上海文学》1986 年第 7 期。

—— "技巧"与形式的意识形态 ——

一

早在 1978 年 10 月的《人民文学》、《诗刊》、《文艺报》三刊编委会联席会议上,韦君宜就已提出:"要能讲讲艺术技巧则更好。"① 但是,这一期待的实现却要等到两年以后。

1980 年 6 月,《文艺报》和《北京文学》分别邀请作家召开了小型座谈会,着重讨论"文学表现手法"和"艺术技巧",会后两个刊物分别刊载了与会者的发言整理稿,这大概是"新时期"最早的公开而集中地对文学技巧的讨论。

在发言中,王蒙从写作者的角度谈了很多具体的技巧问题,比如"关于结构的观念","生活是不断发展变化的,与古人相比较,我们的生活的显著特点,一是它的复杂化,一是它的节奏快了。表现在结构上,反映这样的生活,就会有复线或者放射线的结构。表现在节奏上就会有跳跃,有切入"②。"还有个语法修词(辞)的问题","第一条是句号的增加","第二条是引号减少,对话变为心理活动,可以不用引号","第三是比喻的概念也有很大变化","可以反喻",第四,"只有名词,只有主语没有谓语",第五,排比句可以"用相反词义的词排比"。"还有时间的概念。离开了时间空间就没有存在,一切存在都是有时间空间的,但是大量写心理活动的小说,确实可以突破时间空间,可以把时间放在一个比较短的瞬间,却无限延伸。生活的顺序是由远到近,由古到今,次序井然。心理活动的顺序则不然,它充满跳动往返,它是由强到弱,由浅到深。"③

不过关键还不在这些技术性的介绍,而是对"真实"和"典型"的重新辩证。针对已成为僵化主流的"典型环境中的典型性格/人物"这一现实主义公式,王蒙调侃道:"认为塑造典型性格乃是文学的最高要求。而所谓典型,如能成为某种性格的共名,被广大群众所普遍承认、普遍接受,就是创作成功的主要标志。按这种观念,解放以来三十年,我们的文学创作的不可逾越的顶峰只能是相声《买猴儿》,因为里边有个马大哈,马大哈确实是共名,这三个字本身就是性格的抽象。不能设想谁能写出个人物比马大哈更能成为性格的共名,刘心武的谢惠敏也远远不像马大哈那样普遍流行。"因此,"文学要写人,这是不成问题的。但人是否就等于人物?人物是否就等于性格?不见得。我们可以着重写人的命运、遭遇——故事;也可以着重写人的感情、心理;可以写人的幻想、奇想,还可以着重写人生存于其中的自然环境——风景;可以写人的环境氛围,生活节

---

① 刘锡诚:《在文坛边缘上:编辑手记》,河南大学出版社 2004 年版,第 149 页。
② 王蒙:《对一些文学观念的探讨》,《文艺报》1980 年第 9 期。
③ 王蒙:《探索断想》,《北京文学》1980 年第 11 期。

奏；也可以着重写人物——性格"①。

伴随着对"典型"的唯一合法性的质疑，是对"真实"的重新理解。"客观真实和主观真实"被区分开来，真实并不仅仅存在于外部（客观），"有时真诚就是真实"②。进而，王蒙改写了歌德的"没落者面向内心，上升者面向世界"的命题，提出"可以把面向世界（客观世界）和面向内心（主观世界）结合起来"，因为，"一个积极的、进取的、富于时代精神的战士——公民的内心世界，与一个颓废的、没落的、绝望的多余的人的内心世界是完全不同的。积极者的内心世界，将不是引着人们逃避现实，而是执着地去爱这现实，改革现实，参加现实斗争，既清醒，又充满理想、幻想，富于最大胆的想象。写这样的内心活动，将使人们的精神世界得到丰富，使精神境界得到提高"③。这样，"现代派"的技巧（意识流）就能够剥离开颓废腐朽的内容，为社会主义服务了。应该说，王蒙在这里所质疑的，并不是真理的唯一性，而是到达真理的道路的唯一性。

因为这两次讨论都是座谈会上的即席发言，引起了一些争论和误解，两年后王蒙又发表了专论典型问题的文章，以求把观点表述得更圆融。他一方面强调"不能把塑造典型人物这一要求'单一化和绝对化'"，"它毕竟不是无所不包的、更不是唯一的创作规律，它并不具有排他性，并不能成为主宰全部文学史和文学现象、衡量一切文学作品的独一无二的'核心命题'。它的适用性和有效性，仍然是有限度的"；一方面又在文章的开头和结尾声明："任何开阔和发展，都离不开原有的基础，离不开马克思主义的基本认识论与基本的文艺观，否则，探索有可能走上虚无主义，走上凌虚蹈空的狂想、甚至走上违反认识论的规律也违反艺术规律的邪路"，"恩格斯是伟大的革命导师，他的关于典型人物的论断，是被文学史和创作实践证明了而且正在证明着的，是推不翻的"④。不过在这么辩解的时候，王蒙并没有意识到，或者是有意忽略了这两个方面可能会产生的冲突。

李陀的意见要更为激进一些。他明确提出："目前，我国文艺各领域争论的焦点集中在艺术形式上。"⑤ 这是因为，"每当发生巨大社会变革的时期，文学艺术由于要反映这个变革，反映历史发展带来的新内容，就必然地要努力打破旧的文学艺术的传统形式，积极地探索和寻找适合于表现新内容的新形式"。在论证20世纪80年代所面临的"社会变革"时，李陀展现了一种"世界性"的眼光："世界产值目前已达到二十年就翻一番，

---

① 王蒙：《对一些文学观念的探讨》，《文艺报》1980年第9期。
② 同上。
③ 王蒙：《探索断想》，《北京文学》1980年第11期。
④ 王蒙：《关于塑造典型人物问题的一些探讨》，《北京文学》1982年第12期。
⑤ 李陀：《打破传统手法》，《文艺报》1980年第9期。

―― "技巧"与形式的意识形态 ――

科研人员和科学论文一般十五年翻一番,国际通讯往来是五年翻一番,而探索微观世界的加速器电子伏特是一年半翻一番。从牛顿时代到现在三百年间,整个科学规模增加了一百万倍!很难设想,当整个世界处于这样规模和速度的变化之中的时候,我们中国能不变",因此,"这时候主张变革、打破旧的艺术传统的文学和美学思想,必然会占优势,必然成为这个时期文艺思想的主导"①。"在文学变革的时期不要过多强调继承。……应该讲打破传统。"而所谓传统,有相当明确的所指:"不仅打破孔孟文艺思想的传统,而且要打破三十年来的一些传统,如苏联美学思想的传统。"② 在两年后论述典型问题的文章里,李陀更是认为,"塑造典型人物本来是文学艺术反映、认识生活的一个方法、一种手段",而非最终目的,并提出"现实主义也同样处在不断发展中","每个文学时期都会对现实主义有自己的'定义'"③。对主流文学来说,这无异于釜底抽薪。无怪乎张光年会在日记中说:"王蒙并未否认写典型,无大错,李陀文章不对头。"④

从学理上追究,李陀的论述自然是漏洞百出,呈现出一种反映论、进化论、世界主义、机械唯物主义与现代主义的奇怪混合,其核心就是用社会的现代化进程("社会现代性")来论证现代主义("审美现代性")的合法性⑤,正是20世纪80年代早期"现代派"的症结,其中有策略性的因素,也有对现代主义的误读。在后来的论争中我们将会不断看到。

也许同样重要的,是王蒙、李陀提出的普及与提高的关系问题。这是一个纠缠了左翼文学数十年,但一直没有解决好的老命题。在毛泽东《在延安文艺座谈会上的讲话》

---

① 李陀:《也谈吃蜗牛》,《北京文学》1980年第11期。
② 李陀:《打破传统手法》,《文艺报》1980年第9期。
③ 李陀:《是方法,还是目的?》,《北京文学》1982年第12期。
④ 张光年:《文坛回春纪事》,海天出版社1998年版,第420页。
⑤ 关于两种现代性的区分,可见卡林内斯库的经典论述:"在19世纪前半期的某个时刻,在作为西方文明史一个阶段的现代性同作为美学概念的现代性之间发生了无法弥合的分裂。""资产阶级的现代性概念……大体上延续了现代观念史早期阶段的那些杰出传统。进步的学说,相信科学技术造福人类的可能性,对时间的关切(可测度的时间,一种可以买卖从而像任何其他商品一样具有可计算价格的时间),对理性的崇拜,在抽象人文主义框架中得到界定的自由理想,还有实用主义和崇拜行动与成功的定向。""相反,另一种现代性,将导致先锋派产生的现代性,自其浪漫派的开端即倾向于激进的反资产阶级态度。"([美]马泰·卡林内斯库:《现代性的五副面孔》,顾爱彬、李瑞华译,商务印书馆2002年版,第47—48页)简言之,"有两种彼此冲突却又相互依存的现代性——一种从社会上讲是进步的、理性的、竞争的、技术的;另一种从文化上讲是批判与自我批判的,它致力于对前一种现代性的基本价值观念进行非神秘化……文学现代主义就既是现代的又是反现代的"(《现代性的五副面孔》,第284页)。而中国20世纪80年代早期的"现代派"在挪用西方现代主义资源时并未觉察到其复杂内涵,由此产生的种种问题,下文将作进一步论述。

所确立的范式中,普及是第一位的,在普及的基础上才有考虑提高的可能性①。

王蒙、李陀则把这个范式颠倒了过来。王蒙说:"具体到一篇作品,每篇作品可以有不同的读者群作对象。……这里,完全不必搞'一刀切'。我们既要注意普及,也要注意提高,既满足多数读者的喜闻乐见,也照顾少数读者(或观众)的喜闻乐见,不同的许多个少数加在一起,也就是多数。其实,严格地说,每一篇作品的读者,都不会是'全民',而只能是人民的一部分。各部分加起来,才是工农兵,才是人民大众。"② 李陀也说:"文艺的发展主要是靠阳春白雪来带动的,也就是靠提高了的文艺、靠文艺的精华来带动的。当然,它们最初一出现,总是不为群众所承认。但最后文艺潮流总是跟着少数阳春白雪发展,这也是事实。""阳春白雪终究会使文明向前发展。任何变革和进步总是从少数人开始的,但最后群众总是要跟上来。"③

在这些论述中,差异性的要求被提了出来,知识分子(少数)与群众(多数)的关系也出现了不同于左翼对政治的解释,"个人"在这样的讨论中已经呼之欲出。

二

就在王蒙、李陀的言论在北京引起争论,乃至文坛领导人的关注时④,高行健从遥远的广州发出了应和的声音。从《随笔》丛刊第十集(1980年8月)到第十八期(1981年9月),高行健连续发表9篇《文学创作杂记》,并于1981年9月与未刊的另外8篇一起结集出版,而书名颇有意味地改为《现代小说技巧初探》(广州:花城出版社,1981年,下文简称《初探》)。

在远离文坛中心的地方刊物上连载时,这些文章似乎没有引起文学界太大范围的注意,而结集出版后不久,至少在北京,即呈洛阳纸贵的态势。我们从当时人们谈论的语

---

① 毛泽东:《在延安文艺座谈会上的讲话》,《毛泽东选集》(第三卷),人民出版社1991年版,第847—879页。
② 王蒙:《对一些文学观念的探讨》,《文艺报》1980年第9期。
③ 李陀:《打破传统手法》,《文艺报》1980年第9期。
④ 张光年在1983年1月30日的日记中写道:"冯牧同志近来多次谈到王蒙、李陀等发表在《北京文学》去年12月号的四篇文章,认为王蒙文否定写典型,否定恩格斯的公式,昨天会上,他又激动地谈了,引起白羽说'应当公开论战'。"见张光年:《文坛回春纪事》,海天出版社1998年版,第420页。

―― "技巧"与形式的意识形态 ――

气中可以感受到这本小册子带来的兴奋和震动①。随后,经由王蒙、刘心武、冯骥才、李陀等人的数次"操作"②,我们几乎可以将《初探》视为"现代派"的理论宣言。围绕着这个文本的,不仅是前述几位同人,还有主流批评家,以及叶君健、巴金、夏衍等老作家,以至惊动了文艺部门的领导人。毋宁说,《初探》的出现提供了一个话语平台,使各种意见得以在一次次对话中不断交汇、增殖与冲撞。

重读这本 30 年来国内最早的专门且系统地论述小说技巧的论著,其实不难理解其给当时读者带来的新鲜感和兴奋感。与当时由学者撰写的介绍西方"现代派"的学术文章不同,《初探》采用一种札记式的随笔文体,"集中介绍西方现代小说的写作技巧,在介绍中把对作家作品、流派特色的分析与对中国当前创作实际的考察紧密结合起来,既摆脱了学院式的引经据典、概念阐述之枯燥程式,不拘一格,又体现着深思熟虑、融会贯通之生动活泼,粗成系统,而且文气流畅,涉笔成趣"③。

综观全书 17 个章节,我们可以发现其中贯穿着清晰的内在逻辑,作者绝非信手为之,而是有着通盘的考虑。第一章《小说的演变》描述小说的形态演变史,接下来各章,《小说的叙述语言》、《人称的转换》、《第三人称"他"》、《从情节到结构》、《时间与空间》介绍的是经典叙事学的基本范畴,《意识流》、《怪诞与非逻辑》、《象征》、《艺术的抽象》介绍具体的写作技巧,《现代文学语言》、《语言的可塑性》则反映修辞、语法等语言学问题,《真实感》、《距离感》讨论叙事效果,然后是《现代技巧与现代流派》、《现代技巧与民族精神》评述西方各个文学流派和中国小说传统,最后一章《小说的未来》展望小说技巧创新的各种可能性。全书构成一个首尾照应、结构完整的关于小说技巧和形式的叙事。

在勾勒小说的历史变迁时,高行健将小说描述成一个生物性的有机体:

---

① 王蒙:"你知道,写小说的人是从来不读'小说作法'之类的东西的……谁知只一翻看,就放不下了。"(王蒙:《王蒙致高行健》,《小说界》1982 年第 2 期)冯骥才:"我急急渴渴地要告诉你,我像喝了一大杯味醇的通化葡萄酒那样,刚刚读过高行健的小册子《现代小说技巧初探》。如果你还没见到,就请赶紧去找行健要一本看。我听说这是一本畅销书。在目前'现代小说'这块园地还很少有人涉足的情况下,好像在空旷寂寞的天空,忽然放上去一只漂漂亮亮的风筝,多么叫人高兴!"(冯骥才:《中国文学需要"现代派"!——冯骥才给李陀的信》,《上海文学》1982 年第 8 期)李陀:"它在北京的许多朋友中流传的时候,恐怕大家的兴奋心情中确有'奇文共欣赏'的意思。"(李陀:《"现代小说"不等于"现代派"——李陀给刘心武的信》,《上海文学》1982 年第 8 期)

② 王蒙:《王蒙致高行健》,《小说界》1982 年第 2 期。刘心武:《在"新、奇、怪"面前——读〈现代小说技巧初探〉》,《读书》1982 年第 6 期。冯骥才、李陀、刘心武:《关于"现代派"的通信》,《上海文学》1982 年第 8 期。

③ 刘心武:《在"新、奇、怪"面前——读〈现代小说技巧初探〉》,《读书》1982 年第 6 期。

小说在它的童年时代，可以是一则寓言。

小说可以是个远古的传说，也可以是一段历史的记载，一个真人的事迹，还可以是杜撰的故事；可以是章回体，可以是白话文；可以长，可以短，于是有长、中、短篇之分。还可以是笔记，也可以是书信。也可以引出教训，也可以只陶冶性情。还可以做宣传，有进步的与反动的之分。这就到了小说的青年时代，先重情节，后重性格，大体这么个过程。

随后，又出现了这么种小说，既没有情节，又不去着重刻画个性……这就到了小说的壮年时期吧？

小说进入了中年时代，离它的衰亡还有多远，谁也难以预测。也许有一天，小说也会像古代的史诗那样成为文学史上的陈迹。然而，至少在这个世纪，它还生机勃勃。因此，不必定下什么规章，去约束它的发展。（第1—2页）

与此呼应的是在《现代技巧与民族精神》一章中，高行健进一步总结说："纵观无论哪一个民族艺术的发展史，都不难发现，每一种新的有力的艺术表现手法的出现总要先引起一番非议。随后，又不知不觉地扩散开来，为后继者普遍采用。当这种手法逐渐又变成某种程式，视为祖传的看家法宝的时候，便又有人企图作新的突破，也还要费大气力，也还要受到非难，最后也还是普及开来。"（第116页）这里展现了一幅典型的俄国形式主义式的文学史图景，只描述小说形态的发展演变，而悬置了形式与语境的复杂关系。文学被表述为一个具有自身发展规律的独立系统，形式的"陌生化"要求成为文学发展的主要动力，决定文学审美价值的首要因素不再是表达什么主题（内容），而是主题（内容）如何表达，即形式。

在艺术创作实践中，作品主题则是同作品的艺术形式同时萌发，同时生长，同时成熟的，就像一个生命，尚孕育在母体中，就已经同这个幼小生命的性别、肤色、美与丑无法分割得开了。并不是只要有一个好的主题，就都可以生出个美丽的孩子来。人们往往只讨论作品的内容，而忽略了作品的艺术形式。其实，一部好作品的出现，不是仅仅找到了一个良好的赤裸裸的主题，同时也还因为作品在艺术上，也就是说在塑造人物、安排情节、作品的结构和叙述语言上，出色地体现了这个主题。（第3页）

具体论述各种小说技巧时，高行健从"叙述语言"开始谈起，并始终以此作为论述的核心概念，不过，这一概念在《初探》中被无限泛化，以至于包括了视角、人称、转

——"技巧"与形式的意识形态——

述、节奏、修辞、风格、语法乃至意识流等多种不同范畴的问题。其中关键是"语言"的工具论:"语言本身只不过是思维的工具"(第69页),因此,"文学语言是超越社会政治制度和阶级利益之上的"(第28页)。那么,把各种小说写作的技术性问题纳入"语言"的范畴,便同样获得了去意识形态的讨论空间:

> 某一文学流派的艺术方法和技巧固然同其文学主张密切相关,然而同该流派的作家的政治观点经常是两回事。
>
> 在不赞同该流派的政治观点、哲学观乃至艺术观的时候,不必把某种艺术技法也一棍子砸烂……艺术技巧虽然派生于文学流派的美学思想,一旦出世,便具有相当大的独立性,可以为后世持全然不同的政治观点和美学见解的作家使用。(第106页)
>
> 技巧并不随着给它以生命的流派死亡而死亡,技巧远比流派命大。
>
> 反动、颓废、腐朽、唯心如此等等可以作为对文学作品的思想内容的评价,并不能成为衡量艺术手法的标准。(第107页)
>
> 艺术技巧是超越民族界限的,并不为哪个民族所专用。(第117页)

在此框架之内,高行健接着讨论的各种技巧问题,也都具有泛技术化的倾向。

在《意识流》一章中,高行健一开头就宣称:"意识流不是一个独立的文学流派,也算不得一种艺术创作方法,它不过是现代文学作品的一种更新了的叙述语言。"(第26页)继而对"意识流"的心理学内涵作了一个普遍性的阐释:不同的民族和阶级,"其思维和感受的方式应该说本质上并无不同之处","他们的思想感情可以有阶级意识与政治态度上极大的差异,以及文化程度的差异和性格的差异,而心理活动的规律毕竟相同,都可以用意识流这种文学语言来描模他们各自的内心世界,复述他们的精神活动,腐朽的资本家和反动的政客并不等于用来描述他们的这种语言工具也腐朽,也反动"(第27页)。"意识流"不过是"人类思维活动在语言艺术上的一种表现,并非专用于西方现代文学,它同作品的政治思想内容的问题是两码事"(第25页),因此,它"超乎文学流派和创作方法之上,不同的文学流派、用不同的艺术创作方法从事创作的作家,都可以在不同程度上采用这种语言"(第26页)。

在《怪诞与非逻辑》、《象征》、《艺术的抽象》诸章中,我们同样可以看到类似的论证方式:"怪诞不过是一种文学表现手法"(第35页),"非逻辑是一种新鲜的艺术手法"(第40页),"象征作为一种艺术表现方法"(第45页),"艺术的抽象这种方法在现代文学创作中,已经颇为流行"(第51页),等等。

甚至，在《真实感》、《距离感》两章里，高行健把"真实感"和"距离感"的获得都归结为纯技术的因素："真实是个很大的题目"，"真实感是个小题目，仅仅是个技术问题，真实感同真实固然有联系，却不是一回事，指的是文学创作中表现技巧上的事"（第88页），"小说家在取得真实感同时，还要同他作品中的人物与环境保持一段距离，这种手法我们不妨称之为距离感"（第96页）。

可以说，《初探》所做的核心工作就是以一种语言和技巧的工具论将西方"现代派"的小说技巧去意识形态化，使其成为一种中性的艺术资源，为小说形式的创新和艺术的多样化争取合法性，同时也是为知识分子的自由表达争取一个合法的话语空间。

李陀和刘心武都注意到，并且支持了高行健的策略：

> 《初探》没有像有些外国文学研究工作者那样，对西方现代派文学的起源、发展、成就、历史局限性等方面做全面的分析和批判，但是它实际上是有所扬弃的。它好像做了某种剥离的工作①。
>
> 他似乎是尽量把那形式美拆卸为诸种技巧元素，加以考察，这样就让人觉得他是受到了斯大林研究语言学的启发。语言本身不是上层建筑，没有阶级性……现代小说技巧（不是整个形式本身）也应当看作是没有阶级性的……②

所以我们不难看到，《初探》在引证各路流派的作家作品时，体现了一种相当"开放"的文学观，从《神曲》、《红楼梦》到《可爱的中国》，从保守主义的乔伊斯到左翼的马雅可夫斯基和布莱希特，都可以拿来印证自己的论点。

尽管如此，仍然需要指出，高行健不是一个技术至上论者，这在《初探》中一些容易为人忽略的段落中有着曲折的表述：

> 形式主义不好，形式还是要讲究的。形式主义所以不好，因为脱离了内容，或者因为内容平乏空洞，便只好在形式上耍花招了。……这是对艺术形式的创新的一种幼稚的理解，大抵是因为作者除了在这上面花样翻新之外，实在讲不出什么有意思的话来了。但愿对形式主义的正当指责不要牵罪于对艺术形式的探索。（第2页）

介绍一些具体技巧的时候，高行健还会这样强调："怪诞和非逻辑是理性的产物，是

---

① 李陀：《"现代小说"不等于"现代派"——李陀给刘心武的信》，《上海文学》1982年第8期。
② 刘心武：《需要冷静地思考——刘心武给冯骥才的信》，《上海文学》1982年第8期。

用来创造一种抽象化了的现代艺术形象的有力工具，它们本身并不是艺术创作的目的。"（第41页）"象征的手法是为观念服务的，这手法本身并没有独立的意义。"（第48页）

很明显，高行健并非不注重"内容"，只是在《初探》里没有挑明而已。

尽管高行健处处强调《初探》讨论的是"技巧"问题，但正如冯骥才明确指出的："形式变化只是表象，变化的根本却是对文学概念本质的新理解"①，而这，才是《初探》的锋芒之所在。

在《初探》的第一章里，有这样四句话：

> 小说不一定要讲故事。
> 小说不一定要有情节。
> 小说不一定非去塑造人物的性格不可。
> 小说中还可以免除惯常对人物和环境的描写。（第6页）

这四个表面上说"小说不是什么"的否定句式，指向的其实是一个根本性的问题：小说是什么？这一问题的提出不但直指主流文学成规——小说要讲故事、要有情节、要写典型环境中的典型人物/性格——的局限性，而且体现了一种新的文学观的出现，及其与主流文学对阐释权的争夺。

因此，王蒙敏锐地指出，《初探》"有些地方具有尖锐的论战口吻"②。所谓"论战"，王蒙所指的大概还是一些具有具体现实针对性的段落，比如："看惯了训诫式的作品的人，一遇到艺术上的抽象，便斥之曰晦涩，也还是因为读作品时不爱动脑筋的旧习惯在作怪。"（第57页）又如："好的编辑懂得尊重作家的创造，尽管自己未必一概欢喜。……不要轻易去动句子的结构，更不必替作家另行改写，因为各人有各人的文风。不幸的是，不是所有的编辑都有这种常识，结果吃力反而不讨好。"（第59页）这都是高行健具有切身性的有感而发。但从根本上说，《初探》本身就是一部论战之作。

当王蒙调侃道，《初探》"要在文化部门口（中国作协机关当时设在文化部大院里）引起一场武斗"，当冯牧在内部会议上针对《初探》说"现实主义正面临严重挑战，这关系到我国文学的方向和道路问题"③，我们不妨说，主流文学所警惕的，其实不仅仅是《初探》中关于小说技巧的具体观点，而更是提出"小说是什么"的问题这一行为本身，以及这一问题背后一种异质的知识背景和言说方式。

---

① 冯骥才：《中国文学需要"现代派"！——冯骥才给李陀的信》，《上海文学》1982年第8期。
② 王蒙：《王蒙致高行健》，《小说界》1982年第2期。
③ 高行健：《隔日黄花》，《没有主义》，香港天地图书有限公司2000年版，第159页。

与当时介绍西方现代派的文章相比,《初探》的异质性还体现在其对"毛文体"①的摆脱,即在行文修辞上彻底抹除了马克思主义话语的痕迹。即使是在前述王蒙、李陀的引起争议的文章里,无论是策略性地还是习惯性地,都不免落入马克思主义的辩证法逻辑,或者在引证时借用经典作家的权威,尽管这在很大程度上只是一种修辞上的话语装饰,但这种装饰却能在"现代派"与主流文学之间起到一种缓冲的作用。而在《初探》中则完全看不到这种话语装饰,反而以轻松幽默的语气调侃"毛文体":

> 扫荡文化的这场"文革"给现代汉语也造成了莫大的影响,弄得一个不短的时期里,男女主人公们谈情说爱都不会表达,"东风浩荡全球赤"和"滚他妈的蛋"成了最时髦的语言。至于什么"清队"、"斗批改"、"走资派"、"铁杆老保"和"响当当的造反派",以及"踏上一只脚"这一大堆新词语,我们的孙子辈将来在文学作品中读到的时候,恐怕得加上注释才行。据说,好时髦的美国人已经收进辞典里去了。然而,"最红最红的红太阳",仿佛太阳还有好多个,"最最伟大",这类对语法的造反,通过语法来学汉语的外国人,哪怕翻遍了词典,也不一定弄得明白。可是,作为一种语言现象,却不能不说是一种创造,虽然未必可取。(第67页)

这一修辞上的突破,有赖于新的知识背景。

以今天的"后设"眼光来看,当然可以在知识层面上说《初探》"不过是很浅的现代派小说ABC"②,但是在1981年,叙事学理论几乎还没有被翻译到国内的情况下③,高行健已经开始运用叙事学理论(这可能得益于他的法语专业),将小说的各个要素细致地拆分并详加论述,其意义决不仅仅是令人耳目一新而已。在《初探》中我们可以看到,一种新的知识、新的理论武器、新的批评方法如何在阐释"小说是什么",这种知识对于流行了30年的社会学批评而言,是一种范式性的断裂。

三

主流文学对《初探》的紧张,除了对其所表达的文学观的敏感,还在于《初探》不

---

① 关于"毛文体"/"毛话语",参见李陀:《雪崩何处?》,《文论报》1989年6月5日。
② 李陀、李静:《漫说"纯文学"——李陀访谈录》,《上海文学》2001年第3期。
③ "总的说来,1983年以前对结构主义的译介还处于初期阶段,介绍多于翻译,可靠的第一手材料还比较缺乏,对结构主义代表人物的著作的翻译则仅仅局限于有限的几篇文章,原著的译作还不曾出现。"见陈厚诚、王宁主编:《西方当代文学批评在中国》,百花文艺出版社2000年版,第268页。

——"技巧"与形式的意识形态——

仅仅是一个孤立的个案,而是应和了一个时代的潮流,并集结了一批周边文本,使其声势比在《随笔》连载时扩大了许多。

其中最重要的当然是冯骥才、李陀、刘心武在《上海文学》1982年第2期上展开的"空战",其重要性不仅在于三人的通信有力地支持了高行健的理论宣言,并引起了主流文学的密切关注,还在于三人对"现代派"的看法在大的共识之下存在着值得解读的分歧。这种分歧提醒我们,不应忽视"现代派"内部的复杂性。

冯骥才给李陀的信——《中国文学需要现代派!》,从题目就可看出他鲜明的立场和激动的情绪。信中以一种去除了阶级论因素、但仍缠绕着反映论的"唯物主义"论述方式,视文学"现代派"为社会"现代化"的必然现象,对社会生产、生活方式的变化与文学形式的创新之间的关系,作了对应性的描述,甚至宣称"现代派"的出现"实际是文学上的一场革命"。尽管冯骥才作了这样的补充说明——"所谓'现代派',是指地道的中国的现代派,而不是全盘西化、毫无自己创见的现代派。浅显解释,这个现代派是广义的。即具有革新精神的中国现代文学。我们的现代派的范围与含义,便与西方现代派的内容和标准不大一样",但究竟有什么不一样,却语焉不详①。

李陀对"现代派"则要谨慎一些。他一方面态度鲜明地支持文学形式的创新,一方面则对西方"现代派"表达出一种"影响的焦虑":"我们毕竟不能拜倒在洋人脚下,毕竟我们不能跟在西方现代派文学后面跑,毕竟一切学习、吸收、借鉴的目的都是为了'洋为中用'。"在他的阐释中,"《初探》这本小册子并不是在对西方现代派文学进行'初探',而是对'现代小说'进行'初探'"。以"现代小说"取代"现代派",一方面是承认两者的联系,即借鉴与被借鉴的关系;另方面则是要强调两者的区别,即中国作家如何"创造出一种和西方现代派完全不同的现代小说"。不过对借鉴过程中如何处理技巧与内容的关系,李陀也颇费踌躇:"形式和内容往往有着密切的联系,一定的形式又是为一定的内容服务的。……那么,这些表现技巧中哪些因素有可能和它们特定的表现内容分离开来,成为我们吸收、借鉴的营养呢?这不能不是一个需要谨慎对待的问题。"②

大约是为了避免与主流文学产生太激烈的冲突,刘心武的信采取一种折中的方式缓冲前两者的激进,既不赞成冯骥才对西方"现代派"的溢美之词,也不同意李陀提出的"当前文学创新的焦点是形式问题"③。

---

① 冯骥才:《中国文学需要"现代派"!——冯骥才给李陀的信》,《上海文学》1982年第8期。
② 李陀:《"现代小说"不等于"现代派"——李陀给刘心武的信》,《上海文学》1982年第8期。
③ 刘心武:《需要冷静地思考——刘心武给冯骥才的信》,《上海文学》1982年第8期。

三人中，冯骥才的意见在文学创新潮流中大概最具普遍性。老作家叶君健给《初探》写的序也体现了类似的"唯物主义"逻辑，并且作了更详尽的阐述。他将19世纪与20世纪概括为"蒸汽机时代"与"电子和原子时代"："蒸汽机发明后，人类历史发生了很大的变化，文学艺术也起了很大的变化。十九世纪的欧洲文学，无论从表现形式或思想内容方面就与十八世纪的文学不同。""五四"以来的"新文学"正是"借鉴了十九世纪的欧洲文学而创新出来的"，"仅就形式而言，也与前一个时代的文学大不相同"，"这些变化基本上都是蒸汽机时代的产物，现在都已经成为了我们新文学的主要形式"①，也即已成为中国现代文学的传统。然而，

> 我们人类的历史现在已经又跨进了一个新的历史时代——电子和原子时代。机械手已经代替了"流血流汗"的体力劳动，自动化成为了我们时代生产方式的特征，脑力劳动已经在许多先进国家也成为了国民生产总值中的重要因素。人们对事物的认识也跟着起了很大的变化，因此表现这种认识的方式也与蒸汽机时代不同，在文学艺术上从而也就有许多不同的流派、表现形式和风格出现②。

但是，中国在文学接受上却大大落后于世界历史发展的进程：

> 我们现在的欣赏趣味，根据我们所出版的一些外国作品及其印数看，似乎是仍停留在蒸汽机时代。我们欣赏欧洲十九世纪的作品，如巴尔扎克和狄更斯的作品，甚至更早的《基度山恩仇记》，超过现代的作品。至于本国作品，现在还有一个奇特现象，即我们欣赏《七侠五义》，超过了任何现代中国作家的作品……这种"欣赏"趣味恐怕还大有封建时代的味道。这种现象的形成也可能是我们多年来无形中在文化上与世界隔绝的结果③。

这里我们再次看到一个世界主义者的形象，表达出强烈的与世界历史进程同步的自觉，以及"向世界开放、参加世界的文化生活"的愿望，认为这"无疑也是我们从事各方面'现代化'中不可忽视的一个方面"④。值得注意的是，与冯骥才一样，叶君健已经

---

① 叶君健：《序》，高行健：《现代小说技巧初探》，花城出版社1981年版，第5—6页。
② 同上。
③ 同上。
④ 同上。

跨出了只讲"形式"和"技巧"的界限，要在更大的范围内（整个世界历史的生产力发展水平）争取"现代派"的合法性。

在《初探》及其相关周边文本引起争议的同时，外国文学学术界也在进行一场关于"现代派"的讨论。《外国文学研究》从1980年第4期起开设的"西方现代派文学讨论"专栏是一个集中的体现。讨论持续了一年多，到1982年第1期，作为总结，徐迟发表了该专栏的最后一篇文章，就是引起更大争论的《现代化与现代派》①。该文与冯骥才、李陀、刘心武的三人通信，谢冕、孙绍振、徐敬亚的"三个崛起"一起，引发了从1982年到1984年前后持续近三年的第一次"现代派"论争②。

与前述论者相比，徐迟文章的语气并不激烈，内容却是最激进的。他依据所谓的"经济唯物主义"，将文艺上的"现代派"与社会发展的"现代化"作了直接的对应，视两者为相互促进的关系，于是，不仅没有像其他"现代派"那样，将西方"现代派"的技巧和意识形态剥离开，反而为西方"现代派"辩护，以此证明中国"现代派"的合法性③。在徐迟的论述中，世界主义的线性史观被贯彻得更加彻底，其"现代化"想象的乌托邦色彩也更加强烈。

作为一位以"现代派"身份出道的老诗人，徐迟对"现代化"的想象与呼唤其来有自，他"在'新时期'以写科技知识分子题材的报告文学扬名，但其实他从建国伊始就开始关注、报道新中国的现代化事业"，并自觉地"在现代化大工业这个层面"思考现代生活。"建国以后，建设一个现代化的社会主义强国一度成为中国作家最强烈的浪漫想象"，徐迟也许是其中最为热情的人之一。从20世纪50年代到80年代，徐迟以其"现代派诗人"的"浪漫激情"，不断地对工业、科技等现代化表征，表达了一种未来主义式的热烈赞美④。

在这样的总体氛围中，我们可以看到现代主义作为一种文化政治，如何在被挪用的过程中参与塑造了20世纪80年代知识分子对西方与自我的想象。随着社会主义实践的挫折，那种关注地缘政治的国际主义逐渐消亡，被社会主义压抑了30年的世界主义开始

---

① 据许子东介绍，这篇"三千字短文，在发表后一二年间，接受了全国各地报刊杂志几百篇共计百余万字的批判文章"。见许子东：《现代主义与中国新时期文学》，《文学评论》1989年第4期。

② 许子东：《现代主义与中国新时期文学》，《文学评论》1989年第4期。

③ 对徐迟观点的更加细致的分析，可参见我们另外的讨论——《意识流："内面之发现"与主体的深度——重读1980年代"现代派"的一个角度》（《现代中国文化与文学》2015年第15辑），此处不再重复。

④ 李海霞：《文学"现代化"猜想——论徐迟的"社会主义现代派"理论》，《上海文学》2007年第12期。

复苏,"时间"成为消弭中西方地缘差距/差异的良方,一种"大和解"的可能性隐隐约约地浮现出来。

而这种时间逻辑之强大,以至于中国的"现代派"在挪用"传统"作为形式创新的资源时,都已经带上了"现代主义"的"成见"。比如,在王蒙评述《初探》的文章中,《红楼梦》的意义正是在"现代派"技巧的比照下被重新照亮的:"《红楼梦》的结构里包含着许多新的突破。……这种结构虚虚实实,恐怕是很能为你的'象征'、'艺术的抽象'、'从情节到结构'、'时间与空间'、'真实感'、'距离感'……诸节提供例证和经验的……"①

与国际主义一同式微的,还有集体主义,"个人"作为国家和集体的对立面开始获得正面的表述。只是,被抽离了旧的共同体的个人与被抽空了意识形态的形式一样,对新的意识形态的召唤和进入虚席以待。

四

在这场"现代派"论争中,还可以发现一个有趣的现象:尽管在文坛领导层内部对《初探》的批评相当严厉,但公开层面上主流文学的批评火力却集中在这些周边文本。

如果说《初探》这样的文本是"说理"的,那么这些周边文本就可以说是"表态"的。《初探》中有许多策略性的论述和为了达到既定结论而做出的牵强论证,因此从学理上反驳《初探》的具体观点和结论并不困难。然而正如许子东所说,当时"现代派""争论的焦点直接是'我们要不要现代派'。至于'现代派是什么'和'应该怎么看'等论题,都已成了争论的手段和论据"②。也就是说,在20世纪80年代初的"现代派"论争中,相对于"说理","表态"才是更关键的。

一个具有症候性的现象是,直到1983年,主流文学最重要的批评阵地《文艺报》才发表了专门针对《初探》的文章。这是一篇语气平和的说理文章,从小说的演变,对读者的考察,对"现代派"的评价,各种艺术类型的关系,到对传统小说的认识,一一对《初探》作了细致而有力的反驳,并且质疑了技巧的普遍性和工具论③。以这样一篇"说理"的文章来代替"表态",似乎正说明了《文艺报》不愿将对"现代派"的批判扩大化,也可以说,这是主流文学内部分歧和错动的一个表征。

---

① 王蒙:《王蒙致高行健》,《小说界》1982年第2期。
② 许子东:《现代主义与中国新时期文学》,《文学评论》1989年第4期。
③ 王先霈:《〈现代小说技巧初探〉读后》,《文艺报》1983年第6期。

―― "技巧"与形式的意识形态 ――

1979年以后，随着对"文革"的清算进入尾声，主流文学内部对文学发展走向的共识也逐渐减小，分歧日益增加，胡乔木、贺敬之、林默涵、刘白羽等领导人对"现代派"基本上持全盘否定态度，而周扬、张光年、荒煤等人则以文学多样性为考虑，对"现代派"更为宽容一些。因此，《文艺报》在张光年的主持下，在历次批判中表现并不积极，态度暧昧，早已遭到上层领导的多次批评①。同样，在批判"现代派"的过程中，《文艺报》也力图在批判和支持两种立场之间保持一种平衡，张光年1982、1983两年的日记零星地记录了这一漫长的过程：

1982年

10月31日

（吴泰昌）说下期《文艺报》转载了徐迟提倡现代派文章，同时发了李基凯写的"质疑"文章。我觉不妥，但这期已付印了，听后不胜忧虑。半夜醒来，越想越不对，应当提意见。（第401页）

11月1日

（唐达成）谈考虑转载徐迟文经过。我系统地谈了几点意见，主张停印、抽换，说明这是郑重考虑的参考意见，请他向党组、贺敬之转达。如来不及，就按中宣部意见办，我保留自己意见。（第402页）

11月2日

唐达成来信，经向贺、冯汇报后，认为《文艺报》11期如停印，会引起震动，只好在12期补救。文艺局将邀报刊开会招呼：不要同时都来批现代派。

看了李基凯批评徐迟文校样，确实不好。补看了《上海文学》杂志上冯骥才、李陀、刘心武三人通信等材料，应妥善处理。（第402页）

11月7日

下午唐因来谈。表示同意我对讨论现代派的意见。（第403页）

1983年

1月19日

晚接文井电话，对《文艺报》批现代派仍然深感忧虑。（第418页）

1月20日

---

① 张光年1980年11月6日的日记："贺敬之对《文艺报》工作有批评。"1981年7月7日的日记："王任重在中宣部一个会上讲话，对……《文艺报》多所指责。"见张光年：《文坛回春纪事》，海天出版社1998年版，第200、260页。

(《现代小说技巧初探》)叶君健序言据说遭到唐因点名批评……下午看过了这篇序言,没有大错……(第419页)

2月11日

《文艺报》对"现代派"的批评方法不对,文风不好,脱离了老、中、青作家,值得总结经验。建议抓住徐敬亚文,深入批评,不要扩大化。(第424页)

2月15日

同谢永旺通话中,谈到《文艺报》批评"现代派",我对刘锡诚文表示不满。(第426页)

6月1日

(中宣部部务会议上)贺敬之作了情词激烈的发言,点名批夏衍,不点名地批我,说批现代派及反党文艺遇到阻难。(第457页)

作为文坛领导中的开明派,张光年的原意是想变"堵"为"导",将"现代派"引入社会主义文学的正轨,在体制内部消化"现代派"的异质性,只是文学史并没有按照张光年的设想发展。"新时期"的文学场域已不同于前30年,这是一种体制性、结构性的变化,从文学创作到阅读接受都出现了分层的状况,即所谓纯文学、时文学、俗文学的三分法①。主流文坛的"一体化"规划更多地只能局限在时人所谓"时文学"的范畴中,面对更为广阔的"俗文学"和更为新锐的"纯文学",显得无能为力,很快就不了了之。

1984年以后,随着"清污"运动的落潮,"现代派"的理论争论暂告一段落,而创作上的继续创新和突破之势已经不可遏止。一方面,形式的自觉和创新逐渐成为写作者与批评家的共识,"现代派"的形式启蒙和开荒之功算是达成,在"现代派"内部,刘索拉、徐星、残雪等"真正的现代派"在20世纪80年代中期的出现,克服了早期"现代派"在形式和内容之间的分裂(同时也引发了"伪现代派"论争),并进一步影响和激发了更为成熟的创作潮流,如寻根小说、先锋小说、新写实小说等,尽管主题和形式取向各异,但都或多或少地受益于"现代派"运动提供的资源和启发。另一方面,20世纪80年代后期至90年代,"现代派"及其形成的"纯文学"体制本身的问题也逐渐显露,作为"现代派"最重要的理论代言人,李陀于21世纪之初反思了他亲身参与的

---

① 张德林:《关于"时"文学、"人"文学、"俗"文学》,《文艺评论》1986年第2期;许子东:《新时期的三种文学》,《文学评论》1987年第2期。

"现代派"运动及其造成的"纯文学"体制①,由此引发的"纯文学"论争,可视为"现代派"论争的一场遥远的回响,当然,这已是后话。如今我们回顾这一遥远的"现代派"往事,正是为了回到它的起源,对"现代派"的说法、潜台词和效应,进行更为历史和辩证的理解。

(作者单位:集美大学诚毅学院)

---

① 李陀、李静:《漫说"纯文学"——李陀访谈录》,《上海文学》2001年第3期。

| 学人·著述 |

"蜗牛"还是"图钉"?
——从世俗生活的角度看朱安的"不幸"

惠雁冰

曾经在很长一段时间内,由于受多种因素的影响,朱安这一历史人物除了在个别涉猎民国文人生活花絮的散作中偶尔提及外,几乎完全淡出国内鲁迅研究者的视野。这种现象透露出两个基本的信息:一则,鲁迅研究与朱安无关,她只是一个被动地附着于鲁迅身旁的边缘物;二则,朱安的存在无疑对鲁迅的既有形象有着强烈的冲击,是一个可能随时消解鲁迅现代人文品格的多余人。不管是边缘物还是多余人,无疑凸显出在鲁迅研究中历史性延续的一个问题,即作家经典化过程中的有选择性阐释的问题。这种有选择性的阐释不仅体现在对鲁迅创作的单向解读之中,更为深刻地体现在对鲁迅整体性生活的主观割裂之中。较之前者而言,对鲁迅整体性生活的有意简化、忽略,可能是鲁迅研究走向日趋闭锁的重要原因。

欣喜的是,乔丽华的新著《朱安传——我也是鲁迅的遗物》一书,让我看到了鲁迅研究中投射出来的新光,以及在这一新光的映衬下局促不安的鲁迅与吁叹不已的朱安。本书以女性细腻温婉的笔触铺开了朱安一生的苍凉图景,让这个在历史空间的书写中以"苔痕"而自处的角色获得了从未有过的存在感。尽管作者的情感相当克制,结论的得出很有分寸,且伴以大量的佐证、适度的存疑与可信的阐释。但行文之中,我还是能感受到同样作为女性的乔丽华,在熨开历史幅面的褶皱,让朱安从岁月深处的幕帘中一脸泪光地走出时,其内心激荡着冲天巨澜。这种饱含着内敛锋芒的场景写作,赋予了鲁迅习见影像中少有的情感色彩,也让鲁迅研究开始由思想研究、心理研究、风格研究、本事研究、叙事研究、副业研究伸延至有着温润质地的生活研究。从这个角度而言,乔丽华的这部人物传记开辟了鲁迅研究的新生面。

———"蜗牛"还是"图钉"？———

当然，通览全书，乔丽华对朱安的认识依旧停留在"封建婚姻的牺牲者"这一判断之上。这一判断毋庸置疑，朱安客观上也的确是"父母之命、媒妁之言"这一封建婚姻组织形式的深度体验者，其清冷的守望与不幸的一生莫不与鲁老太太及族亲伯抟夫人的包办撮合有关。问题是，当我们把个体悲剧的原因一览无余地推向时代，或推向能镌刻时代特征的几个有关人物时，恰恰忽略了悲剧主体在自身悲剧形成过程中的主导作用。也就是说，在研究过程中，宏观层面上的历史问责是必要的，但不能单纯地陷入时代决定论的阐释陷阱。其一，就封建婚姻而言，只是一个建立婚姻的文化传统与组织形式，与实际婚姻生活的幸福美满与否毫不相关。封建婚姻也自有幸福和睦者，不是所有的封建婚姻都是悲剧的制造物，也不是所有的封建婚姻都闪烁着扼杀人性的寒光。否则，漫长的人类历史中结出的岂不都是无爱的涩果？那么，朱安的悲剧能否完全用封建之名来简单涵盖？其二，作为家长，对儿女婚姻的独断自有其悖谬的一面。但婚姻形成之后，婚姻的维持则完全在于夫妻双方的共同经营。那么，作为婚姻关系中另一主体的朱安是否对此主动地采取了必要的修护策略？其三，既然是"牺牲者"，自应有抗争"独语者"的意识或行为。如果一味失语，充其量只是封建婚姻的泯灭者，又何来"牺牲"之谓？那么，朱安的"抗争"又体现在哪里？

如此看来，解开朱安一生"不幸"的绳扣不在于封建婚姻，不在于鲁老太太与伯抟夫人的乱点鸳鸯，也不在于作为新文化旗手的鲁迅与朱安之间新旧价值观、人生观的剧烈冲撞，而恰恰在于朱安自己。鉴于乔丽华的新著《朱安传》是以朱安的婚姻家庭生活为维度来写作的，且朱安又是一个幽居深宅的旧式女子，故我也采取世俗生活的视点来考察朱安悲剧形成的原因，以期推动学界对这一问题的关注，并求教于大方之家。

首先，我们看朱安的长相，这不管在传统婚姻观念还是现代社会择偶心理中都是一个必须考量的因素。对于接受了新文明且在日本游历时间颇长的鲁迅而言，这自然不可偏废。何况从成亲时亲友的记述看，年轻的鲁迅"看上去是个英俊的青年，脸上生着白白的皮肤"[1]。那么，作为新娘的朱安又是如何呢？"身材矮小，面孔是长的马脸"，周作人也曾以发育不全、类似"侏儒"的口吻指称自己的这位大嫂。看来，朱安的长相实在不敢恭维，容貌周正也难以谈及，即使与面容、身量并不出众的鲁迅相比也有太大的反差。1948年3月24日，北平《新民报》刊发《鲁迅夫人》一文，文中尽管有"生而颖慧，工女红，守礼法，父母爱之不啻若掌上珠"[2]之言，实乃人亡虚美之言，断不可采信。至于周家为何订婚7年后才履婚约，自然与鲁迅在外游学有关，但不能排除周家对

---

[1] 乔丽华：《朱安传——我也是鲁迅的遗物》，九州出版社2017年版，第63页。
[2] 同上，第27—28页。

这位儿媳的相貌并不满意的因素。而鲁迅之所以能慷慨赴约，顺从地听命于旧时婚礼上的各种仪式安排，甚至不惜戴上了假辫，说明他对这门亲事还是认同的，显然不是母亲之命那么简单，内里或许还潜藏着一探究竟的疑问或有关男女情爱的世俗欲念。不妨假设一下，倘若朱安的模样稍显端正，鲁迅何以能"一声不响，脸上有些阴郁，很沉闷"①呢？按常理来说，结婚是人生中最值得记忆的日子，是什么让从东洋奔赴故土的鲁迅表现出如此情状？与旧式婚姻有关吗？与母亲善意的骗局有关吗？与繁文缛节的婚礼程序有关吗？我想并没有直接的关联。造成鲁迅如此冷漠的原因只能有一个，那就是朱安的容貌令他心寒，令他对婚姻的期望落到谷底，故而才有他在婚礼上如提线木偶式的被动与窘迫。如果这样的推论可以成立，那么，"无貌"很可能是朱安一生"不幸"的悲剧起源。

其次，我们看朱安的仪姿，这是传统婚姻生成后女性能否猎获男性情感的关键环节。所谓仪姿之美，即仪容姿态之美，即女性的举止言谈是否体现出女性所特有的体态、气息、情趣与意味。中国传统文化素来注重女人之态，李渔就称"媚态之在人身，犹火之有焰，灯之有光，珠贝金银之有宝色"②。仪姿之美是无形之美，是面容之美的有效补救，尤对面容有缺陷者更显重要。简言之，一个女人如没有惊鸿一瞥之颜容，那就要在仪姿修炼中狠下功夫，此所谓桑榆东隅之说。对于朱安而言，明知自己的颜容天不顾我，又嫁了一个域外游学的文化人，且待婚7年也多多少少体会到了这门婚事的延宕与丈夫迟迟不归的心疾。那么，在步入洞房之后，以什么样的仪姿和情趣吸引丈夫继而留住丈夫，便不再是鲁老太太所能把握的了，这场婚姻的成败与自己的未来命运也只能掌握在朱安手中。稍具生活常理的人都能知晓，即使双方的学识、修养、颜容相差再远，能让洞房红烛激烈跳跃的还是男女之事。女人的一颦一笑或许就能消弭隔阂，退一步说，即使朱安做不到千娇百媚，但如能有适当的情趣逗引，也能化解彼此的紧张，最起码能让丈夫感觉到自己娶的还是一个有灵性、不乏味的活物。可悲的是，朱安毫无这样的能力，甚至缺乏这样的意识。据周家佣工王鹤照回忆："鲁迅先生结婚是在楼上，过了一夜，第二夜鲁迅先生就睡到书房里去了。"③ 族亲周光义也说："两三天之后，鲁迅住到母亲的房间里，晚上先看书，然后睡在母亲的床边的一张床里。"④直至4天后，鲁迅毫无眷念，独走日本。在此，我们当然不能凭空猜想婚房里发生的一切，也不能妄自揣度鲁迅当时的心理感受。但从常人的世俗的角度看，新婚之夜的朱安显然没有能吸引住这位落落寡

---

① 乔丽华：《朱安传——我也是鲁迅的遗物》，九州出版社2017年版，第61页。
② 李渔：《闲情偶寄》，杜书瀛评点，学苑出版社1998年版，第225页。
③ 乔丽华：《朱安传——我也是鲁迅的遗物》，九州出版社2017年版，第61页。
④ 同上，第63页。

———— "蜗牛"还是"图钉"? ————

欢的丈夫，更不能让他心甘情愿地留在自己的身旁。否则，正当对男女之事心心念念的年龄，青年鲁迅怎能放下新婚的妻子而独眠书房，又怎能在母亲的身旁心如止水，酣然高卧？这是怎样的决绝与仇视啊！看来，"无仪姿"、"无情趣"可能是朱安一生"不幸"的悲剧一环。当然，朱家与鲁老太太对此也应负有不可推卸的责任。对于朱家而言，闺女面老色淡且待字闺中多年，那么在女儿结婚之时，为何不以男女情事来教导、熏化？如果未雨绸缪，又何至于让女儿凄清度日，孤寡一生？对于鲁老太太而言，爱子之念过深以致无意纵容。稍具生活常识的人绝不容许儿子抛别新婚妻子而住在自己的房里，哪怕是不识字的农村小脚老太太，都不会做出如此挑战生活常规之事。

再次，我们看朱安的语言交流，这是夫妻关系能否得以接续、夫妻感情能否得以增进的又一要素。可悲的是，二人之间几无交流，旁人记述中仅有的几次也甚为不快，从而让鲁迅出走之心更切，几欲逃亡。一次是1909年8月，鲁迅从日本归来后，偶尔与家人闲谈日本的吃食。朱安足不出户，但为了显示自己也非寡闻之人，强言品尝过这种吃食，令兴致勃勃的鲁迅扫兴不解。难怪鲁老太太回忆："他们既不吵嘴，也不打架，平时不多说话，但没有感情，两人各归各，不像夫妻。"① 对此，鲁老太太曾询问儿子其中的缘由，鲁迅言"谈话不是对手，没趣味，不如不谈"②。这里，鲁迅所言的"对手"，听起来似乎过为庄重。其实，夫妻之间的谈话哪是什么高台宣教，满脸严峻，锦绣对答。我想他的本意是朱安与他没法交流，朱安连最起码的聆听意识与自知之明都没有，又何来情感沟通的乐趣？这次无效的交流加速了鲁迅对朱安乃至这个冰冷婚姻的厌倦，不惜给好友许寿裳频频发函，言其"不愿居越中了"、"虽远无害"等。另一次是1913—1916年间，鲁迅从北京赴绍兴探亲。在为母亲60岁生辰祝寿时，朱安突然发难，当众欲令鲁迅难堪。鲁迅对朱安的个人表演无动于衷，反倒使其陷入窘境。事后，鲁迅对孙伏园说："她是有意挑衅，我如答辩，就会中了她的计而闹得一塌糊涂；置之不理，她也就无计可施了。"③ 从这两次夫妻之间的交流来看，朱安不但无趣、无知，而且无智。本来，鲁迅就常年在外，夫妻交流甚少。当鲁迅结束留学生涯回到绍兴、夫妻难得居于一室时，朱安理该主动找寻话题来协调感情。尽管没有文化，对外界隔膜，但必要的寒暄，甚至好奇地询问鲁迅在日本的一些见闻、经历，总归是人之常情吧。谁知她拙劣地变被动聆听为主动言说，不但快速地浇灭了鲁迅渴望表现的快感，而且让鲁迅感到此人情商甚低，不可理喻。至于后来的那次强行发声，丝毫不顾鲁迅的体面，更缺乏对丈夫必要的尊重，无疑彻底扼制了鲁迅从内心中还希望夫妻之间有所交流的所有冲动。这样一来，鲁迅与

---

① 乔丽华：《朱安传——我也是鲁迅的遗物》，九州出版社2017年版，第76页。
② 同上。
③ 同上，第80页。

朱安的关系自可理解，不管是每天例行的三次客套性问答，还是门前充当语言载体的柳条筐，均冷漠地抒写着他们再无语言交集的夫妻生活。由此看出，鲁迅从有意诉说经视同无物到彻底无声，莫不与朱安本身的语言交流能力有着内在的关系。朱安听不来语言内容的无趣，看不明自己文化高低的无知，以及拎不清自己身份与位置的无智，可能是其一生"不幸"的悲剧原因。

另外，我们看朱安的性情与性格，这是夫妻之间感情生活能否和谐的重要依托。尽管乔丽华此书中并未明确提及，其他相关鲁迅研究作品中也语焉不详，但我想朱安的性格与性情还是能通过另一个人物间接地呈现出来，这个人物自然就是鲁老太太。首先鲁老太太是个旧时人物，与朱安一样浸润着封建时代的种种特征。其次，鲁老太太多年来寡居在家，与朱安具有同样的宅妇性质。再者，鲁老太太年岁更大，可能较朱安来说，在心理接受方面距离新时代的景观更远。这样侧面烘托的目的，自然是希望能从同类人物的比较中映射出朱安悲剧的个体原因，即性格、性情方面的缺陷。也就是说，当一个已经年逾70的老人还没有完全脱离时代，并和新派人物有所交流，而另一个尚在中年期间就自觉闭锁了与时代的各种联系且毫无警觉时，后者的生命悲剧就自然形成了，且这种悲剧的动因只能从其个人的性情与性格中寻找。事实上，鲁老太太虽是旧时妇女，但心直口快，对各种新生事物毫无接受障碍，相反，勇于尝试，趋附甚切。如清末天足运动兴起，她就果断放了脚。本家中有人揶揄"她要嫁给洋鬼子了"，"她只冷冷说道：'可不是么，那倒真是很难说的呀。'"① 同时，鲁老太太粗识文墨，可阅报读书，尤对通俗小说钟情有加，曾专门托鲁迅代购张恨水的《春明外史》。1924年5月，鲁迅与母亲、朱安搬到西三条胡同21号后，寓所里迎来了不少年轻女学生。陈漱渝在《鲁迅在北京的教学活动》一文中言："仅据《鲁迅日记》统计，鲁迅在北京期间经常接触的学生就有百余人，几乎遍及各主要学校的各个科系。"② 学生的来访，让鲁迅的寓所充满生气，老太太也热心参与其中，谈锋甚健。她不但热心市井新闻，甚至关切北京女子师范大学学潮的动态，所以鲁迅才喜欢和母亲交流。这当然与鲁老太太趋附新潮的性情与开朗的性格有关，不惟是单纯的孝道所致。而此时的朱安呢，对外面的世界既了无所知，又毫无兴趣，任何时间都是手持一柄水烟管，如朽木一般默然无语。在来访学生的心目中，她永远是一幅形单影只的模样，"穿着打扮比较老式……平日少言寡语，少有笑容"③。在西三条寓所的家庭沙龙中，活跃其中的永远是鲁迅、学生和鲁老太太，唯独朱安是个被人忽略的角色。更为重要的是，鲁迅因情感的转移从而淡化了婚姻生活的阴郁色彩，鲁

---

① 周遐寿：《关于穿衣服》，《鲁迅的故家》，人民文学出版社1957年版，第154页。
② 山东师院聊城分院中文写图书馆编：《鲁迅在北京》（一），1977年版，第170页。
③ 乔丽华：《朱安传——我也是鲁迅的遗物》，九州出版社2017年版，第149页

老太太通过对社会生活的介入而扫除了晚年生活的孤独，而朱安则越发陷入了沉重的寂寞当中。其中的原因，只能与朱安鲁钝的性情、内向的性格有关。倘若她也能有自新的意识与稍稍活泼的性情，倘若她也能有世俗常人的生活介入欲并保持必要的存在感，哪怕如江东秀一般率性粗豪，朱安的一生也绝不可能像现在一样暮色沉沉。从这个意义上来说，放弃朱安的不是鲁迅，而恰恰是朱安自己。更尖刻一点来说，依朱安的性情与性格，别说嫁了鲁迅，即使嫁个引车卖浆之徒，生活也未必能甜美到哪里去。

还有，就是朱安对后事的交代。1947年6月29日，69岁的朱安黯然离世。临终之前，她将自己的遗物一一做了分派，并转告许广平希望死后能埋在大先生之侧。人之将亡，其言也善，本无苛责之说。但从世俗的视野看，朱安这样的交代实在是愚妄之极。此时的鲁迅已是民族新文化的旗手，许广平已经是社会公认的鲁迅伴侣。作为一个已经边缘化的角色，朱安理智一点的做法是或闭口不谈自己的安葬问题，将其交给社会舆论或当事人处理，或自居次位愿与鲁老太太葬于一处，也算生前死后都有个照应。而朱安恰恰一生都没有走出身份认同的误区，偏执地想和鲁迅在地连理。最后的结果可想而知，她独自凄冷地被暂葬于西直门外保福寺，直至尸骨难寻。如果知晓自己的后事，九泉之下的朱安不知当做何想？在回望自己的人生苦旅时，她又可有自责不已的情状？

综上所述，朱安的悲剧人生与朱安自己有着太多紧密的关联。她无貌无姿，无趣无智，无文化，无喜好，且偏执愚妄，性格灰暗，闭锁不进取，守旧不自新。对于自己的弱点，她毫无警觉，毫不补救，听之任之，若无其事。对于自己的一生，朱安曾有"蜗牛之爬"之谓，但我觉得朱安的说法依然没有自知之明。蜗牛虽慢，尚在挪步，朱安之行，又在哪里？从婚前到离世，她永远保持着一个僵硬的姿态，连常人最起码的成长痕迹都隐没难寻。从这个角度而言，我倒认为伊北的说法更为贴切："她仿佛是一颗锈了的图钉，最初被钉在哪里，一生就只能钉在哪里，无可奈何孤独老去。"[①]

（作者单位：西安工业大学人文学院）

[①] 伊北：《朱安，一颗锈了的图钉》，《华丽苍凉，逆流而上》，浙江大学出版社2013年版，第34页。

| 学人·著述 |

意义与方法：中国现代通俗文学的学术史意义再呈现
——评《民国文化与文学研究文丛（第九编）·苏州大学特辑》

张学谦

由于中国现代文学（新文学）与中国近代史、革命史及中国共产党党史之间的复杂联系，使中国现代文学学科从诞生之初就必须考虑"论证革命意识形态"与"化育年轻一代"的双重功效①。因此，在20世纪80年代之前，以"话语权力"为中心的中国现代文学领域存在着一种"泛政治化"的"二元对抗"的研究思路，"它倾向于把近现代文学视为'新'与'旧'、'进步'与'落后'、'精华'与'糟粕'等的二元对立，赫然'统帅'这些对立的、则是'革命'与'反动'的对抗"②。在这种研究思路之下，那些所谓"旧"的文学便被剔除出了中国现代文学研究领域。如果仔细审视中国近代以来的文运的升降，这些"旧"的、"糟粕"的文学，无论是在新文化运动前，还是在新文化运动后都从来没有离开过历史的舞台，甚至在一些时期，这些"旧"的文学才是文化的主流。然而，这一持续发展的文脉却一直是中国现代文学研究中不受重视的部分。

汤哲声教授、李怡教授主编的《民国文化与文学研究文丛（第九编）·苏州大学特辑》中共收录了六部专著：范伯群著《晚清民国通俗小说论稿》、徐斯年著《从通俗文学到大众化》、汤哲声著《中国现代通俗小说再思录》、胡明宇著《预估、呈现、揭示：文学广告视角的现代文学传播研究（1915—1949）》、张蕾著《出于虚构和现实之间：现

---

① 温儒敏：《王瑶的〈中国新文学史稿〉与现代文学学科的建立》，《文学评论》2003年第1期。

② 徐斯年：《文学史观的蜕变——研究近现代文学史的心得》，《从通俗文学到大众化》（上），台湾花木兰出版社2017年版。

代通俗小说的社会情态》、朱全定著《中国侦探小说的叙事视角与媒介传播》。这六部专著在"意义与方法"的层面重现了通俗文学（旧文学）在中国现代文学史研究中的重要价值，并且具有了学术研究的范式意义。所谓的"意义"，可以分为两个层面：一是通俗文学在现代文学史中的意义，二是通俗文学研究在现代文学学科学术史中的意义。所谓"方法"则是给通俗文学研究以及中国现代文学研究提供的具有开拓性的方法范式。

一

在一般的文学研究观念中，通俗文学的作品文本，无论是在文本艺术性上，还是在文本思想性上都比不上新文化运动以来产生的新文学。中国现代文学的研究，几乎毫无例外地被那些历史和思想文化领域中的风云人物所占据。既无法看到，也法听到实际占绝大多数的民众的声音，似乎在文学研究之中，民众的活动和思想无足轻重，但汤哲声教授的《中国现代通俗小说再思录》（以下简称《再思录》）却告诉我们事实并非如此。

《再思录》指出，对于中国近现代的文学来说，仅仅对精英及其文学话语的研究不足以彻底地掌握中国近现代以来的文化与思想变迁的历史过程。过分重视与强调新文学及其代表的精英文化甚至可能会扭曲中国近现代的文化和历史。中国近代"市民阶层快速壮大"，"都市社会的迅速形成"，为中国的通俗文学创作提供了素材与读者。与新文学注重传播新观念与个人情感不同的是，通俗文学的创作需要既保持天然的"传统性"，又将近代都市中的"现代性"填入其中①。正是基于通俗文学的这种创作态度，使我们可以通过文学文本接近真实的文化和社会生活方式，避免新文学中无处不在的精英意识，并借此重构一个已经消失或正在消失的文化、生活和思维方式，并探索精英对大众的态度。

那么这种重构是如何借由通俗文学研究实现的呢？《再思录》将通俗小说的文本价值建立在"碎片化"的城市历史想象之上。在文学的研究中，对于城市历史的想象原则在哪里呢？在新文学关注"农民和知识分子心态"、描写城市生活"背后的政治、文化内涵"的时候，却忽略了城市大众的"情感"、生活与观念②。城市的想象与历史景观的重构，仅仅依靠宏观的"究天人之际，通古今之变"的文学史式的宏观叙事显然是无法完成的。城市的想象与景观的重构是一个复杂的过程，个人的亲身经历，个人的情感以及琐碎的生活"真相"等等一个城市的公共生活与微观世界，才是勾勒城市想象与景观

---

① 汤哲声：《中国现代通俗小说再思录》，台湾花木兰出版社2017年版，第2—4页。
② 同上，第50页。

的重要内容。

比如，狭邪小说，就是典型的"社会转型中的上海世俗风情"的叙述与重构①。从新文学的角度来看，这些小说"有嫚骂之志而无抒写之才"②，或者无非只是"刚刚够得上'嫖界指南'的资格，而都没有文学的价值"③。从近代都市历史、文化史以及观念史的角度出发，狭邪小说就具有着"特殊的史料价值"。一方面，这些小说忠实记录近代城市以妓院为中心的公共生活情况。"男子在喝酒或看戏时写一张小红笺，上写某公寓某妓女的名字，请人送至妓女的妆阁，请来其陪酒取乐，这边是'叫局'；在妓院里摆酒开宴，由妓女相陪，这叫'吃花酒'；几人相伴到妓家喝茶，这叫'打茶团'……"④直陈式的叙述将近代上海的公共生活领域之一——色情业——的情况真实地描绘出来。进一步而言，如果说新文学的价值在于通过批判与反思寻找生活背后政治、文化等意识形态的影响，那么通俗小说这种直陈式的叙述，在不动声色地描绘都市色情业的起落过程中，亦将地方主义与国家政治之间的角力，"文明"与"不文明"的改良完全呈现出来。因此，无论是作为城市史研究的史料，还是作为文学史研究的作品，狭邪小说都具有十分重要的意义。

另一方面，狭邪小说还呈现了一个城市微观生活的社情百态。以妓院为核心的色情业，在晚清和民国时期的上海既是重要的经济部门，也是了解社情变化的重要景观。

上海人所推崇和所适应的性爱观念与内地人形成了极大的反差。内地的风流士卿也寻花问柳、狎妓纳妾，但毕竟不是大张旗鼓的事，传统的道德观足以形成强大的制约力量，使人不敢妄自非为。而步入当时的十里洋场，男女在大街上打趣调笑的场面随处可见，调情者不避，旁观者不怪，一切形成新的"自然"。社会心态演变到这种地步，以至于开妓院、做妓女就像开店铺、做生意一样，非常平常⑤。

与这种社情观念叙述并存的是对妓院中大众交往与社会生活具体事件的记录，比如名花陆兰芬庆寿、丁汝昌慕胡宝玉之名吃花酒等事件。这些事件将妓院中不同社会集团、行业如何利用妓院达到自己的目的呈现出来，除了是对当时读者猎奇心态的满足外，更重要的是发生在妓院中的冲突、斗争往往可以转变为国家政法风向变化的风向标，甚至说成为城市和国家经济、政治、文化演变的"晴雨表"也不为过。

因此，不论是言情小说、狭邪小说，还是黑幕小说等诸类型通俗文学作品的文学史

---

① 汤哲声：《中国现代通俗小说再思录》，台湾花木兰出版社2017年版，第44页。
② 鲁迅：《鲁迅全集》（第九卷）人民文学出版社1981年版，第292页。
③ 胡适：《胡适文集》（第四卷），北京大学出版社1998年版，第411页。
④ 汤哲声：《中国现代通俗小说再思录》，台湾花木兰出版社2017年版，第39页。
⑤ 同上，第39页。

意义在于，其对晚清和民国时期大众公共生活以及微观景象的记录，有助于我们深入理解近代以来，在经历政治、经济、社会、文化变迁时，城市的大众生活是如何发生变化的，揭示了公共空间与日常文化的复杂关系，并帮助我们深入这些复杂关系背后存在的政治意图与权力谋划。

二

通俗文学研究对于学术史的意义在于对现代文学学科建设的影响与现代文学史研究格局的调整。《民国文化与文学研究文丛（第九编）·苏州大学特辑》所收录的六部专著，可以说是从20世纪80年代开始至今四十多年来，作为学科的通俗文学研究的学术思想发展的再呈现。

对现代文学而言，通俗文学研究是比较早的专门注重文献学研究的领域。在传统的文学研究中，文献研究大都被划入古代文学的研究范畴之中，现代文学由于手稿、初版等文献大都存世，相对易于查找，加之，现代文学学科在建立之初所受的革命意识形态的影响，导致了文献研究对于现代文学研究来说并不是重点。不过，随着学科的成熟与发展，现代文学的文献学又被学者们重新发现，并出现了所谓20世纪90年代中后期的现代文学研究的"文献学转向"的说法①。

实际上，所谓"文献学转向"的起点正是80年代开始的通俗文学研究。徐斯年在《从通俗文学到大众文化》中指出，通俗文学的研究，是以"史料学"作为核心的——"'史学即是史料学'，或首先是史料学"②。对"史料学"（文献学）的强调，是挣脱固有的文学史叙述框架的重要基础。"研究者不仅应该力求全面地掌握相关史料，对于不同史料给予同等尊重，而且特别应该关注异质的、对立的史料及其内部'潜藏信息'，从中发现'另一面'乃至'另几面'的历史真相。"与发掘新的史料相比较，更重要的是通俗文学研究对辨伪与考据的重视，而这恰恰是现代文学研究中最容易忽略的地方。由于通俗文学作品数量大、分布广、作者多、笔名杂，大都刊载在地方小报上，因此对每一个作家及其作品的考订就成为研究通俗文学的基本功。从范伯群、徐斯年等老一辈学者著作中可以发现，对于作家与作品的辨析考据占了相当的大篇幅，此外，轶文收录也是重要的组成。

---

① 王贺：《现代文学研究的"文献学转向"》，《长沙理工大学学报》（社会科学版）2016年第6期。

② 徐斯年：《文学史观的蜕变——研究近现代文学史的心得》，《从通俗文学到大众化》（上），台湾花木兰出版社2017年版。

不过，引发中国现代文学研究学科建设以及研究方法上对文献学的重视仅仅是通俗文学研究学术史意义的一个方面。如果从整体的现代文学研究的学术史高度看，在通俗文学研究的推动下所开创的中国现代文学史研究的新格局，才是其最为重要的学术史意义。通俗文学研究对现代文学研究格局的开拓主要在以下三个方面：

一是发现了"市民大众文学链"的历史脉络。中国近现代市民文学的起源，与明小说的兴起有着密切的联系，以冯梦龙为代表的明小说是为"新兴市民阶层服务"的。中国近代的通俗小说是对明小说服务市民阶层的直接继承，鸳蝴派的作家群是"'冯梦龙们'在现代工商文明都市中的嫡系传人"，以市民阶层为主要读者的通俗小说，不但具有满足市民大众娱乐的功能，更重要的是，现代都市的市民意识的兴起，是以通俗小说的阅读作为媒触的。

二是廓清了中国现代文学史上雅俗的渊源与分流轨迹。通俗文学与新文学在渊源上具有某种"同源体"的性质。近代通俗文学的类型发展与兴起，与晚清的"小说界革命"有着直接的因果关系。由于梁启超等人对小说的看重，产生了各式各样的小说流派，如社会小说、政治小说、言情小说、科幻小说、侦探小说等等，而这些小说都属于通俗文学的部类。换言之，无论是近代通俗文学还是新文学，催生它们的都是接受了西方新思想的知识分子。尽管通俗文学与新文学具有某种同源的性质，但是雅俗的分流在所难免。这是因为与新文学强调的"革命"而言，通俗文学所继承的中国传统文学的性质，使之与新文学走上了不同的道路。对通俗文学而言，其袭承传统的叙事风格，"侧重于弘扬民族美德"。对通俗文学的作家而言，他们"并非不接受新道德，但是他们在扬弃封建糟粕的同时，也理直气壮地宣扬传统美德"①。而对传统的弘扬与新文学发生时"重估一切价值"、推翻一切旧道德的观念显然是分轨的。于是通俗文学和新文学便从此沿着各自的轨道向前行进了。

三是建构了"开拓启蒙，改良生存，中兴融会"的通俗文学发展的三个历史阶段与"多元共生"的中国现代文学史新格局。梁启超在《论小说与群治之关系》中认为，"欲新民"、"欲改良群治"必须依靠小说。现代通俗文学在继承中国传统小说的创作基础上，亦将清末"小说界革命"的观念承续下来，并与近代新兴的报纸等媒体共同创建了"现代化的文化市场"。在通俗文学的流播中，社会小说、言情小说、科幻小说等不同类型的文学作品，都参与到了大众社会意识形态形成、个人意识觉醒以及科学启蒙的过程中。可以说，"通俗作家曾是中国文学现代化道途的开拓者，并且也承担着启蒙民众的任

---

① 范伯群：《晚清民国通俗小说论稿》（上），台湾花木兰出版社2017年版，第58页。

务"①。在新旧文学分道扬镳之后,通俗作家一方面积极改良自己的创作,另一方面亦接受了新文化运动的影响,创作出了"都市乡土小说"等十分有价值的文学作品。除了与新文学在道德准则上的相互补充之外,通俗文学的发展始终是一个不断进步的过程,不但出现了李寿民、刘若云等北方通俗小说的"中兴",而且还产生了新旧文学某种程度上的"融汇"现象。比如,抗战时期出现了不少的小说,兼有爱国主义题材与精英文学的若干素质,却不采用精英文学的写法。这既是"精英作家的一种尝试,也是通俗文学的一种更新"②。综合而言,通俗文学的研究证明,"雅俗文学的服务对象是各有重点而可以互补的;在暴露国民劣根性与弘扬民族传统美德方面也正好是互补的;而吸取外国的新兴思潮、借鉴革新,与承传民族优良遗产,加以必要的改良,也是互补的"③。其学术史的最大意义在于,通过对材料的发掘、考证以及对通俗文学价值的再发现,改变中国现代文学研究中"一元史观"的偏颇局面,填平"雅俗之间的鸿沟",努力建构多元共生的中国现代文学史观④。

三

通俗文学研究为中国现代文学研究提供了生活史、都市史、观念史以及传播史的方法范式。总体而言,正如通俗文学研究在学术史上的格局创新意义一般,通俗文学的研究方法突破了现代文学史研究中宏观叙事的范式。由于与大众生活紧密相关,通俗文学的研究更加注重细节的描述与日常生活的取向,因此具有"碎片化"和"微观化"的特征。这种研究方法与西方的新文化史与微观史有某种程度上的相似。西方的新文化史注重历史叙事和细节的人文方法,日常生活、物质文化、性别身体、记忆语言、大众文化等是新文化史研究的重点。表面上看,通俗文学研究所采取的"碎片化"与"微观化"的研究方式,缺乏所谓总体的历史叙事,略显凌乱,但是应当注意,由于中国地理、经济、政治、文化、生活的复杂性,在强调普遍意义的重要事件时,必须重视民众的生活、文化与观念。这种微观研究的意义在于能够把历史的认识上升到一个更广义的层次上,这不仅能丰富我们关于地方的知识,而且有助于我们更加深刻地把握近代中国的全貌。

从清末到民国的市井生活是一种怎样的形态?市民在近代转型的都市之中有着如何的经验?张蕾女士在《出于虚构和现实之间:现代通俗小说的社会情态》中将清末至民

---

① 范伯群:《晚清民国通俗小说论稿》(上),台湾花木兰出版社2017年版,第38页。
② 同上,第46页。
③ 同上,第61页。
④ 参见范伯群:《晚清民国通俗小说论稿》(上),台湾花木兰出版社2017年版。

国时期的市民日常生活与经验情态做了细致的描摹与刻画。通过对通俗文学中市民生活衣食住行叙述的研究，可以发现"在琐碎的看似不经意的表象中显示出的新变，以及人们在这些新的生活变化中表现出的人生姿态和生存探索"①。更进一步说，对于中国的文化而言，日常生活的衣食住行从来不是简单的个体行为，晚明即有所谓"穿衣吃饭，即人伦物理"、"明于庶物，察于人伦"②的认识，更遑论民国时期对个人生活的不断改良中所掺杂的明显的政治意识形态。说到底，对近代中国而言，市民大众的生活不仅仅是个体或者单一家庭的生活，这些看似日常琐碎的衣食住行等城市经验蕴含着意识形态的"教养"。《出于虚构和现实之间：现代通俗小说的社会情态》正是开掘了这种琐碎的日常生活、社会情态与社会政治文化变迁的关系，以微观的角度构建了近代中国的生活史与都市史。

既然大众的日常生活发生了种种新的变迁，那么大众的观念也会随之而变，重要的是与观念变化相伴随的是思维形式的转变，而这正是朱全定在《中国侦探小说的叙事视角与媒介传播》中所揭示的问题。从中国传统的公案小说到近现代推理小说的演变，不仅是叙事与类型的转变，渗透在其演变过程中的是中国近代大众思维方式与观念的变迁。在古代公案小说中，"常常会看到执法者以礼废法、轻法重礼的情节"，"重了悟、重直觉、重整体把握的经验性、直觉式的思维方式"③。当公案小说向近代推理小说转变后，近代理性意识开始成为小说中主要的思维方式，然而大众层面的传统思维形式与观念的变革具有"滞后性"，这种"滞后性"在作为通俗文学的侦探小说中最容易发现。以《霍桑探案集》为例，尽管其被称为中国的福尔摩斯探案集，具有强烈的近代理性主义推理小说的风格，但是"中国传统的人情关系、道德观念、处世哲学会在霍桑推理办案的过程中流露出来"④，既有疾恶如仇、除强扶弱的传统侠士风范，又有类似血族复仇模式的推动，即"作恶者有恶报"。《中国侦探小说的叙事视角与媒介传播》通过对侦探小说模式与叙事的变迁分析，将这种中国近代化过程中大众观念中思维形式的变迁呈现出来，有助于更加深入到观念史的范畴中把握近现代大众文化的形成与演变。

由于通俗文学作品与大众日常生活有着如此紧密的联系，通俗文学是以什么样的传播方式，如何在大众中传播，也就变得具有十分重要的意义了。与视野宏达的传播史视角不同，胡明宇在《预估、呈现、揭示：文学广告视角的现代文学传播研究（1915—

---

① 张蕾：《出于虚构和现实之间：现代通俗小说的社会情态》，台湾花木兰出版社2017年版，第37页。
② 李贽：《焚书注》，张建业、张岱注，社科文献出版社2013年版，第8页。
③ 朱全定：《中国侦探小说的叙事视角与媒介传播》，台湾花木兰出版社2017年版，第63页。
④ 同上，第109页。

1949)》中,选取了文学广告这一特殊案例作为文学传播研究的途径。文学广告不仅具有对新的文学作品、文学刊物的预告作用,还起到呈现"文学生态"与揭示文学事件的作用。例如《文艺新闻》中各类广告的刊载不但呈现了1917年至1927年"左翼文学、京派文学、海派文学和鸳鸯蝴蝶派文学(通俗文学)四大文学板块多元共生的文学生态和文学景观"①,同时,其广告刊登的挑选流变亦将《文艺新闻》"由'中立'到'左'倾,再到'左联期刊'的发展历程"② 呈现出来。在揭示文学事件上,文学广告留下了大量的关于文学期刊创生、演变,文学社团生灭的信息,透过这些信息可以更加深入地了解文学刊物、文学社团的办刊缘起、办刊目的以及编辑方针,从而了解各类文学事件的发生与变化。除了具有传播史研究的方法意义外,《预估、呈现、揭示:文学广告视角的现代文学传播研究(1915—1949)》在文献发掘与考据上亦颇下苦功,提供了相当数量的学术层面上首次发现的材料。

(作者单位:苏州大学文学院)

---

① 胡明宇:《预估、呈现、揭示:文学广告视角的现代文学传播研究(1915—1949)》,台湾花木兰出版社2017年版,第73页。
② 同上,第66页。

学人·著述

现代性与经典化
——评谭桂林《现代中国佛教文学史稿》

王丛阳

自传入中国起，佛教便开始向文学领域渗透，源源不断地为中国文学提供新的词汇、母题与思想。近几十年来，探究佛教与文学关系的论著屡见于世，但学者多在古典文学范畴内探究佛教文学，鲜有涉足现代文学领域。谭桂林教授新作《现代中国佛教文学史稿》（以下简称《史稿》）以处于现代文学边缘的佛教文学为研究对象，为中国现代文学研究开拓了新的学术增长点。

佛教文化与中国现代文学之关系是谭桂林教授最为用力的研究领域，早在20世纪90年代初其诸多相关论述便散见于学术刊物。1996年，他以《20世纪中国文学与佛学》为题完成博士学位论文，此文至今仍是该领域的扛鼎之作。他在回顾《20世纪中国文学与佛学》时认为"这尚是一个初步的工作，这一课题的研究无疑还需要拓展与深入"[①]。正是在这样的学术敏感与学术追求下，作者奉献出一系列影响深远的成果。于2002年出版的《百年宗教与文学》将研究范围扩展至包括佛教在内的全部宗教领域，关注点也由宗教文化集中至宗教价值观念，意在说明宗教价值观念对中国现代文学传统的建构所造成的影响。于2006年出版的《当代中国文学与宗教文化》（与龚敏律合著）中，作者的侧重点由现代文学转移至当代文学，可视为研究领域上的新开拓。《史稿》则在此前研究基础上进一步有所突破——在现代中国的历史语境中重新审视佛教，在现代中国文学的格局中讨论佛教文学，并以此确立佛教文学的独立地位并逐步将其经典化。

[①] 谭桂林：《百年文学与宗教》，湖南教育出版社2002年版，第133页。

如果将《史稿》的出版视为作者在该领域研究的分水岭，这种突破是显而易见的。佛教与文学是两个相互关联而又彼此不同的文化形态，这就使得对于该对象的研究有着跨学科的意味，二者契合点的选择尤为重要。在之前的论述中，作者将中国文学作为主体，将佛教视作一种文化资源，其着眼点在于20世纪中国文学作品中的佛教文化质素，探讨佛教对于20世纪中国文学作家的影响，称其为"一种古老而常新的文化联姻"[①]。在佛教与文学之间，这一研究视角的选取无疑更贴近于文学。做出这种选择的原因多种多样：一方面来自于作家的经典意识与世纪之交中国现代文学传统之大，作者必须在现当代经典作家作品范畴内探讨佛教与文学的关系；另一方面则在于佛教文学以旧体诗歌为其高峰，而学界对于现代文学的界定则以白话文起点，这二者之间有着不可调和的矛盾。当然，这种选择也受限于作者对佛教的认识，即重视佛教文化而忽视佛教本身，认为"在中国，事实上存在两种佛教，一种民间佛教，一种知识分子佛教"[②]，从而将后者抽象为一种文化、一种精神、一种伦理价值观，着重从精神层面探讨佛教对新文学家的影响。诚然，这种分类方式更有利于作者就佛教文化与现代文学之间的关系展开论述，但却忽视了佛教的宗教本质。虽然以佛教为核心的僧人、居士群体一直未能占据作者研究的主要位置，但却从未淡出作者视线，从编写《菩提心语·二十世纪中国佛教散文》时收录少量出家僧徒与在家居士的作品，到《史稿》中完全以僧徒、居士为主体，作者在佛教与文学契合点的选择上越来越靠近前者。

《史稿》的重要性在于现代中国佛教文学这一概念的提出。这是新的突破，当然也面临着新的挑战：一是如何以新的视角论证佛教的现代性，二是如何在现代文学范畴内将佛教文学经典化。值得庆幸的是，作者比较完美地解决了这两大难题。

一、现代佛教文学的现代性

现代是一个被追述的后设概念，或者说是由实践而来的判断标准，即某种思想、行为经检验对本国的现代化有促进作用。所以现代应该是具体的，而非抽象的，没有一个放诸四海而皆可的标准去衡量某一思想是否现代。就20世纪初的中国而言，并非所有的西方资源都是现代的，并非所有的传统资源都是非现代的。后设与具体这两个特质使得现代成为一个开放性的概念，在这种开放性之中，一切思想得以被重新评估、发掘。现代中国的现代化进程始于西学东渐并以广泛西化为显著标志，这使得一些研究者在研究

[①] 谭桂林：《20世纪中国文学与佛学》，安徽教育出版社1999年版，第1页。
[②] 谭桂林：《前言》，《菩提心语·二十世纪中国佛教散文》，江苏文艺出版社1996年版，第1页。

过程中想当然地用"中与西"、"古与今"替换"非现代与现代"这一组矛盾，进而将这一对关系描述为"传统与现代"，在现代的范畴内放逐一切与古老中国有关的因素，当然，这也包括早已被中国化的佛教。事实上，在东西文明碰撞、本土文化裂变的20世纪初的中国，面对将要坍圮的封建帝国大厦，处于精神危机之中的知识分子做了两个向度的探索：一部分知识分子将求索的目光望向西方，以西方的现代——科学技术、启蒙主义、政治体制来烛照世纪末的中国；另一部分知识分子则回溯传统文化，希冀在古老智慧中汲取养分以促成中国的现代。相对于前者，后者或为潜流，或被迫中断，或为前者所代替，但更多的是内化为知识分子的精神力量，以整合其在文化、时代冲击下日益分裂的精神世界。总而言之，现代应当被理解为一个过程，一个不断超越的过程，我们应尊重这一过程中所呈现出的多样性，不应因结果的西化而按图索骥般地勾勒出一条西化之路，凸显西方因素的重要性，以至于忽视这一过程中的传统因素。正是在这一前提下，佛教被作者纳入现代范畴之内。

以现代的眼光重新评估佛教并佐证其现代性是整部《史稿》的基石，也是作者论述的逻辑起点。20世纪上半叶，围绕"启蒙"与"救亡"这两个关键词所建构起的"中国"无可争议是现代的。作者的创见之处便在于将佛教纳入"启蒙—救亡"共同体中，力图证明佛教复兴运动与中国现代文化启蒙运动、抗日救亡运动之间，佛教文学与新文学之间具有同质异构关系。这并非对于通行标准的迁就，而是对于佛教的再审视。虽然作者在论证过程中所提出的论据早已散见于作者早期相关论著中，但以新的论点统领旧的材料本就需要极强的思辨能力，而这种思辨能力恰是佛典论说的特色，由此也可窥见佛学对作者影响之深。

"民主"与"科学"是新文化运动的两大旗帜，也是其核心精神。佛教所提倡的"利生"、"利他"等价值观可约等于"民主"，但科学与宗教应格格不入。从新文化运动旗手们所标举的"提倡科学，反对迷信盲从"的口号中可见双方本应拒斥：一方面，虽然宗教本质上并非迷信，但在其民间化的过程中却沾染了迷信色彩；另一方面，新文化运动反对信奉除科学之外的一切，这当然也包括宗教。但作者却在这一组矛盾中找到了二者的契合点，所选取的论述视角也相当独特：他并非从形而下的科学技术层面去探究二者之间的对立，而是从形而上的科学精神入手，寻找二者的一致性。基于此，作者发现"正是在佛学的启人智慧和科学的教人求得有系统之真智识的方法这一相似点上，那些具有深厚的佛学修养的启蒙者们为佛教的复兴找到了它的现代思想依据"。虽然佛学家们论证佛教与科学内在一致的方式多种多样，或将佛学与科学相互融合，或用科学为佛教辩护，或直接阐明佛学就是一种科学，但他们的基本策略都是在科学的框架内求同。这种求同并非是一种曲意迎合，而是以二者核心精神的一致性为前提，作者对此的把握相当准确。但20世纪初的佛学家们并未把这种契合作为探究的终点,而是将目光投向超越,即敢于正视异。如果说求同是科学视野内佛教自主的调整,那么存异则是在佛教范畴内审视、批判科学——佛学家将佛视作科学的补充,"通过佛学的省思而意识到科学的弊端"。这不单是一种文化自信,也是一种参与启蒙体系构建的积极姿态。

当把视野扩展至更大范围的启蒙主义时,作者思辨的独异性就愈发凸显。以往认为宗教文化与启蒙主义之间有一道不可逾越的鸿沟,而作者却以心识为桥梁沟通二者。他从佛教与启蒙主义思想的归旨出发,指出"启蒙主义和佛学的逻辑起点都是心识,而其逻辑推演的终点也依然都是心识",认为二者在破除蒙蔽、提升智慧上具有内在的一致性。这是对表象差异下本质一致的挖掘,这种对于表象与本质的思辨本来就带有佛学的色彩,而支撑起作者论点的"心"则来自于唯识宗。唯识宗的复兴是20世纪初中国佛教的独特之处,它与中国的现代化呈现出时间上和人物上的重合。对于"心"的发掘并以"心"观照佛教文学与启蒙主义,不单需要深厚的佛学功底,还需要深刻把握佛教史与文化史。依唯识宗的观点,"五位百法"中"心法"为首,认为"一切法中,心法最胜",认为众生"或者生死、或者涅槃"都取决于心法。而在启蒙者眼中,改造国民性是启蒙者的使命,也是新文学的主要命题。总而言之,二者都将改造的对象指向"心",启蒙在佛学家的眼中是断灭无明的另一种表达。作者认为唯识宗的另一启示便在于使"佛教文学家热切关注文艺这种社会意识形态",视文字为般若一种,强调文字对心识的作用。这种对文字与文学的认识正与启蒙者们相同。

因此,就启蒙而言,作者以唯识宗为切入点,以心识为中介,将佛学与启蒙等量齐观,发现二者的共通之处,从而将佛教纳入现代范畴之中。

20世纪初,中国的现代化浪潮由"救亡与启蒙"两股汇成。与启蒙不同的是,"救亡"不仅仅作为一个思想文化领域的词汇出现,而是被扩大化,渗透于社会的各个方面,成为时代主题。但需要注意的是,并非所有的救亡都可以被划归入现代范畴之内。救亡主题所蕴含的现代性在于救亡主体现代国家意识的兴起,以及将自身纳入现代性救亡方案之中的尝试。纵观20世纪初的种种救国路径,其目标无论是君主立宪还是民主共和,其手段无论是改革还是革命,其思想来源无论是欧美还是苏俄,对于处于现代化转型期的世纪初中国而言其意义不言而喻。但救国往往与政治力量相缠绕,这与佛教的出世观念相违背。虽然在革命的先头军中也能找到如宗仰上人这样的显性存在,但这毕竟是个案。在细致梳理了"救亡者—救国理念—国家"这一链条后,作者认为更多情况下佛教之于救国是一个隐性的存在,它发生在思想层面。作者以"附会自己的政治理想"、"构建无我的人格力量"、"关注现实忧时愤世的情怀"三方面阐释佛学对救亡所产生的影响。在这种梳理之中可以看出无论是理想还是人格、情怀,均属于精神范畴,因此佛教对于救亡而言是一种内在驱动力。事实上，即便是时代主题由救亡转轨至建设后，佛教依旧试图与其保持一致。譬如太虚大师就号召以佛法为先锋实现三民主义，并认为三民主义与大乘精神有着高度的一致性，以佛法来促进现代化国家的建设①。

二、现代佛教文学的经典化

从整部书可以看出作者为佛教文学经典化所做出的努力尝试。相较于论证世纪初佛教的现代属性、将佛教汇入现代中国浪潮之中而言，将佛教文学经典化是一个更加棘手的问题。诚然，佛教文学是客观存在的文学现象，但想要在强大的现代文学传统面前为佛教文学求得一席之地仍是困难重重。这种困难来自于三个方面：一是佛教文学的思想资源——佛教；二是佛教文学的体式——旧体诗文；三是佛教文学的作者、受众——僧人、居士及信众。这与依靠西方启蒙思想、使用白话文与现代文体、作者与读者群体庞大的现代文学毫无相似之处。如作者所言，"现代佛教文学一直处于文学的边缘地带"。因此，经典化的第一步是要将佛教文学重新拉回至研究者们的视野中，将其安置于现代文学的架构之中，使其具有文学史意义，证明佛教文学的独立性。作者的第一个努力便是重新定义"现代文学"，即确立"现代文学"研究者们的研究范畴，提出兼顾思想维度与时间维度，指出旧体文学所做的现代性尝试，认为佛教文学理应成为研究者的目标——这是佛教文学得以独立的前提。在此前提下，作者从两个向度对佛教文学独立这一问题进行论证：第一个向度为佛教文学与新文学的共有性，即将佛教文学放置于现代文学的大潮中，还原作为涓流的佛教文学与作为主潮的新文学之间的互动，在这种交互关系中确立佛教文学的从属地位；第二个向度为佛教文学的属己性，即考察作为主体的佛教文学，从理论、批评、创作等多个角度探讨佛教文学的独异之处，体现佛教文学独特的价值，以证明佛教文学是不同于新文学的另一种，是现代文学中独立的一支。

（一）现代佛教文学与新文学的共有性

文学史的书写往往是依靠对作品的分析、品评完成的，《史稿》也不例外。作者着重突出的是僧人、居士所创作的旧体诗词，称赞它"自成一格"，"高水准地体现了那个时代旧体文学的艺术水准"，兼顾品评才性与精析文心，从作家人生际遇入手分析作家创作动因，知人论世，使得作者对于作品的理解相当精到、准确。尤其是在对同类别作家进行比较时，这一特色更为明显。如八指头陀、虚云法师、太虚大师同是僧人，创作皆寄禅于诗，但他们的禅诗却各有不同：八指头陀在诗文方面尤为用功，求新求奇，诗风

---

① 太虚：《我的佛教改进运动史略》，《太虚集》，中国社会科学出版社1995年版，第410页。

包容并蓄，佛道融合、庄禅并举，是文人之诗；虚云法师是出世之人，一心向佛，以振兴禅宗为己任，追求通俗易懂，不执着文字，是僧人之诗；太虚大师因有游历海外的经历，其诗融汇中西文化、贯通古今学理。这种同而不同处有辨最见功力。

现代佛教文学的兴盛必须依靠于更大范围的新作家群体与新读者群体，这一切则有赖于丛林教育的衰蔽与现代佛学院的兴起。秉持着现代办学理念而创办的佛学院无一不将文学列为重要科目：华严大学开设文学一科①，观宗弘法社开设文学一科②，太虚大师所主办的武昌佛学院不单在培养现代僧伽时注重文学教育，在选拔人才时就将作文列为必考科目③。

但无论是新式佛教团体还是佛学院，规模小而影响有限。真正肩负起对内、对外交流任务、促成现代佛教文学发展的，是作为传播载体的佛教刊物。相较于通行文学史著述往往将期刊作为注脚，给予期刊应有的重视是《史稿》的又一特色。作者对于期刊的考察并未停留在指出"民国佛教期刊的兴起过程与五四新文学的酝酿、发生、发展过程几乎是同步的"上，而是做了内、外两方向的探究。

所谓内部探究，即考察佛教期刊的编辑理念、栏目设置、选稿标准及所刊载的文学作品。在设置文学专栏、不拒白话文稿件、提倡白话诗写作外，作者发现了佛教文学与"五四"新文学精神气质上的联系——对于国民性的批判与对于青年一代的关注。通过个案，作者勾勒出佛教文学与"五四"新文学的最初联系。此阶段的佛教期刊上留存有大量旧文学，甚至可以说以旧体文学为主，但值得称道的是作者公允的态度——并未囿于新文学传统而贬抑佛教旧体文学，也不因佛教文学是其研究对象而一味拔高。事实上，外在的语言形式滞后于内在的思想内容在新文学初期是可以被谅解的，佛教文学并非新文学运动的中坚与先锋队，佛教文学家对于新文学及支撑新文学的新思想更多的是一种认同。在思想层面，作者发现了佛教文学汇入现代文学的最初努力。

作者的外部探究是在历时研究的基础上进行的。所谓外部探究，即将期刊文字作为史料，将文字还原为具体可感的文学活动，在文学活动中探讨新文学对佛教文学的深层次影响，而考察的时间点也从"五四"初期推移至抗战时期。时代主题对各种思想共同体具有整合作用，这种整合作用往往表现为目的一致性下的方法多样性，即殊途同归。假使我们将符合时代主题的各种思想看作一条条射向某一固定点的线，无疑的，在抗战时期它所形成的扇面夹角最小——文艺界大团结是不争的事实。但作者对于该时间点的选取并不在于时代主题的转换，而在于佛教文学与新文学之间关系模式的变化：如果说

---

① 佚名：《华严大学预科简章》，《海潮音》1921年第2卷第7期。
② 宝静：《宝静法师演说辞》，《弘法社刊》1928年第1期。
③ 佚名：《武昌佛学院成立之经过》，《海潮音》1922年第3卷第5期。

前期佛教文学作家对新文学的支持、化用是单向性的，那么此时的以演说、发文为代表的文学活动则具有了双向交流的性质。佛教文学家将自身纳入现代文学架构中的想法得到了新文学阵营的回应，而新文学阵营也以积极的态度对佛教改革提出了自己的意见。作者列举了两批新文学家于两个不同的时间段内与佛教文学家们的密集互动行为：1939年底至1941年初，以太虚大师所领导的汉藏教理院为契机，郭沫若、林语堂、老舍、老向四位作家进行演讲；1947年，以《世间解》为媒介，集中刊载了俞平伯、废名、赵景深、朱自清、金克木关于佛教的论述。但仍需区分二者的不同之处：虽然前者常是以游客身份进行文化布施，他们的政治信仰、宗教信仰各异，但他们有着共同的身份——中华全国文艺界抗敌协会骨干，"文协"可以被理解为此时主流文学界的象征。因此他们的言说不仅仅是教外人士的建议，更是主流文学界对于佛教的建议，或者可以被理解为现代文学界接纳佛教文学的条件。而后者所信仰的人文主义本就与佛教有着天然的联系，其中废名与金克木更是与佛教渊源甚深，因此可以说是更为自觉的文化认同。

通过内、外两个向度的考察，作者精确选取了"五四"时期、抗战前期、抗战后期三个时间点，在时间的流变中，通过佛教文学家与新文学作家的种种关系揭示佛教文学为汇入现代文学大潮之中所做的种种尝试。传承千年的佛教文学渐渐发生变化，如作者所言，"开始呈现出与新文学渐渐合流的发展趋向"。这种对于合流过程的梳理一方面来自于佛教作家们的努力，另一方面也是作者为论证佛教文学独立地位、在现代文学传统下将其赋予史的意义而做出的努力。

（二）现代佛教文学的属己性

如果说作者归纳佛教文学与新文学的共有性的意图在于提高佛教文学在现代文学中的地位，那么对于佛教文学属己性的整理则是为了确立佛教文学的独特地位，在文学史的书写中使其从新文学的追随者蜕变为新文学的同路人。围绕"文字—文学—文化"这一层层扩大的同心圆结构，作者意在说明理论与批评使佛教文学在现代文学的架构中保持其独立性。但如果将目光扩展至整个中国文学史，就会发现佛教文学一直是一种独异的存在，其独立性无须证明。所以更为准确地说，作者的切入点是理论自觉与批评自信如何促成佛教文学独立性的现代转型。

作者在论及文学之前向上溯源，将目光投向文学的根基——文字。同新文学一样，佛教文学的现代化转型始于工具性的语言文字。佛教文学与新文学的不同之处却在于后者是承认文字功用前提下的文白之争，而前者争论的焦点则在于文字的存废。佛教界关于文字存废的争论并非始于文学，也不仅限于文学，但这一问题却关系到以文字为载体的佛教文学的合法性。几乎与新文学同时，唯识宗代表人物欧阳渐就批驳了那些认为"不立文字，见性成佛"的错误思想，从佛经、佛典出发，指出"其于无量劫前，文字般若熏种极久；即见道以后亦不废诸佛语言，见诸载籍，非可臆说"[1]，认为正是由于佛教徒们对于文字般若的忽视，才导致"佛法真义浸以微矣"。这种"文字—佛典—佛法"的链式结构正是世俗世界"文字—文学—思想"在佛土的替换。文字不单与文学相联系，更与思想相联系，它使文学与思想成为可能。基于此，作者认为对于"立文"的呼吁是"一场佛教徒自身的思想启蒙运动"，这一判断是相当中肯的。

在佛教文学的小领域内，文字的存废问题意味着佛教文学是否具有合法性。当把佛教文学放置于现代文学的大架构中去考察时，其合法性却在于佛教文学是否属于文学，即是否具有纯文学属性。作者通过对佛教期刊栏目设置的考察，指出期刊编者对于文学虚构质素的重视，表明佛教文学由最初在"大文学观"下用工具性的文字来阐释佛法的佛教本位逐步向注重文体美、语言美的文学本位过渡。在文学意识的觉醒下，佛教文学之"佛教"与"文学"逐渐成为互为中心词的两个名词。如作者所言，这种文学意识的觉醒"从本体论意义上将佛法与诗与美同一起来"，使得连同佛陀都有了宗教意义上与文学意义上两个并行不悖的身份。同时，作者又着力分析了盛行于佛教文学界的"力的文学"、"人间文学"与"语体文学"三大理念。追根溯源，这三个理念无不受新文学影响，但佛教作家在阐释过程中又凸显了佛教文学的特质，使得它们有别于新文学。

作者将佛教文学属己性的建立放置于更高一级的文化层面，在交流之中体证佛教文学的独异性，即佛教徒以批评者的身份介入现代中国文化的构建。批评是一种更具"侵略性"的行为，如果说创作的潜在目的是求得认同，那么批评则带有一定的同化意图，是一种重构，而这背后是对佛教文化思想体系的一种认知上的自信。

以现代性及经典化为基石，佛教文学成为中国现代文学大潮中独立且独特的一支。可以这样判断，自《史稿》起，佛教文学正式进入中国现代文学研究者的视野之内。

（作者单位：南京师范大学文学院）

---

[1] 欧阳渐：《唯识抉择谈》，《欧阳竟无佛学文选》，武汉大学出版社2009年版，第36页。

学人·著述

现代小说研究的新收获
——读颜同林《多元视角下的中国现代小说》

杨 洁

作为中国现代文学的重要组成部分，现代小说一直是备受学者关注的研究对象。自从梁启超提出"小说界革命"以来，中国现代小说跨步走到了历史的幕前，成为一种重要的文类。"五四"时期，文学革命先驱者对中国古典小说进行整理与重新评价，现代小说学由此得到初步建设。20 世纪 20 年代至 40 年代，现代小说研究与小说创作的关系更为密切，小说研究主要集中在小说主张的阐发、创作经验的总结与作家作品专论等方面。40 年代后期至五六十年代，现代小说的研究方法逐渐走向单一，"革命现实主义"内容是此时期评判的主要标准。70 年代至 80 年代，思想解放运动使现代小说研究逐步突破政治意识形态的限制，呈现出一种新的格局，现代小说自身特性及发展规律的科学探寻逐步占据研究的主流。到了 21 世纪以后，现代小说的研究已经没有了八九十年代的中心位置，也没有当代小说研究让人眼花缭乱的状态，似乎出现一种"井喷"之后的平静。

如果我们以冷静、理智的态度分析当下的中国现代小说研究，就会很容易地发现一些问题：这种"井喷"之后的平静，是暗示一种平淡与沉寂，还是酝酿着走向新的发展阶段？运用什么样的方法去剖析中国现代小说，才能取得新的重要突破？事实上，在新时期以来的固有研究中，我们已经触及这些问题的核心，很多学者开始反思现代小说的研究现状，同时也试图开辟一条新的学术路径，但收获并不明显。

正是出于对学科的深刻反思，近年来先后有学者提出并定义"民国文学"这一概念。"民国文学"这一提法已有一些年月了，从概念的提出到学科研究变革，"民国文学"研究谱系的生成自有其历史发展脉络。1986 年费正清先生主编的《剑桥中华民国史》中，即有"中华民国文学史"专章。20 世纪 90 年代末，陈福康先生提议以"民国时期文学史"来弥补中国现代文学史命名的不科学。21世纪以后不久,张福贵先生论证"现代文学"的称谓必将被"民国文学"所代替。遗憾的是,这些倡议在学界并未引起足够的关注,反响也似乎微弱了些。真正推动"民国文学"研究范式形成的是秦弓、李怡以及"西川论坛"研究队伍群体的努力,为"民国文学"研究提供了新的理论依据,也为现代文学研究开拓了崭新的学术空间。回望到2006年,秦弓先生提出"从民国史视角看现代文学",强调运用"民国视角"对中国现代文学做还原式研究,既要考察文学赖以产生的社会文化背景,又要研究以作家作品为重心的文学现象,梳理文学发展的历史脉络①。2009年,李怡先生进一步推进"民国文学"研究,提出"民国机制"概念,在国家历史情态中考察中国现代文学的民国特性,重视"文学"对人生遭遇的"还原",侧重挖掘社会历史文化的诸多细节②。学者丁帆先生把"民国文学"进行了时空延展与限定,将1912年至今的新文学分属于"民国文学"和"共和国文学"③。这些学者的成果大体代表了这一领域的精神高度。

显然"民国文学"的研究带来了新的思维,新的思维又带来了新的起点和收获。国家政治的情状、社会体制的细则、生活方式的细节、精神活动的详情,都被重新纳入学术研究范围。可以说,中国现代文学发生发展的历史背景是民国时期,从民国历史文化的角度考察中国现代文学,谋求研究格局的改变,获得新的学术增长点,是当下中国现代文学研究的新动态。在张中良、李怡、丁帆等先生的先行下,学术界出现了一批引人关注的成果。颜同林教授的《多元视角下的中国现代小说》正是紧随"民国文学"研究的新收获。

笔者曾在自己任职高校的学报上关注过颜同林先生论述现代小说的单篇文章,当时就感觉到文章在研究方法上有创新,与一般的研究有很大的区别,留下了十分深刻的印象④。现在集中读到他的《多元视角下的中国现代小说》一书,书中包括以前单篇发表

---

① 参见秦弓:《现代文学的历史还原与民国史视角》,《湖南社会科学》2010年第1期;《回答关于民国文学的若干质疑》,《学术月刊》2014年第3期;《民国文学历史化的必要与空间》,《文艺争鸣》2016年第6期。

② 李怡:《民国机制:中国现代文学的一种阐释框架》,《广东社会科学》2010年第6期;《辛亥革命与中国文学的"民国机制"》,《郑州大学学报》(哲学社会科学版)2011年第5期;《中国现代文学史的叙述范式》,《中国社会科学》2012年第2期;《"民国文学"与"民国机制"三个追问》,《理论学刊》2013年第5期。

③ 丁帆:《新旧文学的分水岭——寻找被中国现代文学史遗忘和遮蔽了的七年(1912—1919)》,《江苏社会科学》2011年第1期;《给新文学史重新断代的理由——关于"民国文学"构想及其它的几点补充意见》,《中国现代文学研究丛刊》2011年第3期。

④ 颜同林:《大革命文学的"下半旗"——茅盾〈蚀〉三部曲重读》,《贵州师范大学学报》(社会科学版)2016年第1期;《家庭叙事与郭沫若早期小说研究》,《贵州师范大学学报》(社会科学版)2018年第2期。

的文章在内，有些是重读，有些是初见，感受自然更为集中而强烈。整体上，此书将20世纪上半叶的中国现代小说纳入研究视野，着重观照民国时期的现代小说，考察中国现代小说发生、发展的社会历史文化背景，站在民国历史文化的高度，重新评价经典作家作品，借此探析中国现代小说承载社会历史文化的内容、方式和特征。无须置疑的是，颜同林先生的专著在汲取社会历史批评方法的基础上，寻求新的跨学科研究方法，实现了新的学术超越。主要体现在以下几个方面：

首先，返回历史现场，还原历史情态，妥善处理历史文化与文学的关系，是著作的研究主旨。

事实上，文学与历史的关联是一个由来已久的议题，是否有必要将现代文学研究跨越到历史文化领域呢？答案是肯定的。因为中国现代文学研究所关注的不仅仅是纯文学的艺术性，而是囊括了我们各自的社会生活。跨出文学，进入社会历史文化，能让我们全面深入地解读文学作品，更清晰地还原历史。长期以来，现代小说研究的焦点聚集在小说现象的探讨中，对现象之间的关系尤其是现象背后的历史深层研究却相对薄弱。从某种意义上来讲，大多数的现代小说研究还是以"线性研究"为主，即以某一视角分析作家作品，缺乏进入"关系结构"之后的历史感与整体感。如果不了解社会文化背景，就无法还原文学的原生态，无法准确地把握作家作品。只有回到历史现场，才能发掘历史的复杂性和丰富性，才能了解具体的历史情态，从而避免"单一视角"的"臆断"和"失度"。这一学术动向被颜同林先生敏锐地捕捉到并付之于实践，反复操练而终有所得。出于开拓现代文学新领域的考量，近年来颜同林先生有意无意地疏远以往专注的现代新诗的研究，改变研究方向，将研究视野扩展到小说、戏剧等其他文体。在他看来，"我们从教育、经济、法律以及传统文化的角度切入中国现代小说的发展与演变，当然能够在看到故事情节、人物活动的同时，更多地看到鲜活的民国历史情态。这是学术界研究的新动向所带来的新变化，是现代学术不断走向深入的表现，自然也是笔者著述的重要缘起"①。著者认为立足于文学传统，自身承续成为中国文学的新传统，从传统视角引入并往返溯源，是打量民国文学的最佳切入口之一，也是通往"大文学"的一条道路。换言之，通过现代小说与民国的历史、政治、经济、教育、法律等展开对话，打通文学与历史的关节，能理出一条承接传统的精神清流。

具体而言，这一学术新思维被颜同林先生一一落实到《多元视角下的中国现代小说》的阐发之上。我们来看著作的章节内容，它分为"教育制度与中国现代小说"、"经济视野与中国现代小说"、"法律形态与中国现代小说"和"传统文化视野与中国现代小

---

① 颜同林：《多元视角下的中国现代小说》，人民出版社2017年版，第3页。

说的嬗变"四个部分。第一部分落脚在现代小说里的教育叙事,以现代小说中独特的教育经历、留学生活、教育救国论为切入点,将民国教育作为现代小说发生发展的历史文化背景来设计、思考。第二部分从经济视角考察文化,从文化角度观照经济,探照出不同的文学风景,具体阐述"以民营书局为基础的出版传媒体系的建立"和"新兴文化市场为现代作家的职业化提供的经济保障"两个方面。第三部分通过"国际版权法令与翻译小说"、"出版禁令法律与现代作家的生存空间"、"土地法令与现代作家的乡土书写"和"法外权势的失落与村落秩序的重建"的讨论,探究法律形态与中国现代小说的关联,将法律意识贯穿在文学作品对人性的思考中。第四部分回到传统文化视野,直指文学史观、性别意识、以诗为文等等传统,传递出传统内部实质性的独特内涵。值得称道的是,这本著作吸收了"民国文学"研究的精髓与方法,在当下的小说研究中具有较多的创新性。例如,过去经济与文学的研究模式及其主要成果,引起过学界的关注,但仅仅是将两者的关联揭示出来,忽略了文学的独立性和文学中的人性。对此,颜同林先生提出,置身在经济视野中观照小说叙事中的人与事,提炼与还原文学作品中人在经济活动中的人性之光,也就是回到文学与生活互动的道路上。这一论断在《经济视野与中国现代小说》章节中得到充分的阐发。

其次,注重小说文本的历史细节和日常生活细节,重新思考经典作家与作品,是此著作的主要思路。

民国文学是民国社会丰富生活的产物,除了受到政治的影响之外还有经济发展、学校教育、新闻出版、法律法规、地域文化等因素的多重影响。它是在多种因素交织的社会文化背景下发生、发展起来的,因而其历史现场感、历史细节化特征是十分明显的。"历史不是文本,而文本是对历史的书写","没有历史细节,就没有历史学"[1]。相比之下,政治、经济、文化等因素主要是从宏观层面直接影响了中国现代文学的发展路子,决定着现代文学的根本生存环境。关于这方面的研究,近十年来在文化研究的推动下颇有收获,不过就实质而论,这些考察仍没有回到民国的原始历史语境中,而是较多地沿用西方的文化理论,盲目照搬带来了种种不适。

要真正揭示文学与社会生活面相的紧密关联,复活其中的历史、生活细节,还需要一步一步地靠近现实生活这一基座。就"民国文学"研究而言,研究者始终需要有一个对"民国文学"发生背景与空间的纵深把握,紧紧关联"国家历史情态"这个中心,凸现与社会历史以及现实生活相关的诸多侧面。随着时间的流逝,宏大的历史叙事、情节可能很容易被遗忘,但一些反映人物性格特征与环境的细节却可能留存下来。见微知著、

---

[1] 陈先达:《论历史的客观性》,《贵州师范大学学报》(社会科学版)2018年第1期。

见远识微便是这样的意思,因为微小的细节也必定要有大的关切和勾连才能进入民国机制的研究视野。"民国文学"研究热的兴起,给当下现代小说研究的推进提供了契机,相关的研究成果也蔚为壮观。不过,有些成果仍然在做概念阐释,停留在历史背景的梳理中,真正能切中肌理、有启发性的成果还是单薄了些。对此,颜同林先生注重现代小说时代历史的细节与日常生活的细节,丢掉陈旧的概念和先入之见,尽量抛开前人的陈见,真正有所发现。这一独到的思路体现在《多元视角下的中国现代小说》中,即作者以充足的历史生活材料为基础,通过细节把握住文学本身,将历史的细节一一呈现。譬如,在《教育制度与中国现代小说》章节中,著者把鲁迅个人化的教育书写,放置在民国历史文化的大背景下,阐述鲁迅具体而复杂的教员经历与从教体验,或捡拾一个塾师的人物心理细节,或梳理文史类教员的报酬待遇,由此重新审视《呐喊》与《彷徨》的内容与主题。同样,作者还选取被学界认定为艺术价值粗疏的郭沫若早期小说,勾勒郭氏留日教育与家庭叙事的琐碎见闻,凸现主人公歇斯底里的性格,以及核心家庭的封闭疗伤,直指其社会学、教育学等跨学科的意义。再如,作为社会生活反映的文学,自然包括法律法令颁布与实施后社会生活的诸多方面。在《法律形态与中国现代小说》章节中,作者反观国际版权法律与翻译文学的关系,考察出版禁令法律与现代作家的生存空间,探析土地法令与现代作家的乡土书写,至此打开一个崭新的多维世界。不得不说,在这一点上,《多元视角下的中国现代小说》和以往很多研究相比,有着较大的区别。它打破了以往对历史现象进行简单归纳的研究模式,导向的是思路,是过程,是方法,注重的是对荷载人性的历史细节的披露,由此开启一种全新的对待历史的态度和看待世界的方式。

再次,强调具体个案的呈现,还原现代小说背后的创作体验,发掘中国作家的精神世界,是著作凸显的又一个优势。

20世纪80年代,西方社会学研究传入我国,对新时期的现当代文学产生了巨大的影响。借助对"文化"的理解,"文化"与中国现代文学的关系成为学界研究的新课题,比如政治与文学、区域文化与文学、宗教与文学等等,这些研究从根本上冲破了唯一的政治社会学的局限,将中国现代文学带入一个方兴未艾的天地。倡导"20世纪中国文学"的学者曾提出"走出文学"的路径,"'走出文学'就是注重文学的外部特征,强调文学研究与哲学、社会学、政治学、民族学、心理学、历史学、民俗学、文化人类学、伦理学等学科的联系,统而言之,从文化角度,而不只是从政治角度来考察文学"[1]。由此,延伸开来,从多元文化的研究视角来考量中国现代小说,有了更多观察的视野。尽

---

[1] 黄子平、陈平原、钱理群:《二十世纪中国文学三人谈》,人民文学出版社1988年版,第61页。

管文化研究取得了显著成绩，但是却也相对忽略了对作家人生体验的深入挖掘，似乎文化要素覆盖了作家的全部创作，作家的生命体验和生活感知在很大程度上被忽略和简化了。

　　在这一点上，颜同林先生亦有自己较为清醒的见解："还原历史不但意味着回到当时的史料、器物、场景之上，也理所当然包括还原现代小说创作时的体验之上，还原小说家关注的不同焦点之上。"① 他主张回到自己的生命体验之中，以历史透视文学的方法，重新体验文学的温度。对于中国现代小说而言，以实录、再现为基础的感受，是创作个体生命力彼此存在的见证与体现。一方面，现代小说家在各自的人生中提炼出独具内涵的思想、观念，通过塑造人物形象和铺垫时代环境来成形，另一方面，研究者以自身直面世界的心灵感受为根源，通过小说作品来参透文本之中的时代信息。颜同林先生有意偏离综述性的研究，或是重复性的研究，而愿意选择一些感兴趣的"点"去充分展开，不只是停留在泛泛而谈的地步。譬如，在第三章《法律形态与中国现代小说》中，作者选取赵树理40年代创作的小说，落脚在《小二黑结婚》、《李家庄的变迁》、《李有才板话》等文本的具体分析上，指出以山西地区自然村落为描写对象的乡村叙事，法与势的冲突是其核心，法外权势的衰败与失落成为必然，村落秩序的重建也是水到渠成之事。茅盾、郭沫若、叶圣陶、王余杞等现代作家纷纷进入研究者的视野，主体与客体互相对视，在个体的感悟、体验基础上另辟蹊径，做到了再一次出发。

　　诚然，《多元视角下的中国现代小说》是颜同林先生对"民国文学"研究新的尝试，他以民国历史文化为研究视阈，探索中国现代小说内在的奥秘，以开放的姿态宽屏幕式地呈现出现代小说新的风姿。当我阅毕本书，触碰历史时，心中还有一丝困惑，就是在触碰历史细节之后，民国文学研究还能带给我们什么样的感知？以国家历史情态为关注点的民国文学研究，将会对中国现代小说研究整体上产生怎样的启发？我们相信这一研究范式正在向未来无限敞开，在诸如颜同林先生的学者们身上，我们期待看到建立在民国的教育体制、经济发展、法律形态、日常生活等具体历史细节之上的研究更为全面而具体，能取得更为丰硕与可信的成果。当然，这一研究空间仍有待于更多的学者去辛勤耕耘。

（作者单位：贵州师范大学文学院）

---

① 颜同林：《多元视角下的中国现代小说》，人民出版社2017年版，第9页。